Rolf Bauerdick

**Wenn Gott verschwindet,
verschwindet der Mensch**

Rolf Bauerdick

Wenn Gott verschwindet, verschwindet der Mensch

Eine Verteidigung des Glaubens

Deutsche Verlags-Anstalt

Verlagsgruppe Random House FSC® N001967

1. Auflage
Copyright © 2016 Deutsche Verlags-Anstalt, München,
in der Verlagsgruppe Random House GmbH,
Neumarkter Str. 28, 81673 München
Umschlaggestaltung: Büro Jorge Schmidt, München
Umschlagmotiv: © Johan Doumont/plainpicture
Typografie und Satz: DVA/Andrea Mogwitz
Gesetzt aus der Berling Nova
Druck und Bindung: GGP Media GmbH, Pößneck
Printed in Germany
ISBN 978-3-421-04602-4

www.dva.de

Dieses Buch ist auch als E-Book erhältlich.

»*Ich weiß nicht, was zuerst verschwinden wird –*
der Rock 'n' Roll oder das Christentum.«
John Lennon

»*Wir sind immer noch unterwegs, aber wir wissen*
nicht mehr wohin.«
Zygmunt Bauman

Meinen Lehrerinnen und Lehrern

Inhalt

Vorwort

Der Hase und der Igel und die Angst,
niemals anzukommen

Beginnen wir mit einem Wettlauf, der tödlich endet. Zumindest für einen der Rivalen. Unter der Nummer 187 fand das Rennen Eingang in die Märchensammlung der Gebrüder Grimm und nahm von dort den Weg in die Theologiegeschichte des späten 20. Jahrhunderts. In dem Märchen von Hase und Igel treffen zwei gegensätzliche Charaktere aufeinander, die sich idealtypisch ergänzen. Der Igel, von dem Hasen wegen seiner krummen Stummelbeine verspottet, verkörpert die Pfiffigkeit der im echten Wortsinn Zukurzgekommenen. Der flinke Hase hingegen repräsentiert die Blindheit selbstgefälligen Hochmuts. Aus trügerischer Überlegenheit nimmt er die Herausforderung des Igels an, sich auf einem Feld beim Lauf durch die Ackerfurchen zu messen. Den Gewinn des Wetteinsatzes, eine goldene Münze und eine Flasche Branntwein, wähnt der Hase sicher. Doch der Igel greift zu einem Trick. Heimlich postiert er seine Frau, die ihm zum Verwechseln ähnelt, am Ende des Ackers, während er selbst am Start ausharrt. Als der Hase dem Ziel entgegeneilt, ruft die Igelfrau: »Ich bin schon hier!« Der brüskierte Verlierer fordert ein neues Rennen. Nur wartet am anderen Ende der Strecke der Igelgatte bereits als allgegenwärtiger Sieger. Wie bekannt erweist sich der Hase als hartnäckig. Erst beim vierundsiebzigsten Rennen bricht er nach einem Blutsturz tot zusammen.

Gemeinhin gehört die Sympathie der Märchenleser dem listigen Igel. Der katholische Fundamentaltheologe Johann Baptist Metz indes liest die Erzählung gegen den Strich. Er ergreift Partei für den Hasen. Metz bedient sich des Märchens, um seine Idee eines Glaubens darzulegen, der sich kritisch in die Konflikte in Geschichte und Gesellschaft einmischt. Hase und Igel symbolisieren für Metz zwei gegensätzliche Modelle christlicher Identitätsbildung: Der Hase rennt und rackert sich ab. Er geht das Risiko ein, zu stürzen, zu scheitern und auf der Strecke zu bleiben. Der Igel steht für die sichere und bequeme Variante. Ohne sich einem Wettlauf auszusetzen, hat er sein Ziel immer schon erreicht.

Dem doppelten Igel entspricht die Vorstellung von einem Gott, der vor, nach und jenseits aller Zeit existiert. Welche Höhen und Tiefen der Mensch auch durchläuft, Gott ist bereits da. Über der Geschichte waltend und sich selbst immer gleich bleibend ist er Schöpfer und Erlöser, Ursprung und Ziel. Der Glaube an ihn verleiht vermeintliche Sicherheit, erkauft um den Preis eines Selbstbetrugs. Der »Igel-Trick« erzeuge die Illusion, so Metz, »die Straße der Geschichte fest im Blick« zu haben. Warum sollte der Gläubige, der Anfang und Ende der Geschichte überschaut, sich noch auf den Weg machen? Warum sich auf das Wagnis des Lebens einlassen?

Hase oder Igel? Wem auch immer die Sympathie gelten mag, als Allegorie für den Gottesglauben taugt das Märchen im 21. Jahrhundert nur noch bedingt. Der Wettlauf setzt das Fundament eines kollektiven Selbstverständnisses voraus, von dem nur noch Fragmente geblieben sind. Der Acker, auf dem der Hase und der Igel wetteiferten, war das Feld des *homo religiosus*. Auf dessen Terrain wird nicht darum gerungen, *dass* geglaubt wird, sondern *wie*. Dieses Feld liegt heute nicht bloß brach. Es scheint unfruchtbar geworden und vertrocknet. Womöglich auch überdüngt, mit einer inflationären Rede von Gott, dessen Existenz zwar behauptet, aber nicht erfahren wird. Gott! Der Begriff ist entkernt, füllbar mit allzu menschlichen projektiven Zuschreibungen. Kein Attribut blieb Gott erspart, alle denkbaren Bilder wurden gedacht: der geoffenbarte Gott, der verborgene Gott, der verschwundene Gott, der schweigende Gott, der verheißene Gott. Er ist der lebendige, liebende, hörende, sehende, verstehende, der grausame und strafende, der allmächtige, der ohnmächtige, der entthronte, der stille oder der sterbende Gott. Für viele auch der kommende. Die einen beweisen seine Realität, führen zu ihm hin oder widmen ihm täglich fünf Mal fünf Minuten Zeit. Andere erklären ihn für tot oder vergleichen den Wahrscheinlichkeitsfaktor seiner Existenz, wie etwa der britische Evolutionsbiologe Richard Dawkins, mit dem Evidenzquotienten von Rotkäppchen, der Zahnfee oder den Mars umschwirrenden Teekannen. Manche geben um Gottes willen ihr Leben hin und gelten als Heilige, andere morden für ihn, halten ihn für den Größten und sich selbst für Märtyrer. Eine Bildungsministerin, die über eine Plagiatsaffäre stolperte und heute Botschafterin im Vatikanstaat ist, schrieb ein Buch *Gott ist größer, als wir glauben*. Mir wird bei solchen Aussagen schwindelig. Nicht weil sie falsch wären, sondern weil ihr Erkenntniswert so unendlich ist, dass er wieder gegen null geht.

Gottesbilder kommen und gehen. Ihr Verschwinden ist kein Anlass zur Beunruhigung. Die Religionsgeschichte quillt

über von verloren gegangenen und entsorgten Bildern. Zu
Beginn des dritten Jahrtausends jedoch geschieht etwas Verstörendes. Nicht weltweit, aber im christlichen Abendland.
Nicht die Gottesbilder verschwinden, vielmehr der Rahmen,
in dem sie einst hingen. Die aufklärerische Religionskritik
erkannte diesen Rahmen, die Frage nach Gott, jederzeit an.
Sie lehnte allerdings die Antworten ab. Die atheistischen Kritiker radierten die menschlichen Projektionen aus dem Rahmen heraus und stellten dann fest, dass er leer ist. Aber sie
ließen den leeren Rahmen hängen. Der bekennende Atheismus steckt da in einer Zwickmühle; mit jedem Gott, den
er demontiert und vom Thron stürzt, bleibt ein verwaister
Königsstuhl übrig, der die Erinnerung an die Frage nach Gott
lebendig hält. Nur sterben Fragen nicht, wenn alle Antworten als falsch entlarvt werden; sie sterben, wenn sie niemand
mehr stellt. Wenn sie gleichgültig geworden sind. Der leere
Rahmen forderte heraus, ihn immer wieder zu füllen, mit
Zeichen, Symbolen und inneren Bildern – mit Wahrheit und
Sinn, die über den Horizont des Projektiven hinausweisen.
Wo der Rahmen zerfällt, hat die Sehnsucht zwar noch einen
Ort, aber kein Ziel mehr.

»Imagine there's no heaven!« Kein Himmel, keine Hölle, kein
Gott! John Lennon erträumte eine friedliche Welt ohne Religion. Und er blieb mit seinem Traum nicht allein. Mit »Imagine« hat Lennon den Geist einer Epoche gleichermaßen
geschaffen und gespiegelt. Sein hymnischer Abgesang auf
die Religion verbucht ihren Untergang als Freiheitsgewinn.
Ihre Verabschiedung scheint das Heilmittel gegen Glaubens-
kriege, gegen Unrecht und Gewalt, fundamentalistischen
Irrsinn, Unmündigkeit, Verdummung und klerikale Bevor-

mundung. Dem säkularisierten Subjekt ist der Glaube an
Gott nicht bloß suspekt. Er ist ihm ein Wahn, der die Entfaltung des kreativen Menschheitspotentials blockiert. Doch
ist es wirklich ein Sieg der Freiheit, wenn die Kirchen, wie
Johann Baptist Metz so schmerzlich konstatierte, »wie ent-
laubte Bäume in unserer postmodernen Landschaft stehen«?
Eröffnet eine Welt ohne Gott die Tür zu einer Zukunft, in
der die Menschen zu wahrer Humanität erblühen, und befördert ein aggressiver, oft militanter Atheismus tatsächlich jene
Souveränität, um derentwillen er den Gläubigen die Gottes-
idee austreiben will? Oder bewahrheitet sich zusehends das
Trauma von Friedrich Nietzsches *tollem Menschen*, der nach
dem Tod Gottes orientierungslos durch den sternenlosen
Raum taumelt, wo ihn die kalte Nacht anhaucht?

Der Gläubige war immer eingebunden, oft auch gefangen,
in einem horizontalen und vertikalen Koordinatensystem.
Er lokalisierte sich zwischen Himmel und Erde, zwischen
Heiligem und Profanem, und ging allzu häufig dabei verloren. Der säkulare Mensch tritt aus der Religionsgeschichte
heraus. Mit der Abschaffung des Himmels im Achsenkreuz
seiner Weltverortung wirft er das jüdisch-christliche Erbe
des Alten und Neuen Testamentes ab: das Glaubenswissen
um die untrennbare Einheit von Gottesliebe und Nächstenliebe. Da dem Atheisten Erstere ein Hirngespinst ist, zählt
für ihn allein Letztere. »Liebe galt einst einem Horizont von
Dingen, die über einem liegen, so wie ein Stern, an dem man
sich orientiert«, sagt der Philosoph Peter Sloterdijk. »Eine
solche Spannung auf ein fernes, aber unendlich liebenswer-
tes Objekt hin ist aus dem modernen Weltentwurf a priori ausgegliedert. In dem Moment, in dem man die Liebe
vollständig aus zwischenmenschlichen Beziehungen erklärt,

verschwindet ihre Vertikaldimension. Es fehlt die Schöpfung, es fehlt der Stern.«

Einst wurde dem Menschen zugetraut, die Krone der Schöpfung zu sein. Als Gottes Ebenbild, das der Allmächtige schuf, um im Geheimnis seiner Ewigkeit nicht in sich selbst gefangen zu sein. »Glauben, dass Gott existiert«, sagt der Religionsphilosoph Robert Spaemann, »heißt glauben, dass er nicht unsere Idee, sondern dass wir seine Idee sind.« Was auch immer der glaubensbefreite Zeitgenosse in seiner Liberalität zu tolerieren vermag, der Gedanke, als Idee eines Anderen zu existieren, zählt nicht dazu. Er ist nicht Geschöpf. Er ist Schöpfer. Er bedarf des Segens nicht mehr, mit dem der Gott der Genesis die ersten Menschen in die Welt entließ. Der säkulare Mensch macht sich selbst und erfindet sich selbst, ohne allerdings dem höchsten Anspruch an sich je zu genügen. Er ist ständig in Bewegung, rastlos, aber nicht mehr unermüdlich, vielmehr dauernd erschöpft. »Wir sind immer noch unterwegs«, sagt der polnisch-jüdische Sozialphilosoph Zygmunt Bauman, »aber wir wissen nicht mehr wohin.« Im 21. Jahrhundert, so scheint es, ist dem Hasen das Ziel abhandengekommen.

Sein Problem stellt sich nicht mehr. Kein Igel fordert den Hasen mehr heraus. Aus der Not seiner Ziellosigkeit haben wir eine Tugend gemacht, indem wir den Igeltrick abschafften und stattdessen den »Hasentrick« etablierten. Wir haben den Weg zum Ziel erklärt. Seitdem hoppelt der Hase allein über den Acker. Er mümmelt mal hier, mal dort. Mal springt er in diese, mal in jene Furche, die ihm Optionen sind, aber keine Wege, von denen er wüsste, wo sie herkommen und wo sie hinführen. Manchmal hält er inne. Wenn er begreift, dass seine Freiheit mit der Ausweitung seiner Wahlmöglichkeiten nicht mitwächst, gönnt er sich, wie man zu sagen pflegt, eine Auszeit. Dann rennt er wieder los, im Wettlauf gegen sich selbst, begleitet insgeheim von der Angst, auf dem Weg zu sein und niemals anzukommen.

»Wohin geht die Reise?« So fragt der große Glaubenslehrer Karl Rahner in einem heute kaum mehr gelesenen Text, den der Theologe Mitte des letzten Jahrhunderts verfasste und dessen beseelte Sprache heute fremd anmutet. Rahner reflektiert darin die Sehnsucht des Herzens »nach der Freiheit des inneren Menschen«. Der Jesuit versteht die Lebensreise als Suche. Der Mensch ist ihm der Heimatlose, der Getriebene, der Wanderer. Kurz: der Pilger. Dessen biblisches Urbild findet Rahner in den drei Magiern, von denen das Matthäusevangelium erzählt, dass sie aus dem Osten kamen, um den neugeborenen König der Juden zu finden. Sie waren, so Rahner, bei der »Reise ihres Herzens« ihrem Stern gefolgt, nicht ahnend, dass er sie zu einem Stall in Bethlehem führen sollte. Sie waren unterwegs als Könige, um einem anderen König in einer Krippe die Ehre zu erweisen.

Ich nehme an, dass die Weisen aus dem Orient das Grimmsche Märchen Nummer 187 nicht verstanden hätten. Den Hasen nicht, den sein Ehrgeiz gewinnen zu müssen, in den Tod treibt; und schon gar nicht den Igel, der seine Cleverness zelebriert und immer schon angekommen ist, ohne das Wagnis des Unterwegsseins auf sich zu nehmen. Der Pilger indes weiß um die Mühsamkeit seines Weges. Und er weiß um sein Ziel, das fern ist und sich immer wieder entzieht. Im Grunde bestand das Theologenleben des 1984 achtzigjährig verstorbenen Karl Rahner darin, sich diesem Ziel in immer neuen Versuchen auch begrifflich anzunähern. Rahner sprach vom »unbegreiflichen Grund aller Wirklichkeit«, vom »namenlosen Jenseits« oder vom »unendlichen Rätsel, das alle anderen Rätsel in sich birgt«. Nie zweifelte er daran: Das Ziel der Pilgerschaft heißt »Gott«.

Die Selbstverständlichkeit, mit der frühere Generationen von Gott sprachen, ist verschwunden. Die Selbstgerechtigkeit, mit der religiöse Fundamentalisten dies heute noch tun, ist naiv und anmaßend. Kein Weg führt zurück in angeblich glaubensfestere Zeiten. Man mag dem nachtrauern, mag eine geistliche Orientierungslosigkeit bejammern und den Autoritätsverlust der Kirchen beklagen. Aber die Entkoppelung von tradierten Gewissheiten des Glaubens kann auch ein Gewinn sein. Unsere Freiheit hat uns erlaubt, uns von Gott zu verabschieden. Aber nie waren wir freier, in der Erfahrung des Verlustes nach Gott *zu fragen*. Nicht mehr und nicht weniger beanspruchen die zwölf Kapitel dieses Buches. Es kann und will keine theologischen Spekulationen anstellen und erst recht kein spiritueller Ratgeber sein. Es lebt, so hoffe ich, vom Wachhalten der Frage. Karl Rahner war sich sicher: Wo die *Frage nach Gott* stirbt, dort stirbt auch der Mensch:

»Wenn das Wort Gott verschwunden ist, spurlos und ohne Erinnerungsrest, dann hätte der Mensch das Ganze und seinen Grund vergessen, und zugleich vergessen – wenn man das noch so sagen könnte – dass er vergessen hat. Was wäre dann? Wir können nur sagen: Er würde aufhören, ein Mensch zu sein. Er hätte sich zurückgekreuzt zum findigen Tier.«

I

Wenn die Worte leer werden

»Wir sollten uns nur den Dingen widmen, die bei einem
Zusammenbruch unversehrt bleiben würden.«
Nicolás Gómez Dávila

In einem Moment von Entschlossenheit, als es mich
drängte, Wichtiges von Unwichtigem zu trennen, ging ich
in einen Büromarkt und kaufte mir einen Aktenvernichter mit der unsentimentalen Typenbezeichnung HSM 80.2
Compact. Dann machte ich mich daran, Berge von Papier-
kram zu entsorgen. Hinfällige Mahnungen, Kontoaus-
züge aus D-Mark-Zeiten und vergilbte Quittungen wan-
derten ebenso in den Reißwolf wie die Weihnachtsgrüße
und Geburtstagswünsche wohlgesinnter Redaktionen.
Auf Knopfdruck zerhackselte das Schneidwerk private
und geschäftliche Altlasten: Konzepte für journalistische
Reportagen, die nie geschrieben wurden; Entwürfe für Ver-
träge, die nie zustande kamen; und Schreiben, in denen
nach einer höflichen Anrede im ersten Satz das unselige
Wort »leider« auftauchte. In den Absagebriefen erklärten
Redakteure, weshalb sie diese oder jene Fotogeschichte
aus diesem oder jenem Land zu diesem oder jenem Thema
nicht abdrucken konnten oder wollten.

Als der Schredder meine gesammelten Absagen fraß, über-
kam mich ein Anflug von Wehmut. Rückblickend erschienen

mir die Briefe gestandener Publizisten nicht mehr als Zeugnisse von Ablehnung, sondern wie rare Relikte einer verlorenen Zeit. Dokumente von Klarheit, Offenheit und Verbindlichkeit. Von Wertschätzung gar. Für Menschen, die man nicht achtete, verfasste man keine ausgiebigen Begründungen mit individueller Handschrift. Heute greift man, wenn man überhaupt noch antwortet, zu Musterbriefen und Textbausteinen, die als elektronische Mitteilungen verschickt werden. Mit ihrer kalkulierten Freundlichkeit erwecken sie den Eindruck, persönlich gemeint zu sein. Der Vorteil solcher Mails liegt darin, dass man für sie keinen HSM Compact braucht. Man klickt auf die Delete-Taste.

Trotzdem: Abschlägige Bescheide, ob plausibel begründet oder auch nicht, sind ein Ärgernis. Mal mehr, mal weniger deprimierend. Absagen vernichten. Sie zerstören investierte Arbeit, sie enttäuschen Hoffnungen, sie lassen Träume sterben und das Bankkonto ins Dunkelrote abrutschen. Absagen demontieren Illusionen, sie ernüchtern und entblößen. Sie sind nichts als nackte Realität, und als solche liefern sie die Rechtfertigung zu klagen und zu stöhnen. Weil aber der notorische Nörgler eine erbärmliche Figur abgibt, wünsche ich bisweilen, ich wäre Zen-Buddhist. Als solcher würde ich Absagen aus einer in mir selbst ruhenden Mitte annehmen, könnte Ablehnungen aus freier Bindungslosigkeit heraus bejahen und sie als Möglichkeit für persönliches Wachstum nutzen. Vielleicht spränge bei all der Gelassenheit sogar noch ein unaufgeregt gewogener Blick auf die Mitmenschen heraus. Das wäre wahrhaft souverän.

Aber ich bin kein Buddhist. Und ich werde auch keiner mehr, obschon ich vor einigen Jahren aus dem nordindischen Dharamsala, dem Exilsitz des tibetischen Dalai Lama, einen

Zwölf-Kilo-Messingbuddha mit nach Hause schleppte. Ihm sollen mächtige kurative Kräfte innewohnen. Das jedenfalls versprach mir der Verkäufer, ein Tee ausschenkender, überfreundlicher und sehr, sehr schlitzohriger Kashmiri.

»Buddha very, very healing power. You buy. You very, very lucky man«, sagte er, und ich fand bis auf die dreiste pekuniäre Forderung keinen Grund, ihm nicht zu glauben. Zumal mir der Buddha gefiel. Den auf die Hälfte heruntergehandelten, indes noch immer üppigen Preis begründete er mit der Versicherung, der Buddha sei »very, very old« und habe seine heilende Potenz quasi über Jahrhunderte potenziert. Später erst sah ich im nepalesischen Kathmandu in einem Hinterhof unweit der Souvenirmeile um den Königspalast Hanuman Dhoka halbwüchsige Jungen in der Sonne sitzen. Vor ihnen stand eine Batterie fabrikneuer Blechbuddhas. Mit dicken Brenngläsern brachten die Burschen das Metall zum Glühen und brannten den Figuren unter Mitwirkung von Altöl dunkle Flecken ein. Es war schon erstaunlich, wie der Ramsch optisch zur Antiquität mutierte. Jedenfalls schauten die Buddhas nach der Behandlung aus, als hätten Archäologen sie in verborgenen Tempeln dem Staub des Vergessens entrissen, um sie als Träger spiritueller Energien an Trekkingtouristen in Outdoor-Outfits zu verscherbeln.

Mein Buddha ist selbstverständlich echt. Gewichtig thront er auf einem hölzernen Sockel vor einem Fenster zum Garten. Sein rechter Daumen und Zeigefinger formen das Rad der Lehre, während die drei übrigen Finger nach oben deuten. Ich habe mir erzählen lassen, seine Handstellung symbolisiere einen nach allerhöchster Erkenntnis strebenden Bodhisattva. Den Bodhisattvas wird nachgesagt, sie benützten ihre Einsichten nicht um der eigenen Erleuchtung willen, sondern um sich in den Dienst der Unwissenden zu stellen. So wäre ich auch gern. Einsichtig, wissend, selbstlos. Aber ich bin nicht sicher, ob mein Buddha mir dabei hilfreich zur Seite steht. Obwohl er sündhaft teuer war, funktioniert er nicht. Einmal nur hat er seine Wirkmacht voll entfaltet. Als ich ihn eingewickelt in Blisterfolie und eingenäht in Sackleinen beim Check-in am Airport in Delhi auf die Waage legte und British Airways einen horrenden Gepäckaufschlag verlangte.

»In dem Sack steckt ein echter Buddha«, sagte ich zu der Dame vom Bodenpersonal.

»Really? So heavy!«

»Yes. Very heavy. Very, very mighty power!«

Die Angestellte lachte und winkte mich durch. Ich hatte knapp zweihundert Dollar gespart. Trotzdem hätte ich den Buddha vielleicht besser in Indien gelassen. Fern seiner Heimat wirkt er nicht. Jedenfalls nicht spürbar. Was eventuell nicht an seinem Mangel an »mighty power« liegt, sondern an mir. Meine Antennen sind für energetische Flow-outs nicht sonderlich empfänglich. Wenn nicht komplett blockiert.

Ich könnte natürlich zur Sensibilisierung ein Seminar besuchen. Oder einen Wochenendworkshop. Ein mentales Coaching. So wie Mitte der achtziger Jahre, als sich verkopfte Intellektuelle zur Erweiterung ihrer sinnlichen Wahrnehmungskompetenz in das Abenteuer der Selbsterfahrung stürzten. Lebenshungrig und für psychologische Einsichten empfänglich meinte auch ich mit dreißig, der Schlüssel zur Welterkenntnis läge in der Auflösung zwangsneurotischer Kindheitsprägungen mittels bioenergetischer Meditationen und gruppentherapeutischer Befreiungszeremonien. Offen gestanden, wenn wir aus dem biografischen Schatten unserer bürgerlichen Deformationen heraustraten, wenn Unscheinbare erblühten, Kleinmütige über sich hinauswuchsen und aufgeblasenen Wichtigtuern die Luft ausging, das hatte was. Nur kühlen die in psychodynamischen Prozessen hochgekochten Emotionen im Abklingbecken des Alltags gemeinhin schnell wieder auf Normaltemperatur herunter. Deshalb lassen sich Therapeuten immer neue Rituale der Selbsterlösung einfallen, die man buchen und besuchen kann.

Vor mir liegt das aktuelle Programm eines esoterischen Zentrums in der Schweiz. Mit Bildern von ausnahmslos schönen Menschen. Sie alle lächeln. Sympathisch, entspannt und befreit. Sie transformieren negative karmische Einflüsse in positive um. Den Intensivworkshop »Dancing with the Heart of the World« könnte ich belegen oder mich aufraffen zu einer »Journey of Empowerment«. Oder die Liebes- und Lebensschule des »Sky Dancing Tantra« mitmachen. Das Foto eines Buddhas ist in dem Prospekt auch abgedruckt. Meditierend im Lotussitz wirbt er für ein »craniosacral balancing«. Das verspricht, sprachlich leicht verstolpert: »Still werden, geduldig warten – und Ganzheit ist am Werden«. Für einen stattlichen Batzen Schweizer Franken könnte ich in die Erfahrung eintauchen, vom Atem geatmet zu werden, wäre ich für das Ziel ausbalancierter Gelassenheit nicht ein Totalausfall.

Denn ich bin Katholik. Und Katholizismus und Gelassenheit schließen sich für mich aus. Die Ruhe des Gemüts anstreben, sie erlangen und bewahren gar und zugleich katholisch sein – wie soll das gehen? Sich zum katholischen Glauben zu bekennen heißt, sich aufzuregen. Genauer gesagt, sich aufregen zu müssen. Permanent. Weniger über Gott als über den Irrsinn der Welt und über die *Ecclesia una sancta* sowieso. Gottes irdische Stellvertreter treiben einen bei der Vollstreckung des himmlischen Heilsplans bis an die Grenze zum Infarkt.

Mich allerdings weniger als meinen ungarischen Priesterfreund István, dessen Pfarrei im rumänischen Siebenbürgen liegt. Er ist ein begnadeter Spötter vor dem Herrn, der mit seinem Ortsbischof im Dauerclinch liegt, seit er es vorzog, eine Einladung zu einem gediegenen Weihnachtmahl auszuschlagen, um lieber mit den Obdachlosen in seiner Gemeinde ein paar Biere zu trinken. »Schlimm, schlimm«, pflegt István nach zwei, drei Gläsern aus tiefstem Herzensgrund zu seufzen. »Diese Brustkreuzträger, glaub mir, es ist eine Last mit ihnen.« Ich nicke dann und gebe meinerseits ein paar haarsträubende Histörchen zum Besten, die unser Gefühl der Verbundenheit stärken und uns in der Gewissheit bekräftigen, dass unsere Treue zum Katholizismus, »Fest soll mein Taufbund immer stehn«, heute ein mehr als heldenhafter Akt ist. Die Leidensfähigkeit des Katholiken an und mit seiner Kirche erweist sich zusehends als begrenzt. Früher litt man, harrte aus und blieb. Heute ärgert man sich noch ein wenig und schickt eine Mail, so wie man die Mitgliedschaft in einem Verein kündigt oder eine Beziehung per SMS beendet.

Zugestanden, manchen Gläubigen mag die Symbiose von Gelassenheit und katholischem Credo einst gelungen sein und auch heute noch gelingen. Der heilkundigen Mystikerin Hildegard von Bingen in ihrem Kräutergarten etwa, der in Demut gebeugten Mutter Teresa oder dem unbeugsamen und altersmilden Papst Johannes Paul II. Nicht zu vergessen den freundlichen Pater Anselm Grün, der es irgendwie hinbekommt, alle paar Wochen ein neues Buch zu schreiben. Die Titel klingen, als habe mein Buddha sie ersonnen. *Perlen der Weisheit, Jeder Tag ein Weg zum Glück, Zur inneren Balance finden* oder *Im Einklang mit sich selber sein.* In den gefühlten hunderttausend Büchern des unermüdlichen Benediktiners findet sich bewundernswerterweise kein einziger Gedanke, der so geistlos oder gar töricht wäre, dass man den HSM Compact anwerfen müsste.

Ich selbst bin kein Freund von Lebensratgebern und Pflü-cke-den-Tag-Geschenkbändchen. Vor über hundert Jahren schon schrieb der Pater-Braun-Erfinder Gilbert Keith Chesterton, die Religion des Carpe diem sei der »Kult einer pessimistischen Lustsuche« und als solcher »nicht die Religion glücklicher, sondern höchst unglücklicher Menschen«. Ist das heute anders? Tagaus, tagein unterwegs zum Glück! Suchend, heischend, ringend um den Einklang mit sich selbst! Das ist keine leichte Sache. Während vieler Reisen habe ich wunderbare Menschen getroffen, auch ein paar Fieslinge, denen ich die Pest an den Hals wünschte. Nie jedoch traf ich einen Menschen, im Guten wie im Bösen, der von sich hätte behaupten können, er schwinge mit sich selbst im Einklang. Das ist schon aus grammatikalischen Gründen schwierig, als Subjekt *sich* mit *sich selbst* als Objekt in Einklang zu bringen, widerspruchsfrei und ohne disharmonische Restbestände. Wenn es überhaupt jemand vollbringt, innerlich ausbalanciert zu sein, dann ist es mein Buddha vom Fuße des Himalayas. Obschon er wegen seines verborgenen mentalen Potentials im Grunde unbezahlbar ist, musste ich dennoch irgendwann einsehen, dass er zwar einen hohen dekorativen Wert besitzt, zum Spiritus Rector auf meinem Weg des Wissens aber nicht taugt.

Er ruht in sich selbst. Angstfrei, leidensfrei. Aber auch leidenschaftslos. Schweigend schaut er in sich hinein und lächelt. Ich frage mich, was er sieht. Ich habe keine Ahnung, vermute jedoch, dass sein Gleichmut nicht gratis zu bekommen ist. Ich fürchte sogar, dass der Preis, den mein Buddha für seine Seelenruhe und sein stoisches Lächeln bezahlt, recht hoch ist. Zu hoch. Dass er hohl klingt, wenn man ihm vor die

Brust klopft, geschenkt. Das ist man als Katholik von manchen Exzellenzen und Eminenzen gewohnt. Nein, aufgeplustert vom Nimbus der eigenen Bedeutung ist mein Buddha nicht. Sein Manko ist von anderer Art.

Er hat die Augen geschlossen. Das macht ihn als Objekt kultischer Verehrung für mich gänzlich ungeeignet. Mit gesenkten Lidern ist er als Vorbild für Autoren und als Schutzpatron für Journalisten unbrauchbar. Und für Fotografen selbsterklärend erst recht. Seine geschlossenen Augen unterscheiden meinen Messingbuddha von dem Stifter des Christentums. Von ihm erzählt das Neue Testament, dass er den Menschen die Augen öffnete, Lahme gehen und Blinde sehen ließ, dass er Wasser wandelte in Wein. Eine überaus sympathische Metamorphose, die leider im Laufe der Kirchengeschichte von Jesu Nachfolgern wieder rückgängig gemacht wurde. Das jedenfalls behauptet mein Freund István.

»Glaub mir, diese Heilsbürokraten verdünnen edlen Wein zu schalem Wasser. Sag, wann hast du je ein kluges Wort aus dem Mund eines Kardinals gehört, das mitzuschreiben sich gelohnt hätte?« István ist ein umgänglicher Mensch, zweifelsfrei, aber gemeine Fragen stellen kann er schon. Wir treffen uns nicht oft. Alle zwei Jahre höchstens. Dann hocken wir zusammen und lästern uns den Kummer von der Seele. Bis spät in die Nacht. Schlussendlich einigen wir uns darauf, dass nicht diejenigen Kirchenführer den Katholizismus in den Untergang treiben, über die es sich noch aufzuregen lohnt. Schlimmer sind jene, die so Dürftiges von sich geben, dass sie nicht einmal mehr unsere Spottlust befriedigen.

Ich denke dabei an das *Wort zum Sonntag*, wo Episoden aus dem Alltag nach dem Motto »Neulich in der S-Bahn begegnete ich ...« mit jesuanischen Botschaften garniert werden. Oder die Mahnreden zu Weihnachten und Ostern, in denen katholische Bischöfe, Landeskirchenräte und evangelische Pastorinnen in feierlichen Ansprachen Krieg und Unfrieden anprangern. Wenn sie Hunger, Flucht und Vertreibung beklagen, die Kluft zwischen Nord und Süd, Arm und Reich sowie die ökonomische Gier; wenn sie an die Begrenztheit irdischer Ressourcen erinnern, vor den Gefahren atomarer Energiegewinnung und ökologischem Raubbau warnen und an die Verantwortung appellieren und zur Bewahrung der Schöpfung aufrufen, dann sagen sie nie etwas Falsches. Ihre Worte sind immer korrekt. Und doch lassen sie den Zuhörer seltsam unberührt. Wie eine zigfach aufgekochte und zigfach verdünnte Suppe, die nicht sättigt. Das ist ihr Dilemma. Diese Worte scheuen jedes Risiko. Sie sagen lauter Richtiges, gut Gemeintes und Wichtiges, doch schon lange nichts Wahres mehr. Sie klingen wie Textbausteine, wie Parteiprogramme im Wahlkampf.

Investierte die Kirche ihre Energien im und vor dem 20. Jahrhundert in die Stabilisierung ihrer Herrschaft, so ringt sie im 21. Jahrhundert um ihre Selbsterhaltung. Der Auftrag von Papst Franziskus, »an die Ränder zu gehen«, ist ein Versuch, den Katholizismus nicht um seiner Macht willen zu stärken, sondern ihn wieder an den Kern der jesuanischen Botschaft heranzubringen. An die Seligsprechung der Armen und Hungernden, der Ausgestoßenen und Verachteten. Die Redlichkeit des Papstes steht nicht in Zweifel. Wo Franziskus ein Unrecht ausmacht, erhebt er seine Stimme, appelliert an das Mitgefühl, klagt an: die Unterdrückung der indigenen Völker Lateinamerikas, die Versklavung von Arbeitsmigranten in den USA, die Brutalität der mexikanischen Drogenmafia, den Terror religiöser Fanatiker, die Not syrischer Kriegsflüchtlinge, den Konsumwahn und den Egoismus des Westens.

Der Pontifex gibt sich als Pfarrer. Schlicht und anspruchslos. Bescheidenheit statt Prunk, Volksnähe statt Weltfremdheit. Seinem Namenspatron entsprechend ersetzte er die Mercedes-Dienstlimousine durch einen gebrauchten Ford Focus, statt Rolex trägt er am Handgelenk eine Swatch, und wenn er bei seinen Reisen in die Menge eintaucht, verzichtet er auf das Papamobil mit Panzerglas und lässt sich lieber im Fiat 500 durch New York kutschieren. Statt seine Amtswürde zu zelebrieren, setzt der Heilige Vater auf Gesten der Verbrüderung. Strafgefangenen und Asylbewerbern wäscht er die Füße, der Trauergemeinde eines Obdachlosen spendiert er den Beerdigungsschmaus, muslimische Flüchtlingsfamilien nimmt er, wie nach einem Kurzbesuch auf der griechischen Insel Lesbos im Frühjahr 2016, mit nach Rom. Keine dieser Gesten will ich diffamieren. Nur geschehen die Akte päpstlicher Barmherzigkeit nicht in diskreter Zurückhaltung, sondern unter den Augen allzeit präsenter Berichterstatter. Als Indiz von Offenheit gewährt Franziskus den Medien eine distanzlose Nähe. Nur wollen Presseleute keine Einsichten in den Glauben gewinnen, sie wollen Nachrichten verkaufen. Sie gieren nach starken Emotionen, nach plakativen Bildern und markigen Worten. Franziskus enttäuscht sie nicht.

Anders als bei seinen Amtsvorgängern machte das Magazin *Der Spiegel* bei ihm eine »fröhliche Fehlbarkeit« aus und nannte ihn in einer Titelstory »Der Entfesselte«. Die Reporter mögen Papa Francesco als einen nahbaren Papst zum Anfassen, wobei nicht ganz ersichtlich ist, ob sie ihn eher wegen seiner Programmatik oder wegen seines Unterhaltungswertes schätzen. In seiner leutseligen Weihnachtsansprache 2014 prangerte Franziskus »fünfzehn Krankheiten« der römischen Kurie an, darunter eitlen Karrierismus, Hartherzigkeit und mentale Erstarrung, wobei neben der Diagnose des »spirituellen Alzheimers« der Vorwurf des »Terrorismus der Geschwätzigkeit« der Presse besonders gut gefiel. Nur: Die Rede *benannte* nicht nur ein Problem in der Kirchenführung, sie machte es gleichermaßen sichtbar. Denn kein einziger Kardinal stand auf und verbat sich die harsche päpstliche Abrechnung. Nachdem Franziskus 2016 dem polternden amerikanischen Präsidentschaftskandidaten Donald Trump bescheinigt hatte, er sei kein Christ, war in der *Zeit* zu lesen: »Für uns Journalisten sind Donald Trump und Franziskus Geschenke des Himmels. Beide produzieren in Serie vermeintlich starke Sätze, bei denen sich selbst die Wohlgesonnensten fragen, ob die beiden wissen, was sie sagen und tun.«

Zur Ehrenrettung des geistlichen Standes jedoch ist zu sagen: Ab und an taucht ein denkwürdiges Wort auf, gleich einem Eiland im Ozean der Banalitäten. Ich denke an eine Predigt. Gehalten wurde sie am Montagvormittag, dem 18. April 2005, während des Gottesdienstes »pro eligendo Romano Pontifice« im Petersdom in Rom. Anlass war die Wahl des Nachfolgers von Papst Johannes Paul II. Es sprach der Dekan des Kardinalkollegiums Joseph Ratzinger, der aus dem anschließenden Konklave in der Sixtinischen Kapelle als Benedikt XVI. hervorgehen sollte.

Ich hatte die Predigt damals aus dem Internet heruntergeladen und ausgedruckt, mit dem Vorsatz, sie wenigstens zu überfliegen. Lange blieb es bei der Absicht. Bis ich mich anschickte, mein Büro zu entrümpeln. Doch weil ich es nur schwer über mich bringe, ein priesterliches Wort mit derselben Achtlosigkeit in den Papiermüll zu befördern wie den Werbeprospekt eines Möbelhauses, begann ich zu lesen. Nicht gerade fiebernd vor Erwartung, doch mit wohlwollendem Interesse. Bis ich an einem Satz hängen blieb. An einer Frage. An meiner Frage, um die ich unbestimmt immer schon wusste.

Joseph Ratzinger hatte sie nicht bloß für die einhundertfünfzehn Mitglieder des Kardinalskollegiums ausgesprochen. Er fragte stellvertretend für alle Menschen. Wenigstens für diejenigen, die diese Frage nicht von vornherein als unsinnig abtun würden. Oder sich dagegen verwahrten, sich überhaupt mit ihr zu beschäftigen. Mir schien, als halte diese Frage den Strom der Zeit an. Wie ein Damm, hinter dem die Vergangenheit andrängt und sich die Lebenszeit für einen Augenblick staut. Die Intention der Frage zielte, wenn dieser Vergleich statthaft ist, auf das Gegenteil dessen, was mein HSM Compact leistet. Der Schredder vernichtet. Er zerstört Relikte von Vergangenem, tilgt Spuren des Gestern und löscht Erinnerungen, die nicht wert sind, bewahrt zu werden. Kardinaldekan Ratzinger hingegen kehrte den Blick um. Er fragte: Was bleibt?

»Alle Menschen wollen eine Spur hinterlassen, die bleibt. Aber was bleibt? Das Geld nicht. Auch die Gebäude bleiben nicht; ebenso wenig die Bücher. Nach einer gewissen, mehr oder weniger langen Zeit verschwinden all diese Dinge. Das Einzige, was ewig bleibt, ist die menschliche Seele, der von Gott für die Ewigkeit erschaffene Mensch. Die Frucht, die bleibt, ist deshalb diejenige, die wir in den menschlichen Seelen gesät haben – die Liebe, die Erkenntnis; die Geste, die es schafft, das Herz zu berühren; das Wort, das die Seele öffnet.«

Ich glaube ..., nein, im Grunde weiß ich: Diese Sätze sind wahr. Und ich weiß auch: Das Wissen um die Wahrheit dieser Worte ist nicht verhandelbar.

Doch schon da ich dieses Bekenntnis in die Tastatur tippe, schleicht der Argwohn heran. Die Sirenen des Zweifels heulen los. Gegenstimmen klopfen an. Und mit ihnen tritt das Misstrauen ein. Und mit dem Misstrauen schwindet das Wissen um das, was bleibt. Es schrumpft zu einem vermeintlichen Wissen, das wiederum zu einem vagen Glauben verkümmert, der immer kleingläubiger wird und sich seiner selbst nicht mehr sicher ist. Es ist in solchen Momenten nicht leicht zu entscheiden, ob der Glaube stirbt oder ob er vor der Schwelle steht, hinter der er neu geboren wird.

Was bleibt, ist die menschliche Seele!

Ja, was denn sonst, möchte ich ausrufen. Doch ich traue meiner Gewissheit nicht. Es wäre nun ein Leichtes, mich in der Verzagtheit auf eine fremde Stimme zu berufen, auf einen Freigeist, der nicht in dem Verdacht steht, ein Apologet katholischer Dogmatismen zu sein. Jemand wie der Künstler Joseph Beuys. Zwei Jahre vor seinem Tod 1986 sagte er in einem Gespräch mit dem Jesuiten Friedhelm Mennekes: »Das Einzige, was sich lohnt aufzurichten, ist die menschliche Seele.« Man kann diesen Satz richtig finden. Oder auch falsch. Doch kann man die Wahrheit dieses Satzes spekulativ begreifen, aus gesicherter Distanz, ohne sich je zu mühen, zum Träger dieser Wahrheit zu werden?

Joseph Ratzingers Antwort auf die Frage »Was bleibt?« birgt die Idee des Christlichen. Ihre Wahrheit ist nicht beweisbar wie die Stringenz eines mathematischen Gesetzes, nicht diskutierbar wie die Plausibilität eines logischen Systems oder die argumentative Schlüssigkeit einer philosophischen Weltanschauung. Das Wissen um diese Wahrheit ist anders als die Wahrscheinlichkeit, dass auch morgen wieder die Sonne aufgeht. Es ist anders als die Gewissheit, dass Kreise niemals eckig sind, drei mal drei auch in der nächsten Woche noch neun sein wird und kein Gott den Urvater Adam vor fünftausend Jahren aus ein paar Handvoll Erde knetete. Doch welch eine grandiose Vorstellung, dass der Mensch mehr ist als ein Klumpen Materie, sondern dass ein göttlicher Odem ihm Leben und Seele eingehaucht hat!

Seele! Was ist damit gemeint? Gibt es eine Seele überhaupt? Oder ist der für »die Ewigkeit erschaffene Mensch« eine Chimäre? Wie ein erschaffender Gott ein Hirngespinst ist, von naiven Wirrköpfen geflochten, die in der Evolutionsgeschichte der Vernunft die letzten Upgrades verpasst haben, unfähig, auch nur einen Bruchteil des biochemischen Potentials ihres Gehirns auszuschöpfen? Die noch immer im Zustand selbst gewählter Unmündigkeit verharren und noch glauben? Der Glaube sei, so höhnte einst der Kirchenkritiker Karlheinz Deschner, »der Krückstock, mit dem Lahme ihre Flüge in höhere Welten bestreiten«. Deschner hält diesen Satz für einen Aphorismus. Tut mir leid, aber ich halte ihn für dumm. Und mir fällt unter meinen Freunden und Bekannten niemand ein, der im Diesseits des irdischen Jammertals zu Kreuze kriecht, um sich dann in metaphysischer Weltflucht in eine imaginäre Ewigkeit hinaufzuschwingen. Womit ich als Berichterstatter nicht gesagt haben will, solchen Menschen an der fundamentalistischen Glaubensfront nie begegnet zu sein.

Was bleibt? Es steht jedem frei, die Frage als in letzter Instanz nicht beantwortbar zu erklären, sie als irrelevant abzutun oder sie nicht einmal zu ignorieren. Wer jung ist oder sich jung fühlt und wer noch jenes produktive Chaos in sich verspürt, von dem Friedrich Nietzsche annahm, es sei nötig, um einen tanzenden Stern zu gebären, der neigt dazu, die Frage mit einem entschiedenen »nichts« zu erledigen. Häufig schwingt bei dieser Antwort Trotz mit. Aber auch ein gesunder Widerstand gegen ein Leben, das in der Gegenwart als öde und leer, als ziel- und zwecklos erfahren wird.

»Jeden Tag stirbt ein Teil von dir, jeden Tag schwindet deine Zeit. Jeder Tag ein Tag, den du verlierst, nichts bleibt für die Ewigkeit«, singt Campino von der Band Die Toten Hosen. Dass nichts für ewig ist, behaupten auch die Rocker von den Böhsen Onkelz, und der Rapper Bushido textet in »Asche zu Asche«: »Glaub mir, nichts bleibt für immer.«

Theologen mögen solche Aussagen. Es beglückt sie, wenn die Grundlagen des Glaubens in Zweifel gezogen werden. Der Theologe liebt die Attacke gegen die Theologie. Jeder Angriff bietet die Möglichkeit, dem Angreifer logische Defizite nachzuweisen und Aporien aufzuspüren. So entstehen Bücher, in denen Denker anderen Denkern ihre Denkfehler vorrechnen. Bücher von Beleidigten, die ihrerseits beleidigen, aber niemanden berühren und bewegen. Was bleibt? Berge bedruckten Papiers, die jeden HSM Compact überfordern. Nach einem guten Dutzend Semestern universitärer Theologie weiß ich, wovon ich rede.

Deshalb strenge ich mich an, kein Theologe mehr zu sein. Denn wäre ich einer, müsste ich den Sänger Campino belehren, dass die Vorstellung von einer Ewigkeit, in der nichts bleibt, wenig Sinn ergibt. Ein Paradoxon, eine *contradictio in adiecto*. So wie ein Lied ohne Töne, ein Gedicht ohne Worte oder alkoholfreies Bier, das meinem Freund István nie ins Haus käme. Als Theologe würde ich den Nachweis erbringen, dass die Toten Hosen den Begriff der Ewigkeit mit dem Begriff des Nichts verwechseln. Das juckt zwar niemanden, aber die Theologik hätte im Streit um die Begriffe das letzte Wort behalten. Selbstverständlich unter endzeitlichem Vorbehalt.

Als die Welt noch jung war und die Dinge der Namen ent-
behrten, mussten die Menschen mit den Fingern auf sie zeigen, um sie zu benennen. So beginnt einer der schönsten
Romane der Weltliteratur, *Hundert Jahre Einsamkeit*, von
Gabriel García Márquez. In der Eingangssequenz erzählt
der Kolumbianer von der Geburt der Urwaldstadt Macondo,
deren Bewohner mit der Bildung der Begriffe und der Benennung ihrer Welt in die Geschichte eintreten. Die Hommage
des Literaturnobelpreisträgers an den Prolog des Johannes-
evangeliums ist offenkundig. Dort steht geschrieben, unzählige Male zitiert: »Am Anfang war das Wort, und das Wort war
bei Gott, und das Wort war Gott.« Für Johannes liegen die
Wurzeln der Materie und allen Werdens im Geistigen. Entkoppelt von diesen Wurzeln verkümmert der Mensch. Das
glauben bekennende Christen. Befreit von der Fessel des
Glaubens, gelangt der Mensch zu wahrer Größe. So glauben
die Gegner der Religion.

Nur ist die Welt, anders als im fiktiven Macondo, heute
nicht mehr jung. Sie ist erwachsen geworden. Alle Dinge sind
benannt. Alles hat seinen Namen. Worte gibt es zur Genüge,
für das Materielle wie für das Geistige. Bei García Márquez
fehlten der Welt die Begriffe. Heute verfügen wir über sie,
nur ihr Inhalt verflüchtigt sich. Mir scheint, als gähne hinter
den Worten ein Abgrund. Gott, Seele, Ewigkeit, Erkenntnis,
Liebe, Herz. Einem Joseph Ratzinger stehen diese Begriffe
wie selbstverständlich zur Verfügung, nicht als leere Signifikanten, vielmehr gefüllt mit dem Wissen, dass der Mensch
von nackter Materie, vom Brot allein, nicht leben kann. Und
doch ist mit diesen Worten etwas Beunruhigendes geschehen,
etwas Befremdendes, Beängstigendes gar. Der Nährwert, der
diesen Begriffen innewohnt, kommt ihnen abhanden. Oder

wird nicht mehr als sättigend erfahren. Damit weiß die Kirche nicht umzugehen. Fast zwei Jahrtausende hat sie allen Angriffen standgehalten, hat sich als Burg verstanden, als Festung der Glaubensgemeinschaft. Nun hat sie es mit einem Feind zu tun, ungleich gefährlicher als alle Gegner der Vergangenheit. Dieser Feind greift nicht mehr von außen an. Er heftet sich an die Begriffe, dockt sich an wie ein Virus, der die Hüllen der Worte durchstößt und zu ihrem inneren Kern vordringt. Zu der Idee des Bleibenden.

Um zu begreifen, was bei diesem Prozess passiert, bietet sich die Lektüre einer der wahnwitzigsten Reportagen an, die je ein Journalist geschrieben hat. Sie heißt »Ich und die Menschenfresser«. Nach Bekunden ihres Erzählers André Kaminski soll die Geschichte wahr sein und sich tatsächlich zugetragen haben. Was ich zweifelsfrei glaube. Der 1991 verstorbene Schweizer, ein Fernsehdramaturg, Reporter und promovierter Philosoph, lebte einige Jahre in Afrika und berichtete von einem spektakulären Gerichtsverfahren, das am 1. Februar 1961 in Boké stattfand, einer vermüllten, stickigen, als Sumpflatrine verrufenen Stadt im westafrikanischen Guinea. Angeklagt war eine gewisse Madame Diop, Mutter von neun Kindern und Gattin des berüchtigten Schürzenjägers Abdulaj Diop, der es mit der ehelichen Treue nicht genau nahm und seine Nachbarin geschwängert hatte. Sechs Monate nach der Geburt des Kindes, so die Anklage, habe Madame Diop an ihrer Nebenbuhlerin Rache genommen und deren Säugling aufgefressen. Im Gerichtssaal vor großem Publikum gab die Beschuldigte den ungeheuerlichen Vorwurf unumwunden zu. Frau Diop bestritt jedoch, sie habe das Kind, »einen hübschen kleinen Engel«, wie sie sagte, zum Zwecke des Verzehrs zerschnitten, zerbissen oder zerkaut. Der linksliberale Richter,

33

ein Vertreter der französischen Kolonialmacht, glaubte ihr nicht. Als er erfahren wollte, wie genau sich die Geschichte zugetragen hatte, verlangte Madame Diop, eine möglichst große und saftige Frucht in das Gericht zu bringen. Gerichtsdiener schleppten daraufhin eine riesige Papaya an, die einhundertsiebzig Pfund auf die Waage brachte. Dann bat die Angeklagte um ein Streichholz, steckte es zwischen ihre Lippen und begann daran zu saugen.

»Es wurde mäuschenstill im Raum«, erzählt Kaminski. »Alle brannten vor Neugier, was hier weiter geschehen würde. Frau Diop sog und schnaubte, schnaubte und sog. Sie horchte in sich hinein, starrte mit gläsernen Augen in die Menge und fing an, sich hin- und herzuwiegen, mit dem Kopf zu wackeln und zu stöhnen. Eine merkwürdige Angst befiel mich.« Irgendwann in der trägen Gluthitze des Mittags füllte ein Raunen den Saal. Die Beschuldigte spuckte das Zündholz aus, erhob sich und verlangte, die Papaya erneut zu wiegen. Die Frucht wog knappe neun Pfund. Als ein Gerichtsdiener sie mit einem Buschmesser aufschnitt, stellte sich heraus, die Papaya war hohl. Leer gesogen mit telepathischer Macht. Unter dem Jubel der Schaulustigen sprach der Richter Madame Diop von der Anklage der Menschenfresserei frei. Er fand kein Gesetz, das auf ihre Tat hätte angewendet werden können.

Die schwarzmagischen Hexereien der Madame Diop verlieren sich in der Nacht der Vergangenheit. In unserer Zeit, die sich als Nachmoderne versteht, agiert eine subtilere Macht, allgegenwärtig, unbehelligt am lichten Tag. Sie saugt weder Kinder noch Papayas aus und ist dennoch beklemmend unheimlich. Sie macht sich an den Früchten der geistigen Nahrung zu schaffen, höhlt und frisst sie von innen her auf. Sie entkernt Ideen. Gott, Seele, Mensch. Zurück bleiben Hohlkörper, Hüllen von Begriffen, die Inhalt nur vortäuschen. Die Kirchen haben diesem Prozess der Aushöhlung nichts oder nur wenig entgegengesetzt. Aus trügerischem Vertrauen in die eigene Autorität, aus Selbstzufriedenheit, vielleicht auch erstarrt und gelähmt vor der gespenstischen Macht des Materialismus und Konsumismus, die alles entwertet. Mir fällt kein Begriff ein, der so inflationär gebraucht, vergewaltigt und erniedrigt wurde wie der Begriff der Seele.

Dagegen kämpfte Joseph Ratzinger an, als Kardinal und später als Papst. »Das Einzige, was ewig bleibt, ist die menschliche Seele ...« Ja! Doch es ist *das* Versäumnis der Kirchen, ihr ureigenes Wissen ausgehöhlt und entleert zu haben. Allzu oft wurde das Ewige und das Bleibende verkündet, behauptet, ohne dass eine Spur davon sichtbar wurde. Das befreiende Wort, das die Seele öffnet, wurde weder gesucht noch gefunden und folglich auch nicht ausgesprochen. Nun stellen die Kirchen erschrocken fest, dass eine feindliche Übernahme stattgefunden hat. Seiner Substanz beraubt taumelt die Seele in ein Nichts, das jeder nach freiem Belieben füllt, um die Leere zu ertragen.

»Lass mich zärtlich deine Seele füllen.« Mit diesem Slogan wirbt ein Online-Shop für schmalzige Herz-Schmerz-Postkarten. Ein Hersteller von Arzneimitteln verspricht »Sonne für die Seele durch Johanniskraut«. Vor einigen Jahren fand in Berlin eine Konferenz statt. Politiker reisten an, um »Europa eine Seele zu geben«. Dabei ging es recht profan eigentlich nur um eine kulturpolitische Imagekampagne. Obwohl in unserem abendländischen Kulturkreis unzählige »Inseln für die Seele« aus dem Eismeer der sozialen Kälte aufsteigen, wird es nicht wärmer. Die geistliche Pflege findet nicht mehr in Kirchen statt, vielmehr in Beautyfarmen, Bräunungsstudios und dem Verwöhnbereich von Spaßbädern. Den Seelsorger ersetzen die Wellness-Masseurin, die Wellness-Kosmetikerin und der Wellness-Coiffeur. Unweit meines Domizils im Sauerland, wo ich mich zum Schreiben in ein stilles Haus im Wald zurückziehe, betreibt ein Landfleischer allen Ernstes eine »Wellness-Metzgerei mit Party-Service. Premium Qualität«.

Die Gesten, die das Herz berühren, gehen uns aus. Dafür werden wir zu Voyeuren von öffentlichen Ritualen der Selbstentblößung. Der Wunsch sich zu zeigen, und die Sehnsucht gesehen zu werden, verlottert zum Psychostriptease, zu dem TV-Moderatoren Zeitgenossen in Fernsehstudios locken, die sich für ein paar Euro selbst erniedrigen und sich demütigen lassen. Zugleich blasen wir Alltäglichkeiten mit Sinngeschwafel auf. Einst fuhren Menschen in den Süden, ans Meer und in die Sonne, in der Absicht, Urlaub zu machen. Früher gingen die Leute am Strand oder im Wald spazieren, um frische Luft zu tanken, sich an der Natur zu erfreuen und um sich zu erholen. Sie besuchten Bad und Sauna, um zu entspannen und weil Schwitzkuren gesund sind. Heute pflücken sie allesamt den Tag und lassen ihre Seele baumeln. Ein Bild, in das sich unbemerkt ein Quantum Wahrheit hineingemogelt hat. Die Seele hängt tatsächlich nur noch an einem dünnen Faden, baumelnd am Galgen der Banalität. Möglich, dass sie längst schon zu Grabe getragen wurde. Vor einigen Jahren lief im Fernsehen ein Reklamespot. Eine prominente Skirennläuferin warb darin für einen Brotaufstrich. Werbetexter hatten der Sportlerin den Spruch in den Mund gelegt:

»Bungee! Bungee ist gut gegen die Angst vor der Abfahrt. Brüder! Brüder sind gut für die Ellenbogen.

Downhill! Downhill ist gut fürs Gleichgewicht. Und Nutella!

Nutella ist gut für die Seele!«

Wenn der Priester während der heiligen Messe vor dem Empfang der Kommunion der Gemeinde das eucharistische Brot zeigt und zum Mahl lädt, knien die Gläubigen nieder und sprechen Worte, deren Sinn sich heute nicht mehr ohne weiteres erschließt. Bei vielen lösen diese Worte Befremden, wenn nicht Ablehnung aus. »Herr, ich bin nicht würdig, dass du eingehst unter mein Dach, aber sprich nur ein Wort, so wird meine Seele gesund.« Dieses kurze Gebet beschäftigt mich, seit ich denken kann. Und ich schätze, es wird mich auch weiter noch beschäftigen. Was auch immer es bedeuten mag, es widersteht dem Geschwätz, die menschliche Seele gesunde durch Wohlfühlkuren, Duftöl und Kuschelmusik. Gegen derlei Konkurrenz muss sich das Wort, von dem Kardinal Ratzinger in der Sixtinischen Kapelle sagte, es sei die Frucht, die bleibe, nun behaupten. Heute gegen eine Nougatcreme, morgen gegen eine Anti-Aging-Pille und übermorgen gegen ein Ich-mag-mich-Shampoo.

Früher, als Theologe, dachte ich, der geistige Nullpunkt müsse ein Schreckensort sein. Die Hölle des Horror vacui. Aber das stimmt nicht. Im Tal der Belanglosigkeit geht es komfortabel und behaglich zu. Es ist der perfekte Ort des Carpe diem, wo jener *letzte Mensch* seinen Ruhestand verbringt, den Nietzsches Zarathustra antizipiert. »›Was ist Liebe? Was ist Schöpfung? Was ist Sehnsucht? Was ist Stern?‹ – so fragt der letzte Mensch und blinzelt.« Eine allerletzte Geste, die nicht mehr ist als das irritierte Zucken eines postchristlichen Subjekts, dass keine Ewigkeit mehr will und nichts Bleibendes mehr ersehnt.

II

Die Geschichte von Padre Roberto, der im Müll den Weg ins Leben fand

»For what is a man, what has he got?
If not himself, then he has naught.«
»My way«, Text von Paul Anka, gesungen von
Frank Sinatra

Zurück zum HSM 80.2 Compact. Während meiner Aktenvernichtungsaktion fiel mir ein überdimensioniertes Formular in die Hände. Es nannte sich »Hoja de reclamationes« und trug die Bearbeitungsnummer 00077. Ausgefüllt hatte ich das Beschwerdeblatt am Dienstag, dem 20. Februar 2007, am Aeropuerto Benito Juarez in Mexiko-Stadt. Es war eine Verlustmeldung, die schon in jenem Augenblick wertlos war, als ein missmutiger Mitarbeiter der spanischen Fluggesellschaft Iberia einen Stempel auf das Papier knallte. Zumindest beherrschte seine Kollegin die Kunst, ihren Mangel an Motivation in den Mantel der Höflichkeit zu kleiden, als sie erklärte, man werde sich bei mir melden, sobald die Schadensmeldung bearbeitet sei. Das aber könne dauern.

Via Düsseldorf und Madrid war ich mit Flug IB 6403 am Abend in Mexiko gelandet. In Deutschland war es jetzt zwei Uhr nachts, ich fühlte mich müde, durstig und hungrig. Hinter mir lag ein langer Reisetag, vor mir der Auftrag, für das katholische Lateinamerika-Hilfswerk Adveniat den Jesuiten

Roberto Guevara Rubio in Text und Bild zu porträtieren. Ich kannte den Padre nicht persönlich und wusste nur, dass er als eigenwilliger und unorthodoxer Ordensmann galt und mich am Flughafen abholen wollte. Gemeinsam würden wir an den Rand der mexikanischen Hauptstadt fahren, wo ich Jahre zuvor schon einmal als Fotograf unterwegs gewesen war, in der definitiv unattraktivsten Region von ganz Mexiko. Pater Robert arbeitete in den östlichen Außenbezirken von Mexiko-Stadt mit den zungenbrecherischen Namen Nezahualcóyotl und Chimalhuacán. Dort liegen die riesigen Müllhalden der 25-Millionen-Metropole.

Während sich die anderen Flugpassagiere mit ihren Koffern längst im Taxi zu ihren Hotels chauffieren ließen und das Personal an der Kofferausgabe Feierabend machte, stand ich noch immer allein in der Ankunftshalle und wartete auf mein Gepäck. Als meine Reisetasche schließlich auf dem Förderband auftauchte, sackte meine Laune vollends in den Keller. War die Tasche beim Packen in Deutschland noch prallvoll gewesen, war sie nun welk in sich zusammengefallen. Das Schloss war aufgebrochen, der Reißverschluss zerrissen. Bücher, Wäsche und Kulturbeutel hatten mir die Diebe gelassen, das elektronische Equipment war weg.

Padre Roberto hatte mit seiner deutschen Mitarbeiterin Bernadette hinter der Passkontrolle auf mich gewartet. Um den Diebstahl anzuzeigen, irrten wir gemeinsam durch ein Labyrinth aus Rolltreppen, Aufzügen und Verwaltungstrakten, deren kahle Wände unterschiedslos gleich ausschauten. Wir sprachen mit zwei Dutzend schulterzuckenden Bediensteten, die uns mal hierhin, mal dorthin schickten, bis wir am Ende verwaister Flure an verschlossene Türen klopften. Nach zwei Stunden gaben wir auf. Ich war um ein neues Notebook ärmer und um die Reiseerfahrung reicher, dass der Aeropuerto Benito Juarez sehr viel größer ist, als ich bislang annahm, und dass man klug beraten ist, einen Computer inklusive diverser Festplatten zur Datensicherung nicht in ein und dieselbe Tasche zu packen, wenn man mit der Iberia nach Mexiko fliegt.

Als wir Nezahualcóyotl erreichten, waren die Laternen erloschen, die Straßen leergefegt. Gegen Mitternacht brachte mich Pater Robert in mein Quartier. In das Viertel Tlatel in die Colonia el Sol. Das klang nach Sonne, Strand und Meer. Nach Urlaubsparadies. Was daran lag, dass der Mensch bei der Benennung von Orten zum Euphemismus neigt, wobei die Faustregel gilt, je hässlicher die Gegend, desto poetischer die Bezeichnung. Die wohlklingendsten Namen haben Müllsiedlungen. In Kairo lebten die Zabbaleen, die christlich-koptischen Müllsammler, in Ezbet el-Nakhl. Doch die »Palmenplantage« entpuppte sich als ein staubgraues Inferno aus Dreck und Gestank. In Manila tauften die philippinischen Scavenger, die »Aasfresser«, ihren Slum auf der städtischen Müllkippe Lupang Pangako, »Land der Verheißung«. Doch im postbiblischen Kanaan flossen weder Milch noch Honig. Ebenso wenig hielten die Villa Princesa oder der Jardim Paraná, was die Namen versprachen. Die Bewohner an den Rändern der brasilianischen Metropole São Paulo hatten ihre Favelas so getauft. Die »Stadt der Prinzessin« oder der »Garten von Paraná« waren Worthülsen, gefüllt mit geplatzten Träumen und Sehnsüchten.

Colonia el Sol! Die nächsten Tage würde ich über einer Guadería, einer Kindertagesstätte wohnen, ein quirliger, quicklebendiger Ort. Aber nur tagsüber. Abends, wenn die Kinder ihr Reich verlassen hatten, wirkte die Stille surreal.

Deprimierend in der Abwesenheit alles Lebendigen. In einem Aufbau auf einer betonierten Dachterrasse hatte ich ein karges Zimmer bezogen. Draußen stand die Luft, geschwängert vom Rauch kokelnden Mülls. Der beißende Qualm stieg in die Nase, der faulige Gestank gärender Abfälle kroch in die Kleider, setzte sich fest und klebte schon nach wenigen Stunden am Körper wie eine zweite Haut.

In der Ferne jaulte eine Alarmanlage. Minutenlang. Der Schrei einer Frau durchschnitt die Nacht. Gellend und schmerzvoll. Bevor sich die Stimme orten ließ, verstummte sie. Ein Motor heulte auf, durchdrehende Reifen quietschten auf Asphalt. Dann wurde es wieder still. Ich träumte. Irgendwo weit draußen, im trüben Dämmerlicht am Horizont, pulsierte das Herz der mexikanischen Hauptstadt. Am Zócalo, wo immer irgendwer lautstark gegen irgendwas demonstrierte, oder auf der Plaza Garibaldi, wo die Mariachi-Musiker mit schmachtenden Volksweisen die Herzen der Liebenden erwärmten. Dreißig, vierzig Kilometer entfernt. Eine Ewigkeit weg. Ich träumte von einem kühlen Corona im quirligen Centro Histórico, von der nachtaktiven Zona Rosa und dem unscheinbaren Kellerrestaurant, in dem kulinarische Köstlichkeiten serviert wurden, für die man in Deutschland nach dem Ordnungsamt schreien würde. Cabeza al horno, glubschäugiger Ziegenkopf aus dem Backofen. Ich nahm einen Schluck aus einer Plastikpulle. Das lauwarme Wasser half nicht. Weder gegen den Durst noch gegen den Frust.

Ich wollte weg.

Noch ahnte ich nicht, dass ich in den nächsten Tagen die Geschichte eines Menschen kennenlernen würde, die all meinen Ärger, all meine Unpässlichkeiten zu Nichtigkeiten schwinden ließ, die Geschichte des Jesuiten Roberto Guevara Rubio, eines Mannes, der in manchen Momenten so aussah wie Sean Connery. Aber der Reihe nach.

Während die ersten Kinder um morgens um sieben von ihren Müttern in die Guadería gebracht wurden, holte mich Roberto ab. Seinen Kleinwagen vollgepackt mit Lebensmitteln, bretterte er durch das quälend monotone Nezahualcóyotl, benannt nach einem feingeistigen Aztekenkönig, der sich einst der Poesie verschrieben hatte. Neza, wie es kurz heißt, war angelegt wie ein Schachbrett und schier endlos in seiner Ausdehnung. Hier lebten mehr Menschen als in Berlin. Wir fuhren an einem künstlichen Fluss entlang, in dem eine schwarze Brühe gärte, Faulgase blubberten und Armaden grüner Fliegen summten. Der Abwasserkanal trennte die Wohnstadt Neza von der größten Müllkippe der Welt. Und die Abfallhalden Neza I, Neza II und Neza III waren verdammt groß. Vierzehn Kilometer lang und vier Kilometer breit. Im Jahr 2003 war ich hier allein unterwegs gewesen und hatte mir Ärger eingehandelt. Nicht mit den Pepenadores, wie die Müllsammler genannt wurden, wohl aber mit den Aufsehern. Die Müllmafia mochte nicht, wenn Fotografen durch den Unrat stiefelten und Kinder ablichteten, die Blechdosen oder Glasflaschen aus dem Abfall klaubten. Damals lebte der schwerreiche Müllbaron Don Celestino Fernandes Reyes noch, von dem man ehrfurchtsvoll erzählte, er habe mit achtzehn Frauen fünfundsechzig Kinder gezeugt. Der Patron prahlte, jedem seiner Sprösslinge genügend Grund und Boden für ein angenehmes Leben vererben zu können. Nun, so erzählte mir Roberto, herrschten Reyes' Söhne über das gigantische Müllentsorgungs- und Recyclinggeschäft.

Wir passierten überladene Lastwagen, schwankende Eselskarren und Pferdefuhrwerke, die in Kolonnen an den Zufahrten der Deponie ausharrten. Ein Kontrollposten erkannte den
Padre, bekreuzigte sich, öffnete den Schlagbaum und winkte
uns durch. Roberto parkte am Fuße eines Abfallbergs, neben
einer Hüttensiedlung, zusammengeschustert aus Presspappe,
Plastikplanen und Wellblech. Im Minutentakt düsten Flieger vom Aeropuerto über die Kolonie hinweg, höllisch laut,
zum Greifen nah und doch in himmlische Sphären entrückt.
Unerreichbar für die Pepenadores. Sie begrüßten ihren Padre.
Frauen, die eben noch im Müll nach Verwertbarem gestochert hatten, legten ihre Schürfhaken zur Seite. Männer, die
unter Plastikplanen dösten, krochen aus dem Schatten hervor.
Rudel streunender Köter tauchten aus dem Nirgendwo auf.
Sie sahen wohlgenährt aus. »Hunde sind gut«, sagte Roberto,
»wo es viele Hunde gibt, gibt es keine Ratten.«

Der wolkenfreie Himmel versprach einen heißen Tag.
Trotzdem hatten sich die Menschen vermummt, mit Mundschutz, Kapuzen und Schals. Zum Schutz vor dem flirrenden Staub und der sengenden Sonne trugen sie Jacken und
Wollpullover, wie gepanzerte Rustungen, die verhindern
sollten, dass sich der Müll den Weg von außen zu ihrem
Innersten bahnte. Einhundert, vielleicht einhundertzwanzig
Pepenadores scharten sich um den Priester. Nur eine Schar
halbnackter Kinder, die sich inmitten von Pappkartons in
schnittige Rennautos hineinphantasierten, ließen sich von
den sakralen Ritualen nicht beeindrucken. Sie spielten einfach weiter, als Roberto einen Klapptisch aufstellte. Mithilfe einer gestärkten weißen Tischdecke wurde daraus ein
Altar. Der Jesuit warf sein Messgewand über, legte sich die
Stola um und bereitete den Kelch mit Wein und die Schale

mit den Hostien vor. Dann feierte der Padre mit den Müllmenschen die heilige Messe. Wie jeden Mittwoch. Als er
im Unrat die Frohe Botschaft verkündete, als er den Leib
des Herrn in Gestalt des Brotes zum Himmel erhob und die
eucharistischen Worte sprach: »Dies ist mein Leib, der für
euch hingegeben wurde«, wurde es still auf der Halde. Selbst
die Köter hörten auf zu kläffen. In diesem Moment verstand
ich das Bild von Robertos Mitarbeiterin Bernadette, die über
den Padre gesagt hatte, er stehe im Müll »wie ein Leucht-
turm und um sich herum das Meer«.

Das Meer war eine verschlingende Sintflut, in der jene zu
ertrinken drohten, die vom Wohlstand ausgeschlossen blieben. Jeden Tag wuchsen die Müllberge um 12 000 Tonnen an.
Armeen von Bulldozern türmten die Ausscheidungen der
Zivilisation zu immer neuen Gebirgen auf, während Tausende von Müllsortierern den Abfall mit bloßen Händen
durchwühlten. Übler als den Pepenadores von Neza erging
es Hunderten von Arbeitern auf der Müllhalde von Chimalhuacan unweit meiner Unterkunft. An stürmischen Tagen
fegte der Wind den Staub hoch, sodass man die Hand vor
den Augen nicht mehr sah, bei Windstille drohte das Viertel
Tlatel unter einer schwülen Dunstglocke aus Fäulnisgasen zu
ersticken. Ohne jede Kontrolle wurden hier Fäkalien, Tier-
kadaver, Hospitalabfälle, leere Blutbeutel oder Plazenten
entsorgt. Immer wieder kam es zu gefährlichen Explosionen,
wenn sich aus den Eingeweiden der Müllberge ausströmen-
des Methangas an der Oberfläche entzündete. Selbst sint-
flutartige Regengüsse vermochten die Feuer nicht zu löschen.
Im Gegensatz zu Neza war die Müllhalde von Chimalhuacan
illegal, doch von den Behörden geduldet. »Die Menschen, die

hier leben und Wertstoffe sammeln, sind rechtlos und schutz-
los. Offiziell gibt es sie nicht. Sie sind nicht existent«, sagte
Padre Roberto. Wer in Chimalhuacan Glas, Metall oder Papier
sortieren wollte, musste einen Teil seiner Einkünfte abtreten.
Alle kassierten ihre Quoten, die Claimchefs, die Transpor-
teure, die Aufkäufer, die Kreditgeber. »Den Müll kontrolliert
die Ausbeutermafia«, meinte Roberto und bemerkte beiläu-
fig: »Alles gute Katholiken.«

Das wollten auch die Pepenadores sein. Vor allem an diesem Mittwoch, der kein gewöhnlicher Mittwoch war. Für
die Katholiken war Feiertag. Gleichwohl ein trister. Aschermittwoch! Mit dem Dies cinerum endeten die Tage des Kar-
nevals, natürlich nur dort, wo Vergnügungsselige sich Aus-
schweifungen leisten konnten. Die vierzigtägige Zeit des
Fastens begann, im Gedenken an die Tage und Nächte, die
Jesus in der Wüste verbrachte. Der Aschermittwoch fordert
Opfer und Verzicht. Und das bis Ostern, zumindest für kate-
chismustreue Katholiken. Und es gibt nicht viele Länder auf
der Erde, die katholischer sind als das erzkatholische Mexiko.
Hier ist der Aschermittwoch noch ein Tag der Buße, der
Umkehr und des Memento mori, der Erinnerung an die Ver
gänglichkeit. Asche zu Asche. Staub zu Staub. Alles vergeht.
Alles verfliegt. Auch die Zuneigung. Das musste schon Jesus
aus Nazareth erfahren. Die Beifallsstürme des Volkes, als er
am Palmsonntag als messianischer Heilsbringer auf einem
Esel in Jerusalem einritt, waren nicht von Dauer. »Kreuzigt
ihn, kreuzigt ihn!«, grölten die Hosianna-Rufer wenige Tage
später, weshalb zu Aschermittwoch noch immer die Palm-
zweige der Jubler vom Vorjahr verbrannt werden. Mit der
Asche zeichnete Padre Roberto den Gottesdienstteilneh-
mern ein schwarzes Kreuz auf die Stirn. Mir fiel auf, dass nur

wenige Müllsammler bei der Kommunion den Leib Christi empfingen. Aber das Aschenkreuz wollten ausnahmslos alle haben. Dafür sprangen die Kinder sogar aus ihren Papprennwagen. Während ich mein Kreuz nach einiger Zeit abwischte und mich weiter über mein geklautes Notebook grämte, trugen die Gläubigen ihr Stirnmal bis zum Abend.

Auf mich wirkte der Feiertag in Neza deplatziert. Im ersten Moment. War es nicht geschmacklos, gar obszön, ausgerechnet die Müllarbeiter an die Vertreibung aus dem Paradies und das mosaische Wort aus dem dritten Kapitel der Genesis zu erinnern? »Im Schweiße deines Angesichts sollst du dein Brot essen, bis du zurückkehrst zum Ackerboden, von ihm bist du ja genommen. Denn Staub bist du, zum Staub musst du zurück.« War nicht das Leben in Nezahualcóyotl und Chimalhuacan ein immerwährender Aschermittwoch?

1985 hatte Roberto Guevara Rubio hier zum ersten Mal einen Gottesdienst im Müll zelebriert, in jenem Jahr, als Mexiko von einem verheerenden Erdbeben heimgesucht wurde, das im Großraum Mexiko-Stadt 40 000 Menschenleben kostete. Den Schutt und die Trümmer karrte man auf die Halde nach Neza. »Als Priester der Heilig-Geist-Kirche baten mich die Leute, eine Messe zu lesen«, so Roberto. »Denn der Schutt war voller sterblicher Überreste der Erdbebenopfer.«

Die Pepenadores von Neza arbeiteten auf einem Friedhof!

Erst später ahnte ich, weshalb ihnen das Aschenkreuz auf der Stirn weitaus mehr bedeutete als der Empfang der Hostie. Mit der Teilhabe an der heiligen Kommunion wussten sie wenig anzufangen. Mit oder ohne das geweihte Brot, ihr Leben blieb dasselbe. Sie blieben unter sich. Zudem sah man einem Menschen tagsüber nicht an, ob er am Morgen den

Leib Christi empfangen hatte oder nicht. Zumal der Leib unsichtbar blieb. Das Aschenkreuz jedoch war ein echtes Zeichen. Sichtbar für jedermann. Den Pepenadores war natürlich bewusst, dass sie am Rand der Gesellschaft lebten. Ohne das Aschenkreuz aber wären sie von Außenseitern zu Ausgestoßenen geworden. Das Kreuz holte sie wieder hinein in die Gemeinschaft aller Menschen. Es stiftete Verbundenheit mit allen, die gelebt hatten und die noch lebten und die einst leben würden. Das Aschenkreuz machte die Menschen gleich. Mit der Erinnerung an die Vergänglichkeit wurden die Pepenadores zu Menschen wie alle anderen Menschen auch.

Trotzdem hatte sich an diesem Aschermittwoch eine unterschwellige Unruhe breitgemacht, geboren aus der Furcht, nicht dazuzugehören. Schuld trug das Fernsehen. Genau genommen, die Übertragung einer Predigt. Einige Müllarbeiter hatten aufgeschnappt, dass ein Bischof in Mexiko-Stadt in der Basilika der Jungfrau von Guadalupe am Sonntag zuvor verkündet hatte, es sei eine Sünde, eine schwere Sünde, am Aschermittwoch außer Wasser irgendeine Nahrung zu sich zu nehmen.

»Padre«, fragten die Leute, »stimmt das? Dürfen wir heute wirklich nichts essen? Und an allen Freitagen der Fastenzeit auch nicht? Was sollen wir tun, Padre? Müssen wir dem Bischof gehorchen?«

Es dauerte eine Weile, dann erst verstand ich, dass die Leute tatsächlich verunsichert waren. Sie suchten Rat. Für sie war jedes Wort aus dem Mund eines geweihten Gottesmannes das Evangelium. Sie fürchteten wirklich um ihr Seelenheil, während Roberto mir zuraunte, das Fernsehen sei eine Plage, eines der wenigen Vergnügungen der Pepenadores, aber ein wahres Übel unserer Zeit. Denn die Müllmenschen waren alle Analphabeten, schlichte Männer und Frauen, die für bare Münze nahmen, was ihnen dort erzählt wurde.

»Was der Bischof über das Fasten gesagt hat, ist richtig«, sagte Roberto mit kräftiger Stimme. »Das Fastengebot gilt. Aber es gilt nicht für euch. Weil ihr das ganze Jahr über fastet. Aber ich empfehle euch Männern, nehmt heute Abend nur ein Bier. Oder zwei. Aber füllt euch nicht besinnungslos mit Schnaps ab. Und helft einander. Und ihr, ihr Frauen, verzichtet heute darauf, hinter dem Rücken der anderen zu schwatzen und böse Gerüchte zu streuen. Wenn ihr das tut, dann erfüllt auch ihr den Willen des Bischofs.«

Die Leute nickten und schauten sichtbar erleichtert drein. Dann verteilte Padre Roberto die mitgebrachten Lebensmittel. Jeder Mann und jede Frau erhielten einen halben Liter Speiseöl, ein Kilo Reis, ein Kilo Bohnen sowie einige Dosen mit Thunfisch und ein paar Packungen mit Hartkeksen. Pakete, spendiert von einer multinationalen Firma, die Ketchup und Salatsoßen herstellte, hatte Roberto diesmal nicht dabei. Beim letzten Mal hatte er Gläser mit Mayonnaise ausgegeben. »Aber die Leute haben sie weggeworfen. Sie hatten keine Ahnung, wofür man das Zeug gebrauchen kann.«

Roberto war bereits siebzig. Er hätte sich zurücklehnen, sein Lebenswerk betrachten und sagen können, dass es gut war. Mit der »Fundación para la Asistencia Educativa« hatte der Jesuit eine Stiftung ins Leben gerufen, die dafür Sorge trug, dass die Kinder der Müllarbeiter nicht verwahrlosten. Rund 700 Jungen und Mädchen wurden ganztägig in den Kindergärten und Vorschuleinrichtungen der Fundación betreut. Vorbildlich. Für seine Arbeit erntete Roberto Rubio Zuspruch und Anerkennung. Später erfuhr ich, dass sogar der Deutsche Fußballbund und das Kindermissionswerk der Sternsinger die Arbeit des Padre unterstützten.

Aber Roberto lehnte sich nicht zurück. Er lehnte sich auf. Gegen eine Welt, in der Kinder in einem Klima aus Gewalt und Missbrauch, aus Prügel und Suff aufwuchsen. Roberto nahm nicht hin, dass die fünfjährige Dulce und ihre vier vernachlässigten Geschwister am Abend eingeschlossen wurden. Bis zum Morgengrauen, weil ihre Mutter nachts als Animierdame in einer Spelunke Geld verdienen musste. Der Padre nahm nicht hin, wenn der trunksüchtige Vater seiner Tochter Mayra, neun Jahre alt, im Delirium die Hände auf eine heiße Herdplatte presste. Als Strafe für was auch immer. Und mit den Bildern, die Joseline im Kindergarten malte, wollte sich der Jesuit auch nicht abfinden. Das Mädchen benutzte beim Malen nur die Farbe Schwarz und zerriss seine Bilder, noch bevor sie fertig waren. Joseline brauchte nicht nur eine Mal- und Spieltherapie. Sie brauchte, wie Roberto meinte, auch eine mutige Mutter, die den tyrannischen Großvater anzeigte, der seine Enkelin missbrauchte.

Kinder, die zum ersten Mal die Tagesstätten in Neza und Chimalhuacan besuchten, hatten Schwierigkeiten, sich ein zugewöhnen. Viele mussten sich nach den Mahlzeiten übergeben. Manche aßen unglaublich schnell. Sie stopften alles in sich hinein, aus Angst, nicht genug abzubekommen. Was sie nicht mochten, flog unter den Tisch. Gekochtes Essen kannten sie nicht. Auch keine Salate oder frisches Gemüse. »Die Kinder ernähren sich nur von Chips und Softdrinks«, schimpfte Roberto. Weniger auf die Eltern, wohl aber auf ein »krankes System des Wirtschaftens und die Preispolitik der Konzerne«. Die Müllviertel waren mit Cola-Werbung zugekleistert, flankiert von TV-Werbung rund um die Uhr. Dass

in Neza eine Zwei-Liter-Flasche Cola einen Spottpreis kostete, weniger als ein Liter Mineralwasser, regte den Padre auf.
Er war halt kein lächelnder Buddha, sondern ein Katholik,
gesegnet mit der Gabe heiligen Zorns.

In manchen Momenten erinnerte Roberto Rubio tatsächlich
an Sean Connery. Nicht an den jungen Bond im Geheimdienst
seiner Majestät, sondern an den Franziskaner William von
Baskerville in *Der Name der Rose*. Die Ähnlichkeit war verblüffend und nicht bloß äußerlich. In Umberto Ecos Roman
versucht William, realhistorisch etwas verfrüht, mit katholischer Gesinnung und humanistischem Ethos, mit theologischer Klugheit und detektivischem Spürsinn das Dunkel des
Mittelalters mit dem Licht der Aufklärung zu erhellen. William wird scheitern. Wenn am Ende eine imaginäre Abtei in
den italienischen Abruzzen in Schutt und Asche fällt und
die bedeutendste Bibliothek des christlichen Abendlandes
in Flammen aufgeht, siegt der Wahn über die Wahrheit. Der
Wahn ist stärker. Nicht, weil er der Wahrheit entgegensteht,
sondern weil er aus dem zwanghaften Willen zur Wahrheit
selber erwächst. Die blindwütig fanatische Liebe zu dem, was
Menschen für Wahrheit halten, bringt den religiösen Wahn
überhaupt erst hervor.

Für Umberto Ecos literarische Figur des altersstarren Jorge
von Burgos ist der Gottesglaube durch ein Buch bedroht: die
letzte Abschrift eines ominösen zweiten Bandes der Poetik
des Aristoteles. Über die Komödie. Sie soll eine Rechtfertigung des Lachens bergen und damit den Schlüssel zur hei-
teren Gelassenheit und selbstdistanzierenden Leichtigkeit
des Seins. Wenn man so will, bekämpft der blinde Jorge mit
dieser Schrift einen Buddha mit geöffneten Augen. Für den

Mönch ist Aristoteles gefährlich. Er untergräbt das Fundament, das den vermeintlich wahren Glauben gewährleistet: die Furcht. Jorge vertraut der Macht der Gottesfurcht weitaus mehr als der Gottesliebe. Die Angst vor ewiger Verdammnis ist ihm der effizienteste Garant für Glaubenszucht und Kirchengehorsam. Als personifizierter Antichrist wird Jorge von Burgos alles vernichten, was seine Wahrheit gefährdet. Mitbrüder und letztlich sich selbst. Dabei greift er zu einer vormodernen und archaischen Variante des HSM Compact. Dem Feuer. Jorge entfacht einen Höllenbrand, mit dem er das Weltwissen einer Klosterbibliothek und sich selbst in den Orkus stürzt. Der Lohn für den Eiferer ist die Konservierung einer Glaubensidee, die längst nicht mehr zwischen Wahrheit und Wahn zu unterscheiden vermag.

Der blinde Glaubenseifer wirft einen langen Schatten. Bis hinein ins 20., bis ins 21. Jahrhundert sogar. Padre Roberto wurde 1936 geboren. Früh hatte er gegen die finstere Macht des Schattens gekämpft, hatte versucht, sich aus den Fesseln eines bigotten und pervertierten Katholizismus zu befreien, der dann ein wenig von seinem Schrecken verlor, wenn der Jesuit seine Geschichte erzählte.

Roberto hatte mich gebeten, sie aufzuschreiben. Nun war ich als Autor im Auftrag katholischer Solidaritätswerke wie Adveniat, Misereor, Renovabis oder dem Kindermissionswerk der Sternsinger auf meinen Reisen vielen Geistlichen begegnet. Kein Bischof und Priester, kein Ordensbruder und keine Ordensschwester jedoch schien mir so ehrlich sich selbst gegenüber wie der Padre aus Neza. Und das über jene Grenze hinaus, wo die Aufrichtigkeit schmerzte. Ausnahmslos alle Kleriker hatten ihren Beruf als Berufung empfunden. Sie waren einer inneren Stimme gefolgt, die sie als das Wirken des Heiligen Geistes, als Anruf Gottes verstanden. Allein Roberto Guevara Rubio sah seinen Weg in das Priestertum nicht als Folge einer himmlischen Vorsehung, sondern als Konsequenz einer schrecklichen Kindheit und Jugend. Da war keine Stimme, die ihn gerufen hatte. Kein göttlicher Auftrag, dem er sich gehorsam hätte fügen mögen. Nur der verzweifelte Schrei eines Jungen.

»Ich wollte weg. Weit, weit weg!«

Roberto Rubio hatte ein Leben als Missionar ersehnt, ein Leben wie das der Ordensmänner an der Jesuitenschule in Guadalajara, die aus der Ferne zurückgekehrt waren und von denen er als Knabe unterrichtet wurde. »Ich träumte vom Leben in der Mission. In Asien. In Indien. Am liebsten in China. Weit weg von zu Hause, weg von meiner Familie.«

Sehr traditionell, sehr konservativ und sehr autoritär, so zeichnete Roberto sein Elternhaus. Nach außen den perfekten Schein wahrend, von innen unterkühlt und verrottet, erinnerte die Familie an den Clan der Truebas aus Isabel Allendes *Geisterhaus*. Der Vater, ein standesbewusster Mediziner, war erstarrt in Ehrgeiz, Strenge und Disziplin. Als antiklerikaler Freigeist hielt er religiöse Anwandlungen für mentale Schwächeanfälle, während die frömmelnde Mutter in jeglichem Funken der Freude diabolische Mächte am Werk sah. Robertos Vater sprach kaum mit seinem jüngsten Sohn. »Außer ›Guten Morgen‹ und ›Guten Tag‹ hörte ich nie ein persönliches oder gar freundliches Wort. Wenn es Zeugnisse gab, warf er einen knappen Blick auf die Noten und nickte.«

Roberto, gehemmt und eingeschüchtert, verlor als Kind seine Sprache, noch bevor er sie gefunden hatte. Er wurde zum Stotterer, ein Handicap, gegen das die Eltern mit großbürgerlich elitärer Geste intervenierten. »Um zu lernen, mich auszudrücken, wurde ich an das Klavier gesetzt.«

Seinen fünf Brüdern und seiner Schwester Maria erging es kaum besser. Auch die Brüder stotterten und litten unter dem Vater, der einen Kokon der Verschlossenheit um sich gesponnen hatte, seit sein Sohn Enrique mit zwölf an einer Hirnhautentzündung starb. »Es musste für Vater ein Albtraum gewesen sein«, so Roberto, »dass er als studierter Arzt und Apotheker seinem eigenen Kind nicht helfen konnte.« Kompensiert wurde der Schmerz des Verlustes mit dem unbedingten Willen zu Leistung, Erfolg und Prestige. Anwalt, Arzt oder Ingenieur, andere Berufe kamen für die Brüder nicht infrage, während die Schwester ehe- und bindungslos zu bleiben hatte, um die Eltern im Alter bis zum Tod zu pflegen. Roberto selber war für den Vater die Enttäuschung schlechthin. Als sich abzeichnete, dass er Priester werden würde, sprach er über Jahre nicht mehr mit seinem Sohn. Erst an Robertos achtzehntem Geburtstag bekundete er so etwas wie Interesse: »Wie ist es dir im Seminar ergangen?«

Mit dem Eintritt in das Priesterseminar war Roberto dem Willen seiner Mutter gefolgt, einer prüden und unterwürfigen Frau. »Sie war zerfressen von Angst. Angst vor allem. Vor dem Leben, vor dem Tod, vor der Ewigkeit, vor der Liebe, der Sexualität. Selbst die Katzen im Haus mussten sterilisiert und kastriert werden, damit sie keinen Sex haben konnten.« Roberto erinnerte, bei der Geburt seiner jüngeren Schwester bitterlich geweint zu haben. Erschrocken, weil dem Mädchen der Penis fehlte. Die Mutter reagierte mit irrem Entsetzen. »Sie hielt mir ein glühendes Ofeneisen vor die Augen und drohte mir und meinen Brüdern: ›Lieber sollt ihr blind sein, als eure Schwester nackt zu sehen.‹« Als Schulkind war

Maria die Teilnahme beim Volleyballspiel verboten. Der Gedanke, ihre Tochter würde knielange Hosen tragen, war der Mutter unerträglich. Ebenso wie der freundliche Blick eines Mädchens, das Roberto nach der sonntäglichen Messe angelächelt hatte. Fortan musste er die Kirche wechseln und die Gottesdienste der Jesuiten besuchen, um das Mädchen nicht wieder zu sehen.

»Als ich mit sechzehn in das Priesterseminar eintrat, wusste ich nicht, wie Kinder auf die Welt kamen.« Dafür hatte ihm seine Mutter eine Botschaft mit auf den Lebensweg gegeben, die Jorge von Burgos gefallen hätte: »Wenn du als Priester vom rechten Weg abkommst, ergeht es dir schlimmer als den Dämonen in der Hölle.«

Der Bau des Priesterseminars in Toluca sah nicht nur aus wie ein Gefängnis. Es wurde für den Novizen tatsächlich zu einem Haus der Zucht und Züchtigung. Ohne Erlaubnis durfte man das Seminar nicht verlassen. Einmal im Monat war ein Brief an die Eltern erlaubt, dessen Inhalt kontrolliert wurde. Die Kandidaten für das Priesteramt mussten einander mit Sie anreden. Viele der älteren Novizen verschwanden von heute auf morgen und kamen nie mehr zurück.

»Wer das Seminar verließ, dessen Name wurde nie wieder ausgesprochen. Jeder blieb für sich allein. Jede Gemeinschaftsbildung wurde abgelehnt, um homosexuellen Neigungen vorzubeugen. Wer beim Toilettengang sein Geschlecht berührte, befleckte sich mit einer inneren Unreinheit, die sich nicht abwaschen ließ.«

Zur Abtötung aller Leidenschaften kasteiten sich die jungen Jesuiten und banden sich Stahlgürtel um den Oberschenkel, mit Dornen, die sich ins Fleisch bohrten. »Immer dienstags, donnerstags, freitags und samstags. Hinzu kamen

Selbstauspeitschungen. Außer am Sonntag. Oft entzündeten sich die Wunden, dann musste man den Bußgürtel an das andere Bein anlegen. Jahre später, wenn ich irgendwo schwimmen ging, habe ich Priester oder ehemalige Seminaristen sofort an ihren Narben erkannt.«

»Demütige dich: Weißt du nicht, dass du ein Eimer für Abfälle bist«, heißt es in dem Buch *Camino*, auf Deutsch: Der Weg. »Du bist schmutziger, herabgefallener Staub.« Die millionenfach verlegte Schrift stammt aus der Feder des spanischen Priesters Josemaria Escrivá de Balaguer. Der Apologet der Selbstkasteiung hatte 1928 das Opus Dei, das »Werk Gottes« gegründet, einen eher im Hintergrund operierenden katholischen Elitebund. 1992, nur siebzehn Jahre nach seinem Tod, wurde Balaguer in einem außergewöhnlich zügigen Verfahren von Papst Johannes Paul II. seliggesprochen. Zehn Jahre später erlangte er den Status der Heiligkeit, was heftige innerkirchliche Proteste hervorrief. Der Widerstand verhinderte nicht, dass das Opus Dei im restaurativen Katholizismus, besonderes unter den Angehörigen des Klerus in Mexiko, seit Jahrzehnten wachsenden Einfluss gewinnt. Und damit auch das »Lebensordnungsprinzip« 208 aus dem Nachlass des geistigen Regelwerks des Gründers: »Gesegnet sei der Schmerz. Geliebt sei der Schmerz. Geheiligt sei der Schmerz. Verherrlicht sei der Schmerz.« Oder die Regel 617: »Gehorcht, wie ein Werkzeug in der Hand des Künstlers gehorcht, das nicht danach fragt, warum es dies oder jenes tut. Seid überzeugt, dass man euch nie etwas auftragen wird, das nicht gut ist und nicht zur Ehre Gottes gereicht.«

Padre Roberto stürzte in eine schwere Krise, als er seinen Lebenstraum begraben musste, weit weg in China aller Leibes- und Liebesfeindlichkeit entfliehen zu können. 1958 hatte Mao Zedong die Grenzen für Missionare schließen lassen. Roberto blieb in Toluca, dieweil sich seine Not verschärfte. Er stotterte noch immer, fand keine Worte für sein Unglück. »Weil ich große Schwierigkeiten beim Reden hatte, zog ich mich mehr und mehr in die Musik zurück.« Er entschied sich schließlich, seine geistliche Bestimmung im Orgelspiel zu suchen. Vier Jahre studierte er Musik im mexikanischen Coyoacán, dann zwei weitere Jahre in Rom. Weit weg von zu Hause zwar, aber allein, versunken im Verstummen.

»Ich hatte keinen Menschen, dem ich vertraute. Keinen Freund, keine Freundin. Nur Jesus im Tabernakel in Form der Hostie.«

Dann Paris! Drei Jahre lebte Roberto dort, just in jenen freiheitswilden Tagen, als die 68er-Revolte unter den Studenten die höchsten Wellen schlug. Es waren Jahre, in denen nicht nur Roberto Rubio seine Stimme fand. Auch unter konservativen Jesuiten vollzog sich ein Prozess des Umdenkens. Viele verstanden sich bis dato noch als Avantgarde der Glaubenshüter, als intellektuelle Speerspitze einer katholischen Elite, die sich um grundsätzliche Wahrheiten zu sorgen hatte, die Ewigkeitswerte und letzte Dinge debattierte und auf die Niederungen sozialer Fragen, wenn überhaupt, eher gleichgültig herabschaute. Inspiriert von der welthaltigen Aufbruchstimmung des Zweiten Vatikanischen Konzils, motiviert von den befreiungstheologischen Impulsen der lateinamerikanischen Bischofskonferenz im kolumbianischen Medellin und radikalisiert durch die Studentenbewegung wurde Roberto Mitglied der »Comunidad Paris«. Knapp dreißig in Paris lebende mexikanische Jesuiten hatten sich zu der Gemeinschaft zusammengeschlossen, fest entschlossen, aufzuräumen mit einem Christentum für die Mächtigen, die Wohlhabenden und die Satten.

Die bürgerliche Mittelschicht Mexikos orientierte sich bei ihrem Bekenntnis zum Katholizismus an einem Katalog von Regeln und religiösen Gepflogenheiten. Dazu gehörten laut Roberto der Messbesuch am Sonntag, das Einhalten der Zehn Gebote, die vorösterliche Beichte, der Empfang der Sakramente von der Taufe über die Eucharistie, die Ehe bis hin zur letzten Ölung, die Verehrung der Jungfrau von Guadalupe sowie der Gehorsam gegenüber Bischof und Papst. Wer sich daran hielt, wusste seinen Glauben auf der sicheren Seite. Es war ein Glaube, weder heiß noch kalt, aber alltagstauglich, wenn man nicht allzu viel vom Leben erwartete, ein Glaube kurzum, der schon lange kein Wasser mehr in Wein verwandelte.

1970 kehrte Roberto Rubio nach Mexiko zurück, um sich zum Priester weihen zu lassen. Er war der erste Jesuit, der darauf bestand, das Weihesakrament nicht im Seminar zu empfangen, sondern in Ajusco, einer bitterarmen Gemeinde südlich von Mexiko-Stadt. Dort rief er mit einigen Brüdern der Pariser Kommunität Basisgemeinden ins Leben, die sich in der linken Arbeiterpastoral engagierten, wobei die Grenzen zwischen geistlicher Seelsorge, sozialer Arbeit und politischer Agitation aufgehoben wurden. Bis aus Rom die Direktive kam, die Jesuiten hätten sich nicht in politische Belange einzumischen. 1977 zog sich der Orden aus Ajusco zurück. Padre Roberto jedoch hatte seinen Ort gefunden: bei den Menschen ganz unten. Er zog zu den Pepenadores. Nach Nezahualcóyotl, ein Ort, ungefähr so weit weg von seinen familiären Wurzeln wie China.

Es dämmerte in Tlatel, in der Colonia el Sol. Die Sonnenkolonie, anfangs nur ein apokalyptisches Endlager zivilisato-
rischer Ausscheidungen, schien mir zusehends lebens- und
liebenswerter. In einem Hinterhof trafen sich Roberto und
seine Freunde am Spielbrett zum Domino. Lobo der Gemüse-
verkäufer, Raimundo der Gärtner, Sergio der Buchhalter.
Und Atanasio, der schrottreife Autos wieder zum Laufen
brachte. Seit nunmehr zwanzig Jahren hockten sie zusammen. Jeden Mittwoch. »Mein heiliger Abend«, lachte Roberto.
Die Freunde tranken ein paar Gläschen Cuba Libre und spielten ihre Partien Domino. Wer verlor, ließ satte Flüche ab,
bei denen ich nur deshalb keine roten Ohren bekam, weil
meine Spanischkenntnisse und meine obszöne Phantasie an
ihre Grenzen stießen. Die Männer waren Robertos Mitstrei-
ter, ehemalige Pepenadores, die schon vor Jahren den Weg
aus dem Müll gefunden hatten und die heute in der Heilig-
Geist-Gemeinde andere auf dem Weg aus dem Müll begleite-
ten. Von den dreißig Jesuitas der einstigen Comunidad Paris
wusste Roberto, dass nur noch vier der Societas Jesu angehör-
ten. Manch einem Ordensrebell war bei der Solidarität mit
den Armen der Atem ausgegangen.

Als ich Roberto eines Abends fragte, welche Vorstellung von Jesus seine Idee vom Glauben prägte, hatte ich
die Schlagworte erwartet, die seit den siebziger Jahren zum
Begriffskanon progressiver Theologen zählten und die mir
selber einst leicht von den Lippen kamen: die Aufforderung
zur Nachfolge, die Option für die Armen, der Kampf für die
gerechte »Eine Welt« ohne Unterdrückung, ohne Ausbeutung, ohne Diktatoren, Oligarchen und Kapitalisten. Und
nicht zuletzt eine demokratische Basiskirche, ohne Macht-
gefälle von oben nach unten. Tatsächlich waren Roberto

Hierarchien suspekt. Er misstraute Institutionen, was seine Vorstellung vom Amt des Priesters entscheidend beeinflusst hatte. Gemeinhin herrscht unter den Gläubigen in Lateinamerika die Ansicht, der Priester sei der Stellvertreter Gottes vor dem Volk. Padre Roberto dagegen sah die Frage der Repräsentanz umgekehrt. Er verstand sich als ein Stellvertreter seines Volkes vor Gott. Ein Anwalt der Vergessenen und Verlassenen.

Von allen Sätzen aus dem Neuen Testament war es ausgerechnet jener Satz mit der am wenigsten frohen Botschaft, der den Jesuiten glauben ließ. Der Satz benannte jene abgründige Erfahrung, die Jesu getreu den Evangelien des Markus und Matthäus am Kreuz machte, als er im Angesicht des Todes die Worte sprach: »Mein Gott, warum hast du mich verlassen?« Padre Roberto zog es zu jenen Menschen, die mit diesen Worten noch etwas anzufangen wussten. Es waren die Worte, die seiner Wahrheit einen Ausdruck gaben.

Am Ende meiner Reise besuchte ich mit Roberto die Comunidad de Jesuitas in der Calle Enrico Martinez in Mexiko-Stadt. Elf Padres lebten hier. Es waren zuvorkommende alte Männer, achtsam und weltfremd, ein wenig entrückt und anrührend freundlich. Roberto hatte in der Gemeinschaft noch ein Zimmer, aber schon lange kein Zuhause mehr. Manchmal schaute er vorbei, aß mit seinen Ordensbrüdern zu Abend und trank mit ihnen ein Glas Wein. Unten in einer Stube neben dem Eingang stand ein schwarzes Klavier. Dahinter an der Wand hing ein Poster der Virgen de los dolores. Über zehn Jahre, sagte Roberto, sei er an dem Klavier vorbeigegangen. So lange schon hatte er sich nicht mehr auf den Hocker setzen können. Doch nun, da er seine Geschichte erzählt hatte, fühlte er sich erleichtert. Ich fragte nach seinem musikalischen

Lieblingsstück. Eine Kantate womöglich, ein Chor oder eine Messe? Oder, naheliegend, ein Requiem?

»No, no«, meinte Roberto. »Sinatra, Frank Sinatra.«

Dann setzte er sich an das Klavier und spielte. Zuerst noch ein wenig zaghaft, wie ein Schüler, der weiß, was er kann, sich aber nicht traut. Er spielte »My way«. Nach einigen Takten kam die Sicherheit zurück. Nicht mit abgeklärter Virtuosität, sondern mit der Sicherheit in der Unsicherheit. Im Tasten, im Suchen, im Auflösen der Starre. Ich weiß nicht, ob »I did it my way« jemals irgendwann irgendwo aus tiefstem Grund so menschlich und ehrlich erklang.

Roberto hatte seinen Ton gefunden. Im Erzählen. Vielleicht verstanden wir uns deshalb, weil er keine Wahrheiten verkündete, sondern vom Leben sprach. Für ihn war das Erzählen ein Akt des Aufräumens. Das Erzählen war seine Variante des HSM Compact.

»Warum hast du mich verlassen?« Kein Aktenvernichter würde die Erinnerung an Einsamkeit und Lieblosigkeit, an Enttäuschung und Demütigung je entsorgen können. Aber wenn Padre Roberto erzählte, verloren die Schattengestalten seiner Biografie ihre Macht. Nur manchmal meldeten sie sich wieder, die Geister des Jorge von Burgos. Dann ähnelte Roberto zwar immer noch ein wenig William von Baskerville, aber man sah ihm an, wie viel Kraft ihn der Kampf gegen die Mächte der Vergangenheit gekostet hatte.

Seliggesprochen wird Roberto wohl nicht. Allein schon wegen der Flüche beim Dominospiel. Schwerer wiegen dürfte ein anderer Grund. In der Hierarchie der kirchlichen Charismen besitzt der devote Gottesdiener einen höheren Tauschwert als der aufrechte Menschenfreund. Das unterscheidet den Priester in der Sonnenkolonie von dem Opus-Dei-Gründer

Escrivá de Balaguer. Vielleicht lässt sich der Unterschied so benennen: Zur Ehre Gottes meinte de Balaguer, den Bußgürtel anlegen zu müssen. Aus Liebe zum Leben warf Roberto ihn auf den Müll.

Mit dem Padre hatte sich ein Menschenbild in das dritte Jahrtausend hinübergerettet, das zeitlos war. Es ließ sich nicht sagen, ob es sich aus der Kraft der Erinnerung speiste oder aus einer lichten Zukunft heranwehte. Roberto hätte mit dem Christentum brechen können. Und mit dem Katholizismus sowieso. Er wäre entschuldigt gewesen. Doch Roberto glaubte. Er glaubte an eine Idee, die nicht davon abhing, wie groß oder klein seine persönlichen Beschädigungen und Deformationen waren. Und auch nicht, wie groß und wie klein sein persönlicher Lustgewinn. Er glaubte an die Idee vom Menschen, der nicht dazu geboren war, im Staub zu kriechen. Er sah im Menschen das Ebenbild Gottes. Er glaubte. Das war alles.

III

Die Suche nach dem großen Schatz

»Oh Gott, hilf mir. Nur dieses eine Mal. Hilf mir, wenn
es dich gibt. Lieber Gott, ich werde dir ein Geschäft
vorschlagen. Hör zu! Einmal nur, tu ein einziges
Mal etwas für einen Zigeuner. Das ist doch nicht zu
viel verlangt. Hilf mir! Wenn ich heute gewinne, ich
schwör's dir, Gott, dann verspreche ich dir, dass ich an
dich glaube.«
Der Würfelspieler Merdžan in Emir Kusuricas Film
Zeit der Zigeuner

Sankt Cäcilien in Köln, eine romanische Basilika mit ihren
Ursprüngen im 8. Jahrhundert, war eine Stiftkirche für
Adelsdamen, Zunftkirche für Kunstmaler und Kapelle eines
Bürgerhospitals, bevor sie im Zweiten Weltkrieg von Bomben
schwer beschädigt wurde. In den fünfziger Jahren wurde sie
wieder aufgebaut, blieb ein geweihtes Gotteshaus mit wiederum neuer Funktion. Als Schnütgen-Museum präsentiert die
Cäcilienkirche ihren Besuchern heute eine der bedeutendsten Sammlungen mittelalterlicher Sakralkunst in Europa.
Eine Kunst, deren Exponate, wie Kulturwissenschaftler das
nennen, dekontextualisiert wurden. All die Heiligenfiguren,
Schnitzmadonnen und Piétas, die Darstellungen von Hiob
im Elend, von Jesus als gemartertem Schmerzensmann und
als auferwecktem Christus, die prächtigen Monstranzen

und einzigartigen Reliquiare haben ihren religiösen Verweis-
charakter verloren. Sie sind museal geworden. Die Reliquiare
aus Gold und Kristall, Behältnisse, die einst heilige Kostbar-
keiten bargen, sind zu Antiquitäten mutiert. Die Reliquien
wurden entfernt. Früher waren die Gebein- oder Kleider-
partikel von Heiligen begehrte Objekte kultischer Verehrung, in denen sich die Präsenz begnadeten Lebens materialisierte. Heute sind die Schreine leer, wie Hüllen, die an die
hohle Papaya der Menschenfresserin Madame Diop erinnern,
sofern man dazu die Phantasie besitzt.

Ich hatte das Schnütgen-Museum Ende der neunziger
Jahre besucht, um eine aufsehenerregende Ausstellung anzu-
schauen: Joseph Beuys und das Mittelalter. Ich war vorberei-
tet. Zumindest darauf, dass die Objekte des Künstlers Beuys
dem Betrachter ihren Sinn, so ihnen einer zu eigen ist, nie auf
einem Tablett servieren. Sie lebten und leben von einer ihnen
ureigenen Faszination, anziehend und abstoßend zugleich,
mysteriös, fremd und verschlossen. Sich ihnen anzunähern
kann einen durchaus an die Grenzen des Verstehens treiben. Ich wurde nicht enttäuscht. Zwischen all den herrlichen
Schätzen und Preziosen des Mittelalters stand ein höchst
sonderbares Kunstobjekt. Eine Blechkiste. Ein grau bemalter
Eisenkasten auf vier Füßen. Darin lagen in einem Pappkarton
19 Orangen und einige Blätter, gebettet auf gelbes Schwefel-
pulver. Joseph Beuys hatte das Arrangement 1985 geschaffen,
ein Credo, ein Jahr vor seinem Tod. Auf den Karton waren
zwei Worte geschrieben, die dem Werk seinen bekennenden
Titel gaben. »Ich glaube.«

Ich sehe diese Orangenkiste oft vor mir. Was soll das?
An ihr zermartere ich mir den Kopf. Seit Jahren. Ich habe
einiges über die Kiste gelesen. Kluge Beschreibungen von

klugen Köpfen. Von einer Professorin etwa, die gescheite Dinge weiß, über alchemistische Weltbilder, über chemische Eigenarten des Sulfur und die mythologischen Zuschreibungen des Schwefels, dessen Substanz sich im Feuer verflüchtigt. Deswegen galt Schwefel den Alchemisten als »Materie der Umwandlungen«, schreibt die Kunsthistorikerin Antje von Graevenitz. »Seine Doppeldeutigkeit machte ihn zum Garanten für Tod und Auferstehung, an ihnen ließ sich Erkenntnis gewinnen.« Ich lese solche Erörterungen gern, finde sie aufregend, auf jeden Fall. Danach weiß ich ein wenig mehr, nur klüger werde ich nicht. Ich finde Informationen, aber eben nicht jene Erkenntnis, die mich herausführen könnte aus dem Tal der Ratlosigkeit, in das diese Kiste mich stürzt.

»Ich glaube.«

Ja, verdammt noch mal! An wen und an was denn? Mir fehlt das »Ich glaube an …«, so wie es mir vom Credo meiner Kirche vertraut ist. Ich misse das Akkusativ-Objekt. Das, woran ich mich halten könnte. Vater, Sohn, Heiliger Geist, Jungfrau Maria. Daran kann man glauben. Oder auch nicht.

Doch die Kiste schweigt. Sie steht offen vor mir, aber sie verschließt sich. Sie ärgert mich. Sie treibt mich an eine Schwelle. Und ich weiß nicht, wie ich hinübergelangen soll. Und ob ich überhaupt hinüberwill.

Auf einen flüchtigen Blick gleicht der Glaube einem Handel. Einem Deal mit einer Kosten-Nutzen-Rechnung. Ich gebe etwas, und ich bekomme etwas. Nach kaufmännischer Logik mehr, als ich investiert habe. Nur wird entgegen der geschäftlichen Gepflogenheit »Erst die Ware, dann das Geld« beim religiösen Tauschhandel normalerweise vorab ein Preis entrichtet. Eine Gabe. Ein Opfer, an dem der Anspruch, die Erwartung oder wenigstens die Hoffnung hängt, für meine Vorleistung eine Gegenleistung zu erhalten. Sei es für mich selbst oder für Menschen, die mir nahestehen. »Im elementarsten Sinne«, so der Philosoph Slavoj Žižek, »beruht das Opfer auf dem Begriff des Tausches: Ich biete dem Anderen etwas, das mir etwas bedeutet, um von dem Anderen etwas zurückzubekommen, das noch wichtiger ist für mich.«

Wer auch immer »der Andere« sein mag: Je mehr das Opfer mir abverlangt, je höher sein Preis und je mehr es schmerzt, desto höher sein Tauschwert. Egal, ob der tatsächlich von Nutzen ist oder ideell noch seiner Erfüllung harrt. Ob das Opfer von »dem Anderen« akzeptiert wird, ob der Tausch de facto stattfindet oder der Opfernde mit seiner Gabe auf dem Friedhof der enttäuschten Wünsche landet, das steht auf einem anderen Blatt.

Vorreflexive, wenngleich grundlegende Erfahrungen mit den Gesetzen von Gebrauchswert und Tauschwert machte ich Ende der sechziger Jahre im westfälischen Sauerland. Es war die Zeit, als die halbstarke Dorfjugend mit knatternder Kreidler durch die Gegend kurvte, sich »Hell Drivers« oder »Steppenwölfe« mitsamt Adler-Emblem auf ihre Jeansjacken nähte und an jener Freiheitswildheit schnupperte, mit der Peter Fonda auf seiner Harley auf der Route 66 unterwegs war. Ein paar Jungen aus meinem Heimatdorf hatten sich als Zeichen der Aufsässigkeit mit Kugelschreibern »Die roten Teufels« auf ihre T-Shirts gekritzelt. Auf Kirmesfesten lungerten sie am Autoscooter herum, rauchten, tranken Bier und machten ansonsten einen undiabolischen Eindruck. Ich war damals elf und für aufsässige Attitüden zu jung. Ich sammelte Briefmarken. Untaugliche Objekte, um das Lebensgefühl des

»Born to be wild« zu streifen; ideal aber, um sich mit der Logik des Tauschens vertraut zu machen.

Meine Sammlung an Marken war ansehnlich. Wobei ein Exemplar besonders herausragte. Sie fiel auf durch ihr extravagantes Format, weil sie wie ein Karo spitz auf Eck stand. In der Mitte schaute ein Bildnis der Lourdes-Madonna mit gefalteten Händen den Rosenkranz betend zum Himmel auf. Manchmal tauschten wir Jungen unsere Briefmarken in den Unterrichtspausen der dörflichen Volksschule in Lenhausen. Meine Madonnenmarke war selbstverständlich von den philatelistischen Transaktionen ausgenommen. Ihr Gebrauchswert war weltlicher Art und erschöpfte sich im Stolz ihres Besitzes, für den es keinen adäquaten Tauschwert gab. Bis der Priester Egbert Schlootkötter, dereinst für die katechetische Unterweisung zuständig, mein Markenalbum durchblätterte. Pastor Schlootkötter einen Marienverehrer zu nennen würde ihm nicht gerecht. Er war ein promovierter Mariologe und glühte für die Gottesmutter, weshalb er in meinem Heimatdorf auch mit einer Tradition brach. Sein Amtsvorgänger Paul Habbel, von dem noch zu reden sein wird, pflegte den Jungen und Mädchen zur Erinnerung an die erste heilige Kommunion ein Kruzifix zu schenken. Ich gehörte dem letzten Jahrgang an, der noch ein solches Holzkreuz mit dem Corpus Christi erhielt. Letzterer war aus Gips. Ein Nachteil. Bei Kissenschlachten mit meinen Brüdern fiel der Gekreuzigte von der Wand und büßte Arme und Beine ein, sodass der ramponierte Torso irgendwann auch mit Uhu nicht mehr zu retten war. Schlootkötter verteilte statt fragilen Kreuzen kleine versilberte Madonnenfiguren, die zuvor mit geweihtem Wasser gesegnet wurden und robuster waren.

Als der Pfarrer meine marianische Freimarke in der Form eines Vorfahrtsschildes entdeckte, entflammte er vor Begeisterung. Die Marke war 1958 in Monaco herausgegeben worden. Anlass war der hundertste Jahrestag der Marienerscheinungen in Lourdes. Unter dem Madonnenbild war zu lesen: »Que soy era Immaculada Councepciou.« Ich bin die Unbefleckte Empfängnis. Der Satz war dem Hirtenmädchen Bernadette Soubirous an der Grotte von Massabielle in dem französischen Pyrenäenstädtchen bei ihren Erscheinungen geoffenbart worden, vier Jahre nachdem Papst Pius IX. 1854 das Dogma verkündet hatte, das die Jesusgebärerin Maria von jeglicher Erbschuld ausnimmt. Egbert Schlootkötter schlug mir einen Tausch vor. Ein Angebot, das ich nicht ablehnen konnte. Er bot mir ein Andachtsbildchen an, dessen Wert meinem kindlichen Gemüt unermesslich schien. Ein Foto von Papst Johannes XXIII., das es im wahrsten Sinn des Wortes in sich hatte. Unten links war hinter einer durchsichtigen Folie ein Stückchen weißes Textil eingearbeitet, ein winziger Teil eines Gewandes, das der 1963 verstorbene Papst zu Lebzeiten getragen hatte. Ich tauschte auf der Stelle. Was war ein Postwertzeichen gegen eine echte Reliquie! So jedenfalls kam dieser Fitzel Stoff mir vor. Er machte mich zum Eigentümer von etwas ungemein Kostbarem. Ich besaß etwas, das mich an der Aura des Heiligen schnuppern ließ. Dass dieses Heilige einen erheblichen säkularen Gebrauchswert für mich haben sollte, realisierte ich später.

Ich hatte die Volksschule verlassen und war zum Städtischen Gymnasium nach Attendorn gewechselt. In der ehrwürdigen Bildungsanstalt, über deren Portal noch heute das Credo prangt »Deo Musis Patriae«, wurde der Religionsunterricht nicht von Studienräten, sondern von Geistlichen erteilt. Von gestandenen Klerikern wie Werner Kleffner. Ich bin sicher, er legte einen der Grundsteine diesseitig-jenseitiger Weltneugier, mit der ich später den Journalismus der akademischen Theologie vorziehen sollte. Pfarrer Kleffner hatte, mit Verlaub, ein phänomenales Pferdegebiss wie der Schauspieler Fernandel und entsprach auch ansonsten dem Typus von Giovanni Guareschis schlagfertigem Gottesdiener Don Camillo. Kleffner war auf unsentimentale Weise fromm, gewitzt und weltoffen, lachte laut und oft, nicht ohne ein erträgliches Maß an erzieherischer Strenge. Vor allem war er ein leidenschaftlicher Segelflieger, der sich die Welt am liebsten von oben ansah. Sobald er das Klassenzimmer betrat, musste man ihn nur auf die Fliegerei ansprechen, und er erzählte von seinen luftigen Eskapaden, ohne wieder in den Gefilden der katechetischen Unterweisung zu landen. Wenn der Gong die Religionsstunde beendete, musste Pfarrer Kleffner das behandelte Unterrichtsthema in das Klassenbuch eintragen. Als ich ihn nach einer seiner Flugexkursionen fragte, was er da aufschreibe, zwinkerte er mir zu: »Zwischen Himmel und Erde.«

In der Quarta, der dritten Klasse meiner Gymnasialzeit, übernahm ein junger Vikar den Religionsunterricht. Wenn er in die Klasse kam, baute er sich vor uns Schülern auf, in Schwarz mit Kollar. Dann sammelte er sich wie jemand, der den Eindruck erwecken will, sich zu sammeln, faltete die Hände wie die Madonna auf der monegassischen Briefmarke und betete vor. Und das mit solch andächtiger Inbrunst, die jedem vermittelte, dass es einer gehörigen Portion Gnade bedurfte, um vor dem Auge des Allmächtigen halbwegs zu bestehen. Der Vikar benotete uns Schüler weniger nach dem Stand unserer Bibelfestigkeit und unseres Wissens als nach dem Grad unserer Frömmigkeit. Wir hatten ein Heft anzulegen, in das wir gottgefällige Sprüche und katechismuskonforme Weisheiten schrieben und Bilder mit biblischen Szenen hineinmalten. Daniel in der Löwengrube oder Jonas im Bauch des Walfisches. Beliebt waren auch christliche Märtyrer, die an der Via Appia als Fackeln brannten oder im römischen Kolosseum von wilden Tieren zerfleischt wurden. Umso ordentlicher das Buch geführt wurde, desto besser die Benotung.

Den höchsten Tauschwert zur Erlangung pastoraler Gewogenheit hatten Heiligenbildchen. Ich hatte mein Reliquienkleinod von Papst Johannes eingeklebt, was mir die Bestnote sicherte. Ich fand das ungerecht gegenüber meinem Banknachbarn Norbert. Er war die personifizierte Ordnungsliebe und hatte sich mit dem Führen des frommen Heftes alle erdenkliche Mühe gegeben. Allerdings hatte der Klassenkamerad bei einem Spruch ein Wort verwechselt und damit religionstheoretisch und glaubenspraktisch ein Desaster angerichtet, das den Tauschwert all seiner Anstrengungen auf null zurückfallen ließ. Im Nachhinein kam mir Norberts semantischer Missgriff wie ein Freud'scher Versprecher vor, dem möglicherweise eine ungeahnte zeitdiagnostische, wenn nicht gar prophetische Hellsicht innewohnte. Er hatte geschrieben:

»Jeder der auf Gott vertraut, hat auf guten Sand gebaut.«

Ich erinnere die gekränkte Leidensmiene des jungen Vikars.

»Fels«, sagte er. »Norbert, es muss Fels heißen.«

Zurück zum Tausch. Dass ein Opfer keineswegs eine Gegenleistung des Anderen garantiert, erzählt schon die Genesis. Kain, der erstgeborene Sohn Adams und Evas, bringt Gott von den Früchten des Feldes dar. Der Herr jedoch verschmäht die Gabe des Ackerbauers, während er das Tieropfer des Schafhirten Abel annimmt. Aus Zorn erschlägt Kain daraufhin den eigenen Bruder. Es fällt auf, dass im ersten Buch Mose wohl erwähnt wird, *dass* und *was* Kain opfert, aber nicht, was er sich im Gegenzug für seine Gabe erhofft. Wahrscheinlich Gottes Segen und damit die Aussicht auf Wohlstand.

Ein Opfer kann nicht nur nicht erhört werden, es kann sich auch entgegen aller Absicht in sein Gegenteil verkehren. Das musste ich an einem Sonntagnachmittag im Frühling 1968 erfahren. Den Preis für diese Erfahrung zahlte indes nicht ich, sondern mein zweitjüngster Bruder. Wir wuchsen mit drei Geschwisterjungen in einem 1500-Einwohner-Dorf auf. Noch heute bildet die Sankt-Anna-Pfarrkirche aus massivem Bruchstein den Mittelpunkt des Ortes, jedoch eher im geografischen als im geistlichen Sinn. Einen eigenen Pfarrer haben die Gemeinde und die Nachbardörfer schon seit Jahrzehnten nicht mehr. Die Zahl der Gottesdienstbesucher darf man überschaubar nennen, anders als noch in meiner Kindheit, als der sonntägliche Messbesuch unumgängliche Christenpflicht war. Es herrschte die noch nicht angezweifelte Konvention des *Man tut* und *Man lässt*.

Die faszinierende wie irritierende Einsicht, dass die Welt nicht an den Grenzen des behüteten »Landes der tausend Berge« endet, transportierte der erste Schwarzweißfernseher in unsere Familie. Ich sehe noch Bilder von sowjetischen Panzern, die durch Prag rollen, während Menschen umherrennen und ständig etwas skandieren, das wie »Dupp-schekkswobo-da, Dupp-schekk-swobo-da« klingt. Ich hatte keinen Schimmer, wer oder was damit gemeint war. Ebenso wenig verstand ich, weshalb Studenten in Berlin hinter Transparenten durch die Straßen zogen und Fahnen schwenkten, während ihre Anführer kämpferische Parolen in Megafone schrien. Ich weiß noch genau, wie mein Großvater, ein verträglicher Mann von schlitzohrigem Charme, mich warnte. »Junge, wenn du einmal demonstrierst, geh nie in der ersten Reihe wie der Dutschke. Und trag nicht die rote Fahne.«

Ich war zu jung, um zu verstehen, was Großvater meinte, dem das Politische generell suspekt war. Dennoch war ich derzeit alt genug, um zu spüren, dass die feste Ordnung meiner Großeltern und Eltern feine Risse bekam. Aber noch wehte der Wind des Wandels an meiner Heimat vorbei, mit der Kirche als Bastion der Beständigkeit. Man ging hin, teils um des Herrgott willens, teils aus Tradition und gewiss auch aus Furcht vor dörflicher Ächtung. Für meinen Bruder hatte diese Furcht einen Namen.

Fritz Z. war Gärtner von Beruf und Küster von Berufung. Eine asketische Gestalt, hochgewachsen und wettergegerbt, ein drahtiger Typ wie der legendäre Bergsteiger und Schauspieler Louis Trenker, nur dass man den Tiroler auch lachen sah. Morgens, mittags und abends, pünktlich um sechs, zwölf und achtzehn Uhr, läutete Fritz Z. die Glocken zum Angelus. Wenn wir Jungen und Mädchen sonntags auf den Beginn des Hochamtes warteten, in getrennten Bänken natürlich, reichte ein Hochziehen der Augenbraue oder ein kurzes Recken des Kinns, um bereits den Ansatz zu einem Schwatz ins Verstummen zu zwingen. Während der Messfeier stand er unbewegt und würdesteif, wie die personifizierte Gottesfurcht, rechts neben der Kommunionbank, nach der Predigt schritt er zur Kollekte mit dem Klingelkorb durch den Mittelgang, mit gestreckter Brust, als nähme er gerade das Eiserne Kreuz entgegen. Wenn Fritz Z. am Altar die Knie beugte, dann tat er das nicht als unterwürfiger Kriecher vor dem Herrn, sondern als aufrechter Soldat zur Ehre Gottes. Dass er als Zuchtmeister heiligen Ernstes im Dorf höchste Reputation genoss, lag zudem daran, dass er im hohen Alter noch der Schwerkraft trotzte. Mit geschätzten achtzig Jahren führte er bei den Festen des Turn- und Sportvereins die Felge am Reck, gehockt, gestreckt und gesprungen vor. Seine wöchentlichen Turnstunden waren bei den Jungen indes äußerst unbeliebt, da ihm bei der Ertüchtigung der Leiber jegliches Moment des Spielerischen abging. Gegen so einen Glaubensritter hatte mein damals neunjähriger Bruder nicht den Hauch einer Chance, obwohl er als Messdiener auf Latein das Schuldbekenntnis vor dem Allmächtigen »Confiteor Deo omnipotenti ...« in atemberaubendem Tempo herunterrasseln konnte, ohne zu wissen, was er da plapperte.

Fritz Z. hatte meinen Bruder erwischt. Bei einem Frevel. An einem Sonntag, hinten in der Kirche. Am Opferstock, neben dem Aufgang zum Glockenturm. Er hatte alle verfügbaren Opferkerzen angezündet. Insgesamt dreiunddreißig Stück.

Um die Tat zu verstehen, muss man wissen, dass es für die Kinder aus katholischem Hause einst eine lästige, ja grausame Pflicht war, nach dem sonntäglichen Hochamt am Morgen auch noch eine halbstündige Andacht am Nachmittag besuchen zu müssen. Was ein echtes Opfer war. Zwar vermittelte das aus überquellendem Herzen und vollster Kehle geschmetterte »Tantum ergo sacramentum« mir durchaus das Gefühl, etwas wahrhaft Erhabenem beizuwohnen. Und dem »Großer Gott, wir loben dich« wohnte ein überwältigender sakraler Gehalt inne, der einen für einen Augenblick der Teilhabe an Gottes Herrlichkeit über sich hinauswachsen ließ. Einerseits. Andererseits war ich auch für die Lockrufe aus den Niederungen der TV-Kultur empfänglich. Will sagen, wenn Pfarrer Paul Habbel inmitten von Weihrauchschwaden die Monstranz mit dem Leib Christi in den Altarhimmel reckte, liefen zu derselben Zeit im Fernsehen Sendungen wie *Fury* oder *Flipper*. Und die hatten für einen Zehnjährigen einen ungleich höheren Unterhaltungswert als die rituellen Inszenierungen zur Ehre Gottes. Andererseits war der Besuch der Andacht kein echtes Opfer, weil es keine akzeptable Gegenleistung dafür gab. Außer der Vermeidung des elterlichen Ärgers, weil man nicht hinging. Aber ein echter Gebrauchswert war das nicht. Mir jedenfalls kam der Besuch der Andacht immer vor wie ein zusätzlich verordneter Bußgang, wenn man so will, eine psychoterroristische Variante von Padre Robertos stahlspitzem Dornengürtel.

Meinem zweitjüngsten Bruder ging es genauso. Auch an dem Sonntag der unseligen Begegnung mit Fritz Z. kniete er in der Andacht. Das jedenfalls glaubten unsere Eltern. Stattdessen aber hatte er sich bei einem Kameraden auf das Fahrrad geschwungen, und die beiden kutschierten in Richtung Bolzplatz. Bis mein Bruder vom Gepäckträger stürzte. Das blutende Knie war nicht der Rede wert, wohl aber das Loch in der neuen Sonntagshose. In seiner Not und aus Furcht vor drohendem Ärger suchte er die Kirche auf. Er zündete dreiunddreißig weiße Kerzen an. Mit neun war er klug genug, um zu wissen, dass kein »lieber Gott im Himmel« kaputte Trevia-Stretchbundhosen reparierte. Aber als Kind war er voll des Vertrauens, dass ein allmächtiger und gütiger Herrgott in der Lage war, den Zorn von Vater und Mutter zu bannen.

Als der Kirchendiener oben an der häuslichen Wohnungstür klingelte, hatte sich mein Bruder im Keller versteckt. Während er sich unter einem Treppensturz kauerte, stand der Küster in der Küche und klagte das Entgelt für die kirchliche Dienstleistung ein. Zehn deutsche Pfennige pro Kerze. Nachdem Fritz Z. die drei Mark und dreißig kassiert hatte, verschwand er wieder. Den Bruder erwartete die in Fällen groben Unfugs obligatorische »Tracht Prügel«, die indes mehr einer väterlichen Drohgebärde glich und eher symbolischer als schmerzlicher Natur war und vermutlich zur Kategorie der »würdigen Schläge« zählte, die Papst Franziskus Jahrzehnte später als legitime erzieherische Maßnahme gutheißen sollte. Jedenfalls traf der Zorn unseres Vaters den Bruder nicht wegen der zerrissenen Hose. Auch nicht, weil er die Andacht geschwänzt und die Kerzen angezündet hatte. Sondern weil er sie nicht bezahlt hatte. Weil mit den dreiunddreißig brennenden Kerzen eine Schuld im Raum stand, eine Schuld, die nicht beglichen war. Ein Gedanke, den mein Vater nicht ertragen konnte.

Man blieb niemandem etwas schuldig. Dem Herrgott nicht. Und schon gar nicht der Kirche. Wer nahm, der hatte zu geben. Wer hingegen gab, hatte mit seiner Gabe keineswegs ein Anrecht erworben, etwas zu bekommen. Aber er hatte mit seiner Gabe seinen Glauben bezeugt und ihm eine ritualisierte und verbindliche Form gegeben. Er hatte den sogenannten »Anderen« anerkannt. Slavoj Žižek weist darauf hin, dass es beim Opfer nie bloß um einen profitablen Tausch geht. Immer schwingt auch die Geste der Anerkennung mit, »dass es da draußen überhaupt einen Anderen *gibt*, der imstande ist, auf unsere Opferbitten zu reagieren (oder nicht). Selbst wenn der Andere mir meinen Wunsch nicht erfüllt, kann ich wenigstens davon ausgehen, dass es einen Anderen *gibt*, der möglicherweise das nächste Mal anders reagieren wird.« Natürlich verlor sich dieser Andere für einen Katholiken nicht in namenloser Anonymität. Das war so klar, dass sich niemand darüber den Kopf zerbrach. Man philosophierte nicht über »den Anderen«. Man betete zu den Adressaten des Apostolischen Credos: »Ich glaube an Gott, den Vater, den Allmächtigen, den Schöpfer des Himmels und der Erde, und an Jesus Christus, seinen eingeborenen Sohn, unseren Herrn, empfangen durch den Heiligen Geist und geboren von der Jungfrau Maria ...« Das waren die himmlischen Instanzen, an die man sich halten konnte und die in der Blech- und Schwefelkiste des Joseph Beuys mit dem Titel »Ich glaube« fehlen.

Ich besitze eine lose Sammlung frommer Schriften. Flugblätter, Fibeln und Manifeste. Menschen, die ich nicht kenne, haben mir die Papiere zugesteckt. Weil sie mich retten wollten. Ich sage das nicht abschätzig. Denn sie wollten nicht nur mich retten, sondern alle, die ihren Weg kreuzten, nur eilten andere Passanten schneller vorbei oder wiegelten schon im Ansatz jeden Versuch ab, in Einkaufszonen, auf Marktplätzen oder vor Bahnhöfen in ein Gespräch verwickelt zu werden. Es waren evangelikale Christen, ausnahmslos Männer, die um eine Heilsbotschaft wussten, die nur dann heilswirksam war, wenn sie davon Zeugnis ablegten. Der Mission verpflichtet verstanden sie sich als Mahner. Auf Handzetteln warnten sie vor Tanz und Kartenspiel, vor berauschenden Getränken und Tabak, satanischem Hardrock, unsittlicher Kleidung, vor Unzucht, dem Mammon und allen erdenklichen sündhaften Verlockungen. Ein Heftchen mit dem Titel »Bist Du heute bereit für die Ewigkeit?« listet über hundert Bibelstellen auf, die zu Reue, Buße und Umkehr aufrufen und an den Tag der großen Abrechnung am Ende der Zeiten erinnern. Um dann nicht auf der Seite der ewigen Verlierer zu stehen, sei es vonnöten, von Jesus Erbarmen zu erflehen, sonst sei die Seele verdammt und verloren.

Wer den Missionschristen persönlich begegnet, sollte der Versuchung widerstehen, ihre fundamentalistischen Ansichten argumentativ widerlegen zu wollen. Solche Versuche enden in der Regel in der Verzweiflung. Ich habe jedoch den Eindruck, etwas im Auftreten religiöser Eiferer hat sich geändert. Früher lag über ihren Gesichtern oft der Schleier humorlosen Missmuts. Der Spott Nietzsches, die Christen sähen so wenig erlöst aus, fand in ihnen seine Bestätigung. Heute wirken Fundamentalisten oft so verzückt, dass ihr entrücktes, für Außenstehende unmotiviert scheinendes Lächeln auch schon wieder verdächtig ist.

In der Republik Moldau habe ich in dem Städtchen Ceadir Lunga einen Mann porträtiert, der mit seiner freikirchlichen Gemeinde eine beachtliche karitative Arbeit leistet, zumal viele Menschen in den Trümmerstaaten der ehemaligen Sowjetunion jede soziale Sicherheit verloren haben. Der Mittvierziger hatte alles Mögliche auf die Beine gestellt, eine Suppenküche für die Ärmsten, die ärztliche Versorgung der Alten, Medikamente für Mittellose, Hausbesuche bei Kranken und Behinderten, Hausaufgabenhilfe für Kinder oder die Betreuung von Sozialwaisen, die von ihren Eltern, die in Russland oder Europa Geld verdienten, allein gelassen wurden. Kurz, er war ein freundlicher Mensch, der half, wo er konnte. Trotzdem war dieser Mann nur schwer zu ertragen. Jeder zweite oder dritte seiner Sätze lautete »Thanks God«. Ein Dank an Gott, wenn das Abendbrot aufgetischt wurde, wenn die Suppe mundete, wenn es einen Nachschlag Quarkspeise gab, wenn die Küchenhilfe abräumte, wenn ich ein Foto machte, jede der eigenen und der Gesten seiner Mitmenschen wurde von einem »Thanks God« begleitet. Dieser Mann war für Gott äußerst anstrengend. Aber für mich auch. In jeder Phase seines Seins musste er sich und seinen Mitmenschen mitteilen, sich der Beziehung zu seinem Gott gewahr zu sein.

Ich erwähne diesen Mann, weil er die Ansicht widerlegt, es sei die Liebe zu Gott, die den Fundamentalisten antreibe. Es ist umgekehrt. Sein Motor ist das Begehren, vom großen Anderen geliebt zu werden. Die Furcht, Gott könne ihn nicht liebenswert finden, machte aus dem Mann in Ceadir Lunga ein verunsichertes, unselbstständiges Kind, das sich mit jeder Regung der Aufmerksamkeit des Vaters vergewissern musste. Ein endloser, letztlich gnadenloser Kreislauf, weil mit jedem Dank an Gott das Eingeständnis mitschwingt, ihm etwas schuldig zu sein, ohne ihm seine Güte je zurückzahlen zu können.

Manchmal klingeln die Zeugen Jehovas an der Haustür. Bisweilen öffne ich, und wir reden ein wenig, ohne dass ich mich als ehemaliger Theologe zu erkennen gebe. Ich weiß, das ist gemein, aber das Diskutieren macht mehr Spaß, wenn man als Fotoreporter wahrgenommen wird. Fotografen haftet das Image voyeuristischer Oberflächlichkeit an, entsprechend niedrig ist die Erwartung. Die Gesprächspartner sind verblüfft, wenn ich dann Bibelstellen erwähne, die das Gegenteil von dem belegen, was sie mir gerade beibiegen wollen. Deshalb sollte man immer ein paar Bibelzitate in petto haben. Prinzipiell gut machen sich Gleichnisse, die mit Weinbergen, Weinreben, Wein in alten und neuen Schläuchen, Wasser-in-Wein-Verwandlung und Hochzeiten zu tun haben. So kommt ein Moment von Lebenslust ins Spiel, sollte das Gespräch drohen, in freudlosen Bahnen zu enden. Nur lassen sich die Zeugen Jehovas durch Widerspruch prinzipiell nicht entmutigen und kehren einige Wochen später zurück, mit neuen Bibelstellen, die wiederum mich widerlegen. Sie sind da sehr hartnäckig. Aber immer freundlich, nie angriffig.

Der christliche Fundamentalismus in Europa ist in der Regel duldsam und friedlich. Meistens kommt er unscheinbar und ausgesprochen defensiv daher. Allenthalben jedoch wird den Fundamentalisten mentale Verbohrtheit und intellektuelle Beschränktheit attestiert, die Unfähigkeit zu kritischer Selbst- und Weltreflexion und zum Dialog. Vom Lustprinzip nicht infiziert und an lauter Verbote gebunden gelten sie als Feinde hedonistischer Freizügigkeit, zu Sektierertum und Fanatismus neigend, bis hin zu offener Aggressivität und Hass. Die Variante des mörderischen Gotteswahns jedoch findet man bei ihnen eher selten.

Der Religionsphilosoph Christoph Türcke macht im religiösen Fanatismus den »Aufschrei eines zutiefst verwundeten Glaubens« aus. Nur wird die Verwundung von dem Gläubigen nicht als solche wahrgenommen. Stattdessen versucht der Glaube, so Türcke, »den entwurzelten, verunsicherten Individuen erneut seelischen Halt zu geben, durch Kittung eben der Fundamente, die am Zerbröckeln sind. Fundamentalismus beruft sich auf etwas, was erschüttert ist. Gerade deshalb besteht er mit solcher Heftigkeit darauf. Er will von Einwänden gegen seine Überzeugungen nichts wissen, weil er sie selbst nur allzu schmerzlich verspürt.«

Auch wenn bei dieser Diagnose der psychoanalytische Gestus mitschwingt, die Wunden zu kennen, die der andere verbirgt, so liegt Türcke sicher nicht falsch. Nur gilt seine Analyse ebenso für die Feinde des Fundamentalismus, deren eigene Borniertheit die ihrer Gegner bei Weitem übertrumpft. Trotz und gerade in seiner Ächtung besitzt der christliche Fundamentalismus einen hohen gesellschaftlichen Gebrauchswert. Er lässt sich anklagen. Von den Toleranten. Denn mit seiner Intoleranz begeht der Fundamentalist die Sünde schlecthin in den liberalen Gesellschaften. Doch anstatt an seiner Beschränktheit gelassen die eigene Toleranz zu schulen, bekämpft man ihn mit Feuereifer. Als 2011 in Berlin konservative Christen mit weißen Holzkreuzen gegen die Legalität von Abtreibungen demonstrierten, skandierten Gegendemonstrantinnen: »Hätt' Maria abgetrieben, wärt ihr uns erspart geblieben.« Ein Unbehagen an solch einem Spruch erwächst nicht aus seiner Frostigkeit. Das Dilemma ist, dass er den eigenen Fundamentalismus für gesund und den der anderen für krank hält. Nur das der vermeintlich Gesunde nichts zur Heilung des vermeintlich Kranken beiträgt. Indem beide aufeinanderprallen, zementieren sie die Fronten, wobei der eine dem anderen die Rechtfertigung seiner Position liefert, in einem vergifteten Klima, in dem die Gesunden immer kränker und die Kranken nicht gesund werden.

In meiner Sammlung fundamentalistischer Texte befindet sich auch die Interpretation eines legendären Romans. Die Hauptfigur des Romans ist ein alter Mann, der Fischer Santiago, der von sich behauptet: »Ich bin nicht fromm.« Nur widerlegt er seine Behauptung schon mit dem nächsten Atemzug. Er bietet Gott ein Geschäft an. Besser gesagt, er bittet um einen Tausch. Zunächst wendet er sich an die Gottesmutter als Fürsprecherin, dann an Gott selber. Santiagos Gabe besteht aus zehn Vaterunsern, zehn Ave-Maria sowie dem Versprechen einer Wallfahrt zur Jungfrau von Cobre. Im Gegenzug begehrt er einen Fisch. Einen großen, einen gewaltigen Fisch, *den* Fisch schlechthin. »Heilige Maria, Mutter Gottes, bitte für uns Sünder jetzt und zu der Stunde unseres Todes. Amen«, betet der Alte, um dann zum eigentlichen Grund seiner himmlischen Anrufung zu kommen: »Heilige Jungfrau, bitte um den Tod dieses Fisches. So herrlich er auch ist.«

Die Bitte wird sich für Santiago erfüllen. Weil Wünsche aber bei ihrer Einlösung bisweilen verborgene Tücken enthüllen, auf tragische Weise. In *Der alte Mann und das Meer*, erschienen 1952, hat Ernest Hemingway mit dem Fischer Santiago eine der wundervollsten Figuren der Weltliteratur geschaffen, den Helden einer großartigen Parabel über die menschliche Existenz.

Dem alten Kubaner Santiago sagt man nach, er sei »salao«. Das heißt, an ihm klebt die übelste Form des Pechs. Vierundachtzig Tage ist er den Golf hinausgefahren, und vierundachtzig Tage hat er keinen Fang an Land gezogen. Dann am fünfundachtzigsten Tag, in der Gluthitze der Mittagssonne weit draußen auf dem Meer, beißt er an, der mächtigste Schwertfisch, den der Alte jemals am Haken hatte. Zwei Tage und zwei Nächte entbrennt ein Kampf um Leben und Tod. Die Hände zerquetscht, blutend, von der Angelschnur zerschnitten bringt diese Urgewalt animalischer Stärke Santiago an die Grenze seiner Kraft und an die Grenze seines Willens. »›Ich darf mich nicht selbst im Stich lassen und mit solch einem Fisch an der Leine sterben‹, sagte er. ›Jetzt wo er so wunderbar rankommt, hilf mir, lieber Gott, dass ich durchhalte. Ich will hundert Vaterunser und hundert Ave-Maria beten, aber jetzt kann ich nicht. Betrachte sie als gesagt‹, dachte er. ›Ich sage sie später.‹«

Der Fisch wird zum Freund, und mehr noch, zum Blutsverwandten, zum Bruder. »Komm nur und töte mich. Mir ist es gleich, wer wen tötet.«

Es wird Santiago sein, der seinem Gegenüber das Leben nimmt. Er wird dem Schwertfisch die Harpune ins Herz stoßen. Das Blut des Tieres wird das Meer färben und sich ausbreiten wie eine dunkle, das Unheil anlockende Wolke. Santiago vertäut seinen mächtigen Fang an seinem Boot und macht sich auf den Weg zurück. Doch der Weg zum Hafen ist weit. Zu weit. Angeködert vom Blut taucht der erste Hai auf und schlägt seine Zähne in Santiagos leblose Beute. Santiago wird kämpfen und den Hai töten, auch den nächsten und übernächsten und einige mehr. Doch es kommen neue Haie. Immer wieder und immer mehr. Zuletzt ganze Rudel, bis es nichts mehr zu fressen gibt und für Santiago nichts mehr zu kämpfen.

Als der Alte im Dunkel der Nacht den Hafen von Havanna erreicht, mit seinem zerschundenen Körper und den vielen versprochenen, doch ungesagten Gebeten, hängt nur noch ein skelettiertes Geripppe mit einer riesigen Schwanzflosse an seinem Boot.

»Du hast dein Glück verscherzt‹, sagt er zu sich selbst, ›als du zu weit hinausgefahren bist.‹«

Im weiten Spektrum interpretativer Möglichkeiten, die die Erzählung eröffnet, entdeckte ich den erwähnten Text: eine hochinteressante Auslegung, eine waghalsige Deutung, die geeignet ist, sich dem Wesenskern des religiösen Fundamentalismus anzunähern. Westfälische und brandenburgische Freikirchler hatten ihn auf ihrer Homepage unter der Rubrik »Leben ist mehr« online gestellt. Die Gruppe legt Wert auf den Hinweis, nicht für eine Sekte oder Organisation zu werben, und versteht sich als ein Zusammenschluss von Christen, bei deren Versammlungen »das Wort Gottes im Mittelpunkt steht«.

Als vor einigen Jahren auf den US-amerikanischen Geld-
und Kreditmärkten monströse Spekulationsblasen platz-
ten, Milliardensummen verbrannten und das internationale
Finanzsystem in die größte Krise seiner Geschichte stürzte,
fanden die Evangelikalen in Hemingways altem Santiago den
Schlüssel, der ihnen das komplizierte Schloss zu den Hinter-
gründen des globalen Finanzdebakels öffnete.

»Ja, wir Menschen sind viel zu weit von Gott und seinem
Wort weggefahren. Auf dem Meer des Lebens suchen wir
nach dem großen Fang und stellen am Ende fest, dass die Haie
der Enttäuschung, des Egoismus und der Sünde uns alles weggefressen haben. Wie der alte Mann stehen wir dann zum
Schluss mit leeren Händen da. Nur in der Bindung an den
Herrn Jesus und auf sein Wort hin werden wir den Fang unseres Lebens machen, etwas, das nicht aufgezehrt ist, wenn wir
sterben, sondern was uns in Ewigkeit bleibt.«

Ein klassischer Fall für die Religionskritik, so sieht es aus:
Jenseitsverklärung versus Diesseitsverachtung. Heinrich Hei-
nes Abgesang auf das Eiapopeia vom Himmel drängt sich auf,
sein Spott auf das alte Entsagungslied, das im Verzicht auf die
flüchtigen Genüsse im irdischen Jammertal der Seele ewige
Freude verspricht. Nur nützt diese Diagnose nichts und niemandem. Was ist die Wahrheit der Bibelchristen?, ließe sich
stattdessen fragen. An welchem Punkt setzt jener vertrackte
unsichtbare Hebel an, wo ihre Wahrheit in den Irrtum kippt
und sich im Versponnenen verliert? Auf dieser Schiene der
Annäherung führt der philosophische Blick Peter Sloter-
dijks weiter, der zu derselben Finanzmarktkrise sagte: »Seit
dem Beginn der Neuzeit hat sich in den Menschen Europas
und Amerikas das Märchenmotiv vom leistungslosen Ein-
kommen mit archetypischer Gewalt festgesetzt. Von unserer

psychischen und kulturellen Struktur her sind wir Schatzsucher, die den Schatz nicht mehr im Jenseits, sondern auf der Erde vermuten.«

So gesehen ist der Glaube der Fundamentalisten kein Zementieren brüchiger Fundamente, sondern ein Akt des Widerstands. Schon das bloße Begehren irdischer Schätze, die Sehnsucht nach dem großen Fang sind ihnen Lug und Trug. Für sie steht der einzig wahre Schatz längst bereit, als Lohn für die gottgefällige Existenz, verlängert hinein in die Ewigkeit. Im Tausch für glaubensfesten Gehorsam. Der Erde entfremdet sind sie beide, der Spekulant auf das irdische Kapital ebenso wie der Spekulant auf den himmlischen Ertrag. Dazwischen steht Hemingways Santiago. Weil die Bibeltreuen in der Kategorie des Tausches denken, meinen sie, der Alte stünde am Ende mit leeren Händen da. Nein, das tut Santiago nicht. In dem Augenblick, als er in seinem Fisch den Bruder sieht, als er sagt: »Mir ist es gleich, wer wen tötet«, schafft der Alte ein Gleichgewicht. Für diesen Moment ist sein Leben ausbalanciert. Das Prinzip des Habenwollens, das stets nach Mehrwert giert, ist aufgehoben. All die Vaterunser und Ave-Maria, die gesprochenen und die versprochenen, zählen nicht mehr. Es gibt keinen Tauschwert mehr, der gegen einen höheren Gebrauchswert eingelöst werden kann.

Der Fundamentalist stiert auf den mächtigen Fisch, der Santiago von den Haien weggefressen wird. Er versteht nicht, dass Santiagos Leben nicht darin seine Erfüllung findet, diesen Fisch zu besitzen, sondern darin, um ihn gekämpft zu haben. Wie dieser Kampf letztlich endet, ist nicht wichtig. Das verstehen die Fundamentalisten nicht. Dass sich die Größe eines Menschen, seine Würde, auch im Scheitern zeigen kann, ist ihnen nicht erträglich. Sie meiden das Wagnis, auf das Meer des Lebens hinauszufahren. Deshalb ächten sie das Begehren des großen Fangs. Sie scheuen das Risiko der Freiheit, wo sich zeigen und bewähren müsste, ob ihr Glaube auf Fels oder Sand gebaut ist. Lieber bleiben sie in Ufernähe. Dort preisen sie ihren Herrn und Erlöser Jesus Christus. Den Menschensohn, der gottverlassen am Kreuz hing, lieben sie nicht. Sie glauben zu glauben, doch in Wirklichkeit fürchten sie sich. Sie haben eine Heidenangst. Vor einem Glauben, für den man am Ende nichts kaufen kann. Deshalb fragen sie auch nicht wie Joseph Ratzinger in seiner Predigt zur Papstwahl: »Was bleibt?« Sie fragen: Was können wir auf ewig behalten?

Sie fürchten, am Ende mit leeren Händen dazustehen.

IV

In den Appalachen auf den Spuren des Heiligen Geistes

»Seht, ich habe euch die Vollmacht gegeben, auf Schlangen und Skorpione zu treten und die ganze Macht des Feindes zu überwinden. Nichts wird euch schaden können. Doch freut euch nicht darüber, dass euch die Geister gehorchen, sondern freut euch darüber, dass eure Namen im Himmel verzeichnet sind.«
Lukasevangelium 10,19 f.

Eine Mundharmonika ist eine feine Sache. Sie ist klein und handlich, man kann sie in die Hosentasche stecken, sie bei passender Gelegenheit hervorholen und ihr wunderbare Töne und Melodien entlocken. Und wenn man auf amerikanischen Highways eine Blues-Harp dabeihat, unterwegs in einem Chevrolet Four Wheeler mit einem Reportageauftrag von Gruner + Jahr sowie gedeckten Kreditkarten in der Tasche, dann weht einen durchaus ein Hauch von Freiheit an. Wie einst Bobby McGee in Flower-Power-Zeiten. Auf seiner Tramptour durch Louisiana, von Baton Rouge runter nach New Orleans, steckte so ein Blasgerät hinter seinem Stirnband, und Janis Joplin röhrte beglückt: »Feeling good was easy, Lord, when Bobby sang the blues.«

Nun ist so eine Mundharmonika nicht bloß ein harmloses Gute-Laune-Instrument. Sie ist so unschuldig wie derjenige, der sie spielt. Vergleichbar vielleicht mit heiligen Schriften wie der Bibel oder dem Koran, die so friedliebend oder gewalttätig sind, wie derjenige, der sie liest. In der Harmonika schlummert eine unbändige Kraft, eine archaische Macht von geradezu alttestamentarischer Wucht. In dem besten Western aller Zeiten wusste Charles Bronson diese Macht zu wecken. Er machte die Harmonika zu einem Instrument der Rache, zu einem Organ zur Wiederherstellung irdischer Gerechtigkeit. Auge um Auge, Zahn um Zahn. Wenn der Kinoheld die Harp an die Lippen legt, mutiert sie zu einer Waffe der psychologischen Kriegführung, schneidend und scharf. Wie die Trompeten, die in biblischen Tagen das lasterhafte Jericho zum Einsturz brachten. Unvergessen bleibt die Szene, wie Bronson als junger Bursche unter einem Torbogen steht, die Hände gebunden, das Instrument zwischen den Zähnen. Er bläst um das Leben seines älteren Bruders (manche Cineasten meinen, es sei sein Vater), der auf seinen schmalen Schultern steht, einen Kälberstrick um den Hals. Vor dem Schurken Frank, grandios dargestellt von Henry Fonda, spielt der Junge das »Lied vom Tod«. Den gezogenen Revolver vor Augen bläst er bis zum bitteren Ende, bis ihm die Kräfte schwinden und er unter der quälenden Last zusammenbricht. Die Schlinge zieht sich zu, Frank grinst teuflisch, und die silberglänzende Harmonika landet im Staub der Prärie.

Bevor ich über die Tennessee Interstate 24 nach Südosten in Richtung Appalachengebirge aufbrach, besuchte ich in Nashville den legendären Gitarrenladen von George Gruhn und erstand eine C-Dur Hohner Blues Harp. Sie kostete 22 Dollar und 50 Cent, erwies sich jedoch als von unschätzbarem Wert. Sie wurde zu einem Schlüssel, der mir die Türen zu unbekannten Räumen öffnete. Zu den Kirchen der Holiness-Christen in West Virginia, Kentucky, Georgia und Alabama.

Als »German harmonica man« begegnete ich Menschen, deren herzliche Offenheit mich ebenso beglückte, wie ihr grotesker Glaube mich befremdete. Denn die Snakehandler in Jolo, Kingston oder Rainsville tun merkwürdige Dinge. Sie hantieren mit Klapperschlangen, trinken die Säure aus Autobatterien und zweifeln nicht an Prophezeiungen über das nahe Ende der Zeiten, wonach die sündige Welt schon bald den Orkus hinabfährt. Fast wäre ich einer von ihnen geworden. Aber ich war zu vernünftig. Genauer gesagt, ich hatte Angst.

Ich erreiche Rainsville an einem sonnigen Samstagnachmittag im Oktober. Wenn schon keine stattliche Kirche mit Glockenturm, so habe ich zumindest eine anständige Kapelle erwartet. Doch das Gotteshaus der Holiness-Gemeinde am Old Straight Creek entpuppt sich als Bretterschuppen. Davor parkt ein klappriges Wohnmobil, das seit Jahren keine Waschstraße mehr gesehen hat. Die zersplitterte Windschutzscheibe wird von Klebeband zusammengehalten. Draußen auf einer grünen Wiese verrostet ein ausrangierter Schulbus. Auf Tischen und Bänken türmen sich benutzte Pappteller, zerknüllte Servietten und Plastikbesteck. Wespen kleben an angebrochenen Zwei-Liter-Flaschen mit abgestandener Cola und Seven up. Das Zeug, erfahre ich später, ist von einer Picknick-Party im August übrig geblieben. Als ich auf den Schuppen zugehe, schlägt ein Dutzend Köter von einer Hundezüchterei nebenan an. Ihr Gekläff mischt sich mit dem schrillen Sound elektrischer Gitarren, der aus der Kirche dringt. Ich trete ein. Und treffe James Hatfield. Ein Hüne von Mann. Mit Handtellern wie Bratpfannen.

Der Prediger hat eine feine Fender-Gitarre um den Hals hängen und probt mit seinem Glaubensbruder Cecil Esslinger Songs für die Gottesdienste. Auf Stühlen sitzen mächtig korpulente Frauen. Dazwischen spielen Kinder mit einer aufblasbaren Gummischlange. Die Frauen tragen züchtige Kleider und haben ihr Haar zum Dutt hochgesteckt. Sie trinken Coke und verputzen Donuts und Cremetörtchen. Sofort bieten sie mir einen Platz an, reichen Kekse und kochen Kaffee. Als ich mich als Journalist und Fotograf aus Deutschland vorstelle, reckt James die Faust in den Himmel. »Rrolff, heaven sent you! Praise the Lord! Thank you, Jesus!«

Als ich erwidere, nicht der Himmel, sondern das Magazin *Stern* habe mich geschickt, hält James Hatfield das für die Erklärung eines Mannes, der vom Wirken des Heiligen Geistes nicht viel begriffen hat, aber auf gutem Weg ist. Der Prediger postiert sich vor dem Bildnis des Gekreuzigten und dreht den Verstärker auf. Ich ziehe meine Mundharmonika hervor. James und Cecil nicken kurz, und ich steige auf das Podium der Holiness-Church am Old Straight Creek. James greift in die Saiten und jagt ein paar kreischende, ohrenbetäubend laute Akkorde durch die Boxen, die womöglich schrägsten Töne, die jemals vom Fuß der Blauen Berge empor ans Ohr des Allmächtigen drangen. Meine Harp macht die Sache nicht besser. Wir irren durch Dissonanzen, kämpfen uns die Tonleitern hoch, suchen melodischen Halt. Vergebens. Wir stürzen ab in das verminderte Moll trister Blue Notes, versumpfen in verzweifelten Klagen, die jemand später deutet »als das Geheule aus dem Tal der Hölle«. Doch wir ringen. Wir geben nicht auf, hangeln uns durch nach C-Dur, schwingen ein in den Viervierteltakt und finden uns urplötzlich im satten Country and Western. Preacher James Hatfield strahlt ob der Harmonie: »Praise the Lord. Thank you, Jesus. Satan never wins. Never!« Dann haut er mir seine Pranken auf die Schultern und raunt in einem Akzent so breit wie der Tennessee-

River: »Du bist okay, brother Rrolff. Schreib auf, was du willst. Knips deine Fotos. Und komm morgen um fünf zu Billys Kirche am Old Rock House. Hinter dem Autofriedhof.«

Schwierig. Denn die Sand Mountains im Norden Alabamas scheinen ein einziger Schrottplatz. Die Nebenstraßen der Nebenstraßen sind gesäumt von ausgebrannten Wohntrailern und verrottenden Autowracks, aus deren Kühlerhauben Efeu quillt. Und die paar freundlichen Alten, die sich mit ihren Plastiktüten am Straßenrand entlangschleppen und für ein paar Cent weggeworfene Getränkebüchsen einsammeln, erklären viele Wege zu vielen Kirchen. Nur nicht zu der am alten Felsen. Billy Summerfords unscheinbare Holzbaracke zwischen Rainsville und Macedonia kennen nur Eingeweihte. Und die sind zum sonntäglichen Service mit ihren Pick-ups aus dem Süden des Appalachengebirges angereist, zu einem Gottesdienst, in dem weder Brot geteilt noch Wein getrunken wird. Dafür steht auf der Predigerkanzel ein Marmeladenglas voll Strychnin, und aus drahtvergitterten Holzkisten zischt wütendes Gerassel. »Die Schlangen«, erklärt James, »sind manchmal ein bisschen nervös.«

Wie immer hat James Hatfield neben seiner Gitarre auch seine Ehefrau mitgebracht. Sie trägt das Stigma ihrer Frömmigkeit im Rücken, seit eine Copperhead-Viper sie bös erwischte und mit ihrem Gift der guten Joyce ein dickes Loch ins Fleisch fraß. Mit ihr ist Marylou Beim gekommen. Voller Inbrunst wird sie in fremden Zungen reden und mit lallendem Silbenstakkato vom wundersamen Wirken des Heiligen Geistes zeugen. In den nächsten Wochen werde ich erleben, das macht Marylou bei jedem Gottesdienst. Wie auch die Zwillinge Erma und Birma ihre festen Rituale haben. Zuerst werden sie Gospels singen, mit leidenschaftlicher Hingabe, dann werden sie tanzen und lächelnd die Giftschlangen greifen, bis ihnen Tränen des Glücks über die Wangen rinnen. Die leibespralle Bobby Sue wird sich mit jedem Schlag auf die Trommel in eine entrückte Himmelswelt hineindreschen und an seligen Tagen unter dem Schutze des »Holy Spirit« mit fünf, sechs Klapperschlangen zugleich herumhantieren. Und wenn Bobby Smart sich mit schwitzendem und zuckendem Leib aus den imaginären Fangstricken des Bösen windet, dann sehen alle in der Gemeinde die Macht des Heiligen Geistes mit eigenen Augen. Mit seiner Kraft wird Bruder J. L. Dyal einen gehörigen Schluck Salpetersäure schlucken, wobei er keine Miene verzieht und nur kurz rülpst.

Billy Summerford predigt. So wie alle Preacher der Holiness-Kirchen schwört er auf die Bibel. Und auf nichts als die Bibel. Dort finden sich am Ende des Markusevangeliums jene sonderbaren Worte, die der obskuren Szenerie des Schlangenkultes ihre Rechtfertigung verleihen. Wortwörtlich. »Wenn wir in unserem Glauben irren, wenn wir ausgelacht und beschimpft werden, wenn wir als verrückte Freaks dastehen«, ruft Billy seiner Gemeinde entgegen, »dann irrt die Bibel. Und? Lügt sie? Sagt sie die Unwahrheit, die Heilige Schrift? Das Wort Gottes?« – »Nein. Niemals! Never!«, erwidern die Gläubigen im Chor. Ihnen sind die Worte der Schrift Gesetz. Absolutes Gesetz, bis zur letzten Konsequenz.

Gottes Wort hängt an drei Versen. Markus, Kapitel 16, 16–18. Sie sind der Fels im Sturm wirrer Zeiten, letzte Zufluchtsstätte, Bastion und rettender Anker im Meer der Gottlosigkeit. Sie trennen die Spreu vom Weizen, verheißen den Gläubigen Rettung und dem Rest die Verdammnis. Die Getauften, unerschütterlich in ihrem Glauben, werden getreu dem biblischen

Wort an fünf Zeichen zu erkennen sein: Sie werden Dämonen austreiben, durch bloßes Handauflegen Kranke heilen und in fremden Zungen reden. »Schlangen werden sie aufheben und wenn sie etwas Tödliches getrunken haben, wird es ihnen nicht schaden.«

Nach irgendeinem Schlangen-Gottesdienst in Billys Kirche mache ich einen Fehler. Ich erinnere mich an die vielen Semester Theologiestudium. Und doziere. Ich erkläre den Snakehandlern, wie Exegeten das Ende des Markusevangeliums nach der historisch-kritischen Methode lesen. Dass der Text wahrscheinlich für die Heiden in Rom verfasst wurde, kurz nachdem Kaiser Titus im Jahr 70 den Tempel in Jerusalem zerstörte. Dass anonyme Verfasser Jesus die Schlussverse viel später erst nachträglich in den Mund legten. Dass der Absatz über die fünf Zeichen an das Ende der Schrift angehängt wurde, als Jesus fast zweihundert Jahre tot war. Dass Kapitel 16 des Markusevangeliums ursprünglich mit den ängstlichen Frauen endete, die den Leichnam des Gekreuzigten salben wollten. Dass sie ein leeres Grab vorfanden und vor Entsetzen zitterten. Dass sich mit furchtsamen Frauen in den frühchristlichen Gemeinden selbstverständlich keine Frohe Botschaft und kein wirkmächtiger Glaube verkünden ließ. Dass die leere Gruft daher mit theologischen Spekulationen gefüllt wurde, um den Glauben an Jesu leibliche Auferstehung mit machtvollen Bildern zu untermauern. Und um sich von den Heiden abzugrenzen.

Niemand versteht auch nur ansatzweise, wovon ich rede. Ich registriere kein unwilliges, eher ein mitleidiges Kopfschütteln. Als der besorgte James Hatfield mich fragt: »Brother Rrolff, du zweifelst doch nicht am Wort Gottes«, habe ich keine andere Wahl, als James die aufrichtige Sorge um mein Seelenheil zu

nehmen. Ich ernte ein erleichtertes »Praise the Lord. Thank
you, Jesus« und flüchte mich in die Ausrede, in meiner Heimat gebe es keine giftigen Reptilien. Weshalb es für deutsche
Katholiken und Protestanten nicht leicht sei, den Zeichen zu
folgen. Es entsteht ein Moment allgemeiner Ratlosigkeit, den
Billy mit einem dreifachen »A-men, a-men, a-men!« auflöst.
»Seien wir wachsam! Seien wir bereit! Matthäus vierundzwan-
zig. Denn wir kennen nicht den Tag, an dem der Herr kommt.
Und ich sage euch, er kommt schon bald.«

Dann verschwindet Billy Summerford für eine Weile und
kommt mit »dem Beweis« zurück. Er schenkt mir eine Ausgabe der Boulevardillustrierten *Sun*. In der fett aufgemach-
ten Titelstory wird behauptet, in den USA kursierten neuer-
dings Kopien eines geheimen Evangeliums mit dem Namen
X, dessen Original der Vatikan strengstens unter Verschluss
halte. Dem Bericht zufolge mehren sich die Indizien, dass
der Countdown zum Tag des Jüngsten Gerichts bereits läuft.
Immerhin sei die Bibel auf der Liste der amerikanischen
Buch-Bestseller nicht mehr auf Platz eins. Zugleich gibt das
Revolverblatt seinen Lesern Ratschläge »to survive the end of
the world« und nennt allen Ernstes die fünf sichersten Plätze,
wenn die finale Schlacht mit dem Antichrist beginnt. Es sind
die entlegenen Täler und Berghöhlen im Himalaya, in den
Anden und in den Alpen. Amerika ist gleich zwei Mal vertre-
ten. Mit den Rocky Mountains und den Appalachen.

Für ihre Schönheit werden sie gepriesen, die Berge der
mächtigen Appalachenkette, die sich vom Norden der US-
Ostküste fast bis an den Golf von Mexiko herunterzieht.
Das bläuliche Zwielicht der Blue Ridge Mountains wird zur
Klampfe besungen, und Naturliebhaber schwärmen vom
herbstlichen Farbenrausch des Indian Summer. Reich sind

die Appalachen, reich an Nutzholz, reich an Mineralien und überreich an Kohle. Nur die Menschen sind arm. Von den »Hillbillies« wollte und will das moderne Amerika nichts wissen. Grobschlächtiges Gebaren sagt man den Hinterwäldlern nach, unselige Liebe zum Whiskey und ein inzestuöses Kleben am eigenen Familienclan. Doch es waren die Malocher der Berge, die die amerikanische Wirtschaft in Schwung hielten. Früher jedenfalls, als noch Kohle und Bergleute gebraucht wurden. Ohne sie dampfte keine Lokomotive, konnte kein Stahl gekocht werden, brannte keine Glühbirne. Die goldenen Dollars aus der Kohleförderung flossen allerdings auf die Konten von Gesellschaftern, die in Großstädten fernab der verachteten Provinz residierten. Als Präsident Lyndon Johnson in den Sechzigern den Appalachen den »Krieg gegen die Armut« erklärte, befand eine Kommission: Mit jedem gefällten Baumstamm, der die Flüsse hinabtreibt, mit jedem Waggon Kohle, der über die Schienen rollt, und mit jedem Scheck für die Kompaniebetreiber, verlasse der Reichtum die Region. Bergbaustädte wie Harlan, War, Jolo oder das abgrundtriste Grundy existieren, lebendig sind sie nicht. Vergeblich sangen Lynyrd Skynyrd in den Siebzigern »Big wheels keep on turning«. Aber die Räder drehen sich nicht mehr. Was blieb, ist ein legendärer Song der Rockgeschichte, »Sweet home Alabama«.

»Früher« ist das Lieblingswort von Charles Saylor. Er meint damit jene Zeit, »als dieses Land noch nicht den Bach runterging und jeder seinem Nachbarn unter die Arme griff«. Zwanzig Jahre war er bei der Armee, hat für seine Nation in Korea und Vietnam »den Arsch hingehalten« und beim 41. Infanterie-Regiment in Perlach deutsche Gemütlichkeit und »Kartoffelsalat mit Wiener Schnitzel Kingsize« schätzen gelernt.

Als er in die Staaten zurückkehrte, in die Großstadt Lexington, musste er mitansehen, wie »das Geld die Leute verdarb«. Als Saylor nach sechs Jahren noch immer nicht wusste, wie seine Nachbarn hießen, zog es ihn ins Herz der Appalachen, ins Kohlenrevier von Harlan County. »Wo jeder jeden kennt.« In seinem Kramladen zwischen Kaugummi, Salzcrackern und bunten Plastikwäscheklammern erlebte er, wie eine Grube nach der anderen dichtmachte. Und weil die Leute jeden Cent umdrehen, hängt das Schild »No credit« in Charles Saylors Country Store »just for fun« an der Wand. Seine Kunden dürfen anschreiben. »Die Leute sind arm, aber sie sind herzensgut. Und ich sag dir auch warum. Weil Gott dieses Land beschützt. Amerika ist noch immer die größte Nation.«

Das sagen nicht alle. Mitunter kommt es mir vor, als seien ausgerechnet die Snakehandler vor dem verklärenden Blick auf ihr Vaterland gefeit. »Was sind das für Zeiten«, ruft der (inzwischen verstorbene) Prediger Bob Elkins aus dem Bergarbeiternest Jolo in West Virginia seiner Gemeinde zu. »Achtzig, nein neunzig Prozent der Amerikaner sagen ›Ich bin Christ‹. Wie kommt es dann, dass unser Land so verkommen ist? Wir leben im reichsten Überfluss, doch die Menschen hungern. Sie hungern nach Arbeit, nach einem sinnvollen Leben.« Die Gläubigen nicken. »Und wisst ihr, warum sie hungern? Amerika ist ein gottloses Land geworden. Das Geld hat das Wort des Herrn verdrängt. Es gilt nichts mehr.«

Doch die kleine und treue Anhängerschar von Bob Elkins erweckt nicht den Eindruck, als habe das Leben für sie die Versuchung der Geldgier vorgesehen. Die Mitglieder der »Church of Lord Jesus« haben ihre eigenen Gesetze, aufgeschrieben auf einer Wandtafel in ihrer Kirche. Männern ist der Genuss von Tabak sowie das Tragen von Bärten untersagt.

Die Röcke der Frauen müssen die Knie bedecken. Sie dürfen kein Make-up benutzen und ihr Haar nicht schneiden.

Nach der Kollekte liegen im Klingelbeutel keine drei Dollar. »Geld bedeutet nichts, wenn du den Heiligen Geist erfährst«, sagt Elkins. Die vielleicht größte amerikanische Lebenslüge, das Glaubensbekenntnis »In God we trust«, gedruckt auf jede Dollarnote, erlebt er als Hohn. Die Unverfrorenheit, mit der skrupellose TV-Einpeitscher in dem 24-Stunden-Predigerkanal Erfolg und Reibach preisen, ist ihm zuwider. Wer zum Beweis seiner Glaubensfestigkeit mit Klapperschlangen hantiert, der bestellt kein Video *Jesus – der Weg für Sieger* für dreißig Dollar. Ebenso wenig werden die Holiness-Christen aus Rainsville der Aufforderung »Auf Dich wartet eine große Zukunft. Komm zu den Gewinnern!« auf einer riesigen Plakatwand folgen. Zumindest nicht im Diesseits. Wo die Auswüchse eines ungehemmten Materialismus und die Tradition eines bibeltreuen Fundamentalismus ungebremst aufeinanderprallen, kann James Hatfield nur sagen: »Gewinnen werden wir erst, wenn wir vor dem Thron des Allmächtigen stehen.«

Die ersten radikalevangelikalen Prediger, die sich als Propheten einer nahenden Endzeit verstanden, traten zu Beginn des 20. Jahrhunderts in den Tälern der Appalachen auf. Ihre apokalyptischen Untergangsvisionen und die Furcht vor ewiger Verdammnis haben seitdem fast einhundert Gläubigen den Tod gebracht. Einige überlebten Strychnin, Unkrautkiller und die Schwefelsäure aus Batterien nicht. Die meisten starben an Schlangengift, so wie Melinda Brown aus Tennessee nach dem Biss einer Timber-Rattler. Am Samstag, dem 15. Februar 2014, erwischte eine

Klapperschlange Jamie Coots in Middlesboro in Kentucky. Seit einundzwanzig Jahren nahm der Prediger der pfingstkirchlichen Gemeinde »Full Gospel Tabernacle in Jesus Name« Schlangen auf. Einige Bisse überstand er unbeschadet. Einmal verlor er einen Finger. Aber bei dem letzten Biss, blitzschnell in den rechten Handrücken, hatte er zu viel Gift abbekommen. Er schaffte noch den Weg nach Hause. Die Gemeinde rief einen Notarzt, doch Coots schlug die Behandlung ab. Keine neunzig Minuten später war er qualvoll gestorben.

Männern wie Ray McCallister oder Dewey Chafin hat das Gift die Glieder zerfressen. Medizinische Hilfe lehnen auch sie ab und zwar strikt. Eine Spritze mit Antiserum gilt als Indiz schwachen Glaubens. »Wir sterben, wenn Gott es für richtig hält«, sagt Dewey. »Bislang war er mir immer gnädig.« Der Mann aus Jolo ist eine Legende unter den Snakehandlern. Einhundertzweiundzwanzig Mal schlugen Klapperschlangen und Kupferköpfe ihre giftigen Zähne in sein Fleisch. Viele Attacken steckte Dewey locker weg. Erstaunlicherweise ohne eine toxische Reaktion. »Manchmal jedoch war ich wirklich am Rande des Todes.« Seine Schwester Columbia überschritt die Schwelle, gerade zweiundzwanzigjährig. Nach einem Biss siechte die bildhübsche Frau tagelang ihrem Tod entgegen. »Unsere Mutter hat das bis heute nicht verwunden«, erzählt Chafin. Dennoch folgt die schlohweiße Barbara Elkins mit ihren zweiundachtzig Jahren noch immer unbeirrt den Zeichen. Altersstarr wirkt sie, aschgrau und verhärmt. In manchen Momenten jedoch, wenn der Schmerz stärker ist als der religiöse Wahn, huscht ein Anflug von Milde über ihr Gesicht. »Dann weint sie und zeigt ihr gebrochenes Herz«, sagt Dewey. »Immer dann, wenn wir von Columbia sprechen.« Und die

Snakehandler aus Jolo sprechen oft von Columbia. Als sie verschied, erzählt man sich, »kam kein Wort der Klage über ihre Lippen«.

Bruder Spencer indes jammert mir die Ohren voll. Er trägt die Stigmata seiner Bibelfrömmigkeit quer über den linken Arm. Als unverheilte Narbe. Doch er klagt nicht über die Klapperschlange, die ihn kurz in den Daumen biss und mit ihrem starken Gift seine Arme, Brust und Kopf auf die doppelte Größe grünlich anschwellen ließ. Spencer schimpft auf die Sanitäter und Ärzte. Gegen seinen Willen haben sie ihn behandelt. Im Koma lag er, neun Tage Intensivstation. Das faule Fleisch haben sie ihm aus dem Arm geschnitten. Vier Monate war er arbeitsunfähig. Und bankrott ist er obendrein. »57 000 Dollar kostet die Behandlung. Die kriege ich nie im Leben zusammen.« Seitdem scheint die Stimme der Vernunft seinen inneren Zwang zu bremsen, ungehemmt in die Schlangenkiste zu langen.

Auf »Verrücktheit, Naivität und Dumpfheit« ist auch der Historiker Thomas Burton bei seinen Recherchen unter den Holiness-Christen gestoßen. Doch trotz des »extrem bizarren Kultes« hat auch er »grundehrliche und aufrichtige Menschen« getroffen. Menschen, die einen Ausweg suchen, aus einer brutalen, oft gewalttätigen Umgebung, die in ihrer Gemeinschaft jene Anerkennung und Zuneigung finden, die ihnen das bürgerliche Amerika versagt. »Das Versprechen auf eine bessere, eine himmlische Existenz«, so Burton, »entschädigt für die hoffnungslose Aussicht auf Nutzlosigkeit und lebenslange Armut.« Eine Studie der Universität von North Carolina befindet, wo der kapitalistische Markt die Menschen entwurzelt und in die soziale Isolation gestürzt hat,

»bietet das Snakehandling die Möglichkeit, eine Art übernatürlicher Gerechtigkeit wiederherzustellen«.

Diese Möglichkeit nutzt Verlin Short exzessiv. Er ist Bergmann. Besser gesagt, er war es. Nach ein paar Jahren Schule fuhr er in die Minen von Whitesburg ein und haute Kohlen. Dann kam das Aus für die Gruben in Kentucky. Verlin ist fünfundzwanzig, und es schaut aus, als habe er seine berufliche Zukunft bereits hinter sich. »Ich würde jeden Job annehmen«, sagt er, während seine dreijährige Tochter Denishea auf seinem Schoß spielt. »Aber es gibt hier keine Arbeit.« Verlins Ehefrau Reva nickt. Sie ist hochschwanger. »Nein«, erklärt sie, »ich selber fasse keine Schlangen an.« Als Verlin einen Moment verschwindet, um eine Cola zu besorgen, steckt mir Reva, dass sie Angst hat. Nicht um sich selbst, sondern um ihren Mann. »Zweimal wurde Verlin schon gebissen. Wenn er unterwegs ist, fürchte ich immer um seine Gesundheit und sein Leben.«

Verlin Short stammt aus der Familie, die, wie man sagt, »den Zeichen folgt«. Sein Vater Joe hantiert regelmäßig mit Schlangen, ebenso seine Mutter Alice. Sie ist eine zuvorkommende und warmherzige Frau, die wunderbar lacht und im gleichen Atemzug unglaubliche Sätze ausspricht: »Wenn ich eine Schlange in der Hand habe, spüre ich die Macht des Todes. Und ich spüre auch, mit Gottes Kraft kann ich den Tod besiegen.«

Dieser Erfahrung jagt auch Verlin nach. Er ist ständig auf Achse, lässt kaum einen Gottesdienst aus und ist aus tiefstem Herzen überzeugt: »Gott hat mir den Auftrag gegeben, Schlangen aufzuheben. Das ist die Aufgabe meines Leben, die ich zu erfüllen habe.«

Um ehrlich zu sein, zuerst dachte ich, Verlin Short sei einfach nur verrückt, eine tragische Figur aus einem sektengleichen Milieu, das nur tragische Figuren kennt und hervorbringt. Doch meine Meinung änderte sich, als ich Verlin nicht mehr mit dem Blick des Fotografen sah, des Voyeurs, der durch die Linse der Kamera schaut. Verlin greift sich immer die größten und stärksten Rattler. Sein Körper steht dann unter einer unglaublichen Spannung. Sein Gesicht rötet sich, die Adern treten hervor. Verlin glüht.

Als Fotograf habe ich viele religiöse Zeremonien und Rituale gesehen. Dabei ändern sich die Gesichter der Menschen, je nach Gemütslage. Manche geraten in charismatische Verzückung, manche fallen in mystische Trancezustände oder entspannen sich in meditativer Ruhe. Einige wirken beseelt, scheinen von innen zu leuchten, andere wiederum taumeln, verlieren jeden Boden und stürzen in exaltierte Hysterie. Vorzugsweise, wenn sie meinen, sich übler Geister erwehren zu müssen. Oder wenn sie glauben, der Leibhaftige habe sich ihrer bemächtigt. Ein Gesicht jedoch wie das von Verlin Short beim Handling von Klapperschlangen habe ich nie zuvor gesehen. Zweifellos verfügen auch andere Menschen über Wachheit, Konzentration und pulsierende Energie. Aber Verlin kann die Zeit anhalten. Er weiß, dass er den Tod in den Händen hält. Und glaubt, dass sein Glaube an die Ewigkeit ihn schützt. Für ihn ist dieser Glaube alles, nur kein Spiel. Vielleicht ist er wirklich verrückt, vielleicht aber folgt er nur einem leidenschaftlichen Begehren, einer Sehnsucht, die lieber den Tod in Kauf nimmt, als ein Leben zu leben, das in seinen Augen den Preis des Todes nicht wert ist. Ich jedenfalls verdanke dem redlichen Verlin Short den freundschaftlichen Rat: »Lass bloß die Finger von den Schlangen. Du fragst und denkst zu viel.«

Doch Verlins Hunger bleibt. Er wächst sogar. Denn das Begehren der Snakehandler findet keine Erfüllung. Der Griff zu den Schlangen befreit nur für Momente, bestenfalls für

ein paar Stunden, ein paar Tage. Er bedarf daher der ständigen
Wiederholung, an drei, vier oder fünf Abenden die Woche. Nie
sind sich die Holiness-Christen ihres Glaubens sicher. Immer
und immer wieder müssen sie sich vergewissern, dass der Heilige Geist noch mit ihnen ist. Und in raren Augenblicken der
Absichtslosigkeit ist er wirklich nicht fern. Wenn die klein-
wüchsige und greise Sister Pepry für Gott das Lied vom blü-
henden Blumenstrauß singt, mit heiserer Kehle, anrührend
wie einst Janis Joplin. Oder wenn die blinde Joyce Porter, die
seit über vierzig Jahren keinen Sonnenstrahl mehr gesehen
hat, fragt: »Wer will den Weg mit mir teilen?« Oder wenn Menschen, dem gepeinigten Hiob gleich, ihre Wut, ihre Verletzungen, ihre Verzweiflung und ihre Schuld herausschreien. So wie
Frank Bowens, der gelobt, sich nie mehr im Tanz des Teufels zu
drehen. »Du musst wissen« flüstert mir James zu, »Frank war
beim Ku-Klux-Klan.«

Auch James Hatfield war ein »rough guy«. Ein rauer Bursche,
ein Haudrauf, ein Säufer. »Ein wandelndes Whiskeyfass«, lacht
sein Freund Cecil. »Das kannst du mir glauben«, tönt James,
»wenn ich mit den Fäusten zulangte, da wuchs nichts mehr.«
Früher arbeitete er als Ingenieur, verdiente gutes Geld bei
der TWA, einer Energietechnikfirma. Bis er unter einen Bau-
kran geriet. »Die Ärzte schrieben mich zum Krüppel.« Doch
James wehrte sich dagegen, mit fünfzig nicht mehr gebraucht
und ausgemustert zu werden. Er gründete die Kirche am
Old Straight Creek, wurde Preacher, schwor Suff und Prügel
ab und zupfte seine Stratocaster fortan zur Ehre des Herrn.
Kurzum, er wurde zu Brother James und wähnt sich seitdem
»von Gott gerettet«. Doch wenn er sein monotones »Praise the
Lord. Thank you, Jesus« wie vom Endlosband abspult, wenn er
immer wieder bezeugt, nur noch für den Herrn zu leben, dann

spürt man bisweilen den peinvollen Schmerz hinter seinem
derbbreiten Slang.

James Hatfield leidet. Er verzweifelt an der Welt. Die
Geschichte des Menschen dünkt ihm keine Geschichte des
Heils, sondern die eines großen Verlustes, des Verlustes der
Freundschaft, des Mitleids, der menschlichen Wärme und
des Glaubens an Gott. Und weil James Hatfield mit seinem
eigenen Kummer auch das Leid der Welt zu seinem eigenen
gemacht hat, greift er immer wieder in die Reptilienkiste, so
als müsse er dem Wahn der Welt seinen eigenen entgegensetzen, geboren aus der Angst, »in Sünde vom Herrn verdammt
zu werden«. Nur manchmal, wenn James die Gitarre nimmt
und selbstvergessen einen Country and Western spielt, wenn
er seine Freunde umarmt und bei einem guten Joke lacht, dass
sich die Balken seiner Bretterkirche biegen, dann verflüchtigt
sich sein Kummer. Dann scheint der gute Brother James für
einen Moment zu spüren, dass ein erfülltes Leben nicht nur
aus »Praise the Lord« besteht.

Drei Wochen lang war ich fast täglich bei verschiedenen
Holiness-Gottesdiensten zu Gast. Oft lagen zwischen den Kirchen viele Hundert Meilen. Da die Snakehandler alle untereinander vernetzt sind, genügte ein Telefonat aus Alabama und
man hieß mich am folgenden Tag in Kentucky oder Georgia
willkommen. Weniger als Journalist denn als »German harmonica man«. Dazu brauchte ich noch·nicht einmal meine kuri-
ose Mitgliedskarte vorzeigen. Den Ausweis mit Siegel erhielt
ich in War in West Virginia, wo ich an einem Bahnübergang
auf einer stillgelegten Kohlenzeche mit ein paar herrlich schrä-
gen Vögeln ins Gespräch kam. Genauer gesagt, waren es Tom
D. Jervis senior, sein Bruder David W. Jervis und Larry Pritt,
die mich ansprachen und mich warnten, das Ende der Zeiten

sei nah. Die drei wiesen sich als »Ambassadors for Christ« aus und zitierten auswendig ein paar Stellen aus der johanneischen Offenbarung, um ihre Warnung zu bekräftigen.

Als ich ihnen erklärte, ich sei einst katholischer Religionslehrer gewesen, meinten sie, das sei kein Hinderungsgrund, und erklärten mich freundlicherweise zum Mitglied ihres Vereins. Der Ausweis erlaubt mir missionarische Aktivitäten, die Verbreitung der Heiligen Schrift im Namen der Botschafter Christi »unter Beachtung der staatlichen Gesetze«, allerdings mit eingeschränktem Status. Ein goldener Stempel auf dem Ausweis, erklärte mir Tom, würde meine Befugnisse erweitern. Er müsse mir das Siegel aber so lange verweigern, bis ich meine Qualitäten als Prediger unter Beweis gestellt hätte.

Meine Anwesenheit unter den Holiness-Christen sprach sich herum, weil ich mit James Hatfield und Cecil Esslinger in dem Hörfunkstudio WVSM in Rainsville auftrat, nach eigenem Bekunden »The most listened to Southern Gospel Music Station in N. E. Alabama«. Verschiedene Freikirchen nutzen die Radiostation, um die Bewohner der Sand Mountains zu missionieren und zu bekehren. Von dem Wortschwall, den religiöse Eiferer im Südstaatendialekt mit atemberaubendem Tempo in die Mikrofone plapperten, verstand ich nicht viel. Ich kriegte nur mit, dass die Jugend ermahnt wurde, ihr Geld nicht in Stripteasebars zu verjuxen und die Jukeboxen nicht mit Quarters zu füttern. Ansonsten legten die geballten Fäuste und hochroten Köpfe der Prediger die Vermutung nahe, dass diverse Laster, ungezügelte Geilheit und die Geißel der Gottlosigkeit angeprangert wurden. Zwischendurch gab uns der Rundfunkmoderator ein Zeichen, und ich jammte mit James und Cecil ein paar Gospelnummern im Namen des Herrn. Dass ich als »harmonica man« akzeptiert war, hatte freilich einen Preis. Die Grenzlinien zwischen journalistischer Recherche, professioneller Distanz und persönlicher Teilnahme gerieten mir durcheinander. Außerdem kam ich vor lauter Blues-Harp-Spielen kaum mehr zum Fotografieren, um zu dokumentieren, was der Snakehandler Billy Summerford »den Sieg Gottes über den Satan« nannte.

An einem der letzten Abende in der Rock House Church trat Billy auf mich zu. Langsam und feierlichen Schrittes. Gerade noch hatte ich mit diabolischer Phonzahl »When the Saints go marching in« ins Mikrofon geblasen, als der Prediger vor mir stand. Aus glänzenden, möglicherweise sogar erleuchteten Augen strahlte er mich an. Dann reichte er mir eine Klapperschlange. Es war eine fette Ein-Meter-zwanzig-Timberrattler. Eigentlich sah sie ganz friedlich aus. Sie züngelte nicht einmal. Aber ihr Gift haut einen um. Falls sie zubeißt. In diesem Augenblick hätte ich die Mächte Satans besiegen können. Ich hätte nur zugreifen müssen. Und ich wäre ein Holiness-Christ geworden. Für immer und für alle Zeiten wäre ich mit Billy, Cecil und James, mit Erma und Birma, mit Sister Pepry und all den anderen verbunden worden, durch die Kraft dessen, den sie für den Holy Spirit halten. Ich nahm die Schlange nicht. Billy zuckte nur leicht mit der Schulter, lächelte und rief: »Halleluja! Praise the Lord! Thanks god and play your harp!«

Heute liegt die Harmonika in einer Kiste im Keller. Das rote Preisschild mit 22,50 Dollar klebt noch immer auf dem blauen Plastiketui, nur hat die Harp inzwischen ihren Geist aufgegeben. Sie ist irreparabel verstimmt. Aus irgendeinem Grund habe ich sie nicht weggeworfen. So wie alte Schlüssel, die jahrelang irgendwo herumliegen, die von einer Ecke in die nächste geräumt werden, obwohl es für sie schon lange kein passendes Schloss mehr gibt.

V

Schlachten an der Glaubensfront

»Jedes Zeitalter hat seine Religion und seinen Gott;
und jene, die das Gegenteil denken, haben lediglich
den Gott, den sie besaßen, durch einen dunkleren und
trüberen ersetzt.«
Nicolás Gómez Dávila

»Wäre Gott nicht zu den Menschen gekommen, wäre der
Mensch vielleicht bei sich selber.« Der Satz ist programma-
tisch für einen Querdenker, der mir als Student ziemlichen
Respekt einflößte. Eine Weile war ich sogar sicher, er öffne
den Menschen die Augen. So wie Jesus einst die Blinden
sehend machte. Bis ich Karlheinz Deschner Mitte der achtziger Jahre begegnete und er mir in wohlmeinender Absicht
das falsche Buch schenkte.

Ich selbst habe mit Anfang zwanzig Deschners *Abermals*
krähte der Hahn verschlungen. Die Lektüre der opulenten
»Demaskierung des Christentums von den Evangelisten bis
zu den Faschisten« schien mir eine Offenbarung, die einem
jugendlichen Hang zur Rebellion zu weiterer Entfaltung ver-
half. Im Wintersemester 1977 belegte ich im Rahmen meines
Lehramtsstudiums an der Westfälischen Wilhelms-Universität in Münster die obligatorische Einführung in das Neue
Testament bei Professor Karl Kertelge. Dem Exegeten hing
der Ruf als redlicher, wenngleich auch trockener und höl-

zerner Westfale an. Seine Kompetenz wurde nicht bestritten, doch sagte man ihm eine gewisse Nähe zum Bischöflichen Domkapitel und zu konservativen Klerikerkreisen nach, was den linken Teil der Studentenschaft in eine prophylaktische Alarmbereitschaft versetzte. Die Nachwehen der 68er-Attacken gegen starre gesellschaftliche und universitäre Strukturen hatten längst die katholischen Fakultäten erreicht. Das als schwarz, verregnet und glockenverbimmelt bespöttelte Münster hatte sich zu einer Hochburg freien theologischen Denkens entwickelt. Lehrer wie Karl Rahner, Herbert Vorgrimler oder Johann Baptist Metz befreiten den Glauben von katechetischer Enge und konservativem Mief. Zugleich wuchs das noch zarte Pflänzchen basiskirchlicher Initiativen mit dem Widerstand gegen die bürgerliche Amts- und Betreuungskirche und dem Aufkommen der lateinamerikanischen Befreiungstheologie. Auch ich verspürte den frischen Wind des Protests, der sich im Verlauf meines Studiums zu einem passablen Sturm auswachsen sollte. In Karl Kertelges Seminar »Gemeinde und Amt im Neuen Testament« jedenfalls verlangte die Aufmüpfigkeit erstmals nach adäquatem Ausdruck.

An das Thema des Referates, das wir in einer kleinen Arbeitsgruppe Gleichgesinnter erstellten, erinnere ich mich nicht. Nur an das Fazit. Und das fiel vernichtend aus für die Kirche und ihre Würdenträger. Ich glaube, es waren nicht so sehr unsere antiklerikalen, antihierarchischen und antikatholischen Ansichten, die Kertelges Unmut evozierten, als der Umstand, dass wir die exegetischen und bibelwissenschaftlichen Quellen unserer Thesen nicht belegt hatten. »Woher haben Sie das? Wo steht das?« Auf Kertelges Nachfragen behaupteten wir in unverschämter Pennälermanier, unsere Behauptungen seien auf dem eigenen Mist gewachsen. Was uns der Exeget natürlich nicht abkaufte. Aber hätten wir unsere Quelle nennen können? Mit der bloßen Erwähnung des Namens Karlheinz Deschner wären wir erledigt gewesen.

Deschner galt seinerzeit als der Kirchenfeind und Kritiker des Christentums schlechthin. Für Theologen war er *das* rote Tuch, für aufgeklärte Zeitgenossen ein säkularer Messias. Seine akribischen Studien der Kirchengeschichte waren eine Fundgrube, treffender gesagt, eine Munitionskiste, prall gefüllt mit Patronen und Granaten, mit denen sich der triumphalistische Prunkpalast der Kirche nicht bloß attackieren, sondern sturmreif schießen ließ.

Deschner liest die Geschichte des Christentums als monströse Geschichte des Unheils, eines fast zweitausendjährigen Verrats, der historisch seinesgleichen nicht findet. Sein Judas, die institutionalisierte Kirche, ist für Deschner keine sancta ecclesia, vielmehr die »leibhafte Verkörperung und absoluter Gipfel welthistorischen Verbrechertums«, ein menschenfressendes Monstrum, gierig, skrupellos, verlogen, machtgeil, obszön, bigott, blutrünstig, ein Skandalon bar jeder Legitimität, verrottet und marode schon in den Wurzeln. Die Heilige Schrift? Nichts als fromme Legenden, Fälschungen und Verdrehungen! Das Wort Gottes? Texte von Menschenhand! Die Kirche? Der Riesenkadaver eines Untiers! Der historische Jesus? Existent nur als Randnotiz bei Tacitus, neunzig Jahre nach seinem Tod! In den Erdichtungen der Evangelien erst mutierte der gekreuzigte palästinensische Wanderprediger und Wunderheiler zu Christus, dem Auferstandenen, dem Sohn Gottes. Doch anstatt das verheißene, aber ausbleibende Reich Gottes selbst zu verwirklichen, griffen Deschner zufolge seine Stellvertreter in das weltliche Geschehen ein, um die Ideen von Nächstenliebe,

Barmherzigkeit und Friedfertigkeit zu korrumpieren, zu pervertieren und schließlich zu liquidieren.

In seiner unversöhnlichen Fundamentalkritik blieb sich Deschner treu. Als er 2014 im Alter von 89 Jahren starb, hinterließ er eine imponierende, aber auch erschlagende Faktensammlung über die düstere Geschichte der Kirche. Mit seiner fulminanten zehnbändigen *Kriminalgeschichte des Christentums* mit knapp 6000 Seiten und mehr als 100 000 Quellenangaben dürfte er den weltweit aufwändigsten ideologischen Prozess gegen die Christenheit geführt haben. »Im Namen der historischen Wahrheit«, wie er meinte, verkörperte Deschner die Rolle von Opfer, Ermittler, Staatsanwalt und Richter in Personalunion. Und das in einem Verfahren, das dem Angeklagten ein Recht auf Verteidigung nicht zubilligte. Aus seiner Motivation zum unermüdlichen Demaskieren machte Deschner nie ein Hehl. »Ich schreibe aus Feindschaft.« In einem Interview 1986 propagierte er die Maxime seiner Kritik: »Je rücksichtsloser, desto angemessener!«

Als ich Karlheinz Deschner in einem Café in Münster traf, stand ich an einem beruflichen Scheideweg. Ich hatte ein Promotionsvorhaben abgebrochen. Sein Titel: »Geld, Geist und Gott. Der Begriff vom absoluten Geheimnis bei Karl Rahner und die Negative Dialektik bei Theodor W. Adorno«. Mit dem akademischen Zugang zu Gott und der Welt hatte ich die Standards theologischer Metakritik mehr als erfüllt, mein Erlebnishunger aber war ungestillt geblieben. Als Gegengewicht zur reinen Intellektualisierung schrieb ich erste Artikel für die Tagespresse und sah eine Perspektive im Journalismus. Ich war auf dem Weg, ein Autor zu werden. Ein freier Reporter, noch unerfahren, doch weltneugierig, ehrgeizig und erfreut, dass so ein namhafter Schriftsteller wie Karlheinz Deschner mir ein Interview gewährte.

Zur Begrüßung schenkte er mir sein neuestes Buch, den Aphorismenband *Nur Lebendiges schwimmt gegen den Strom.* Der Titel klang etwas sperrig, belegte aber Deschners analytische Brillanz. Er grenzte sich ab von der Redensart »Nur tote Fische schwimmen mit dem Strom«, mit der damals der Schriftstellerkollege Michael Schneider einen Band seiner Essays und Polemiken betitelt hatte. In dem einschränkenden »nur tote Fische« hatte Deschner den logischen Fehler entdeckt. Warum sollten lebendige Fische bisweilen nicht auch mit der Strömung schwimmen?

In das Exemplar seiner Aphorismensammlung hatte Deschner mir eine persönliche Widmung geschrieben, mit der Empfehlung »Weniger zum Nach-Denken als zum selbst Denken«. Ich bemühte mich, den Rat zu beherzigen, was zur Folge hatte, dass unser Interview nie publiziert wurde. Zurück am Schreibtisch schrieb ich den Text nicht einmal nieder. Zuerst irritiert, dann erschrocken stellte ich fest: Was mein Gesprächspartner für geistreiche Aphorismen hielt, schienen mir von allen guten Geistern verlassene Parolen, militante Bekenntnisse, sarkastisch grundiert, verächtlich und geringschätzend. Demnach sind Religionen »Fertighäuser für arme Seelen«. Der Glaube: »der Krückstock, mit dem Lahme ihre Flüge in höhere Welten bestreiten«. Die Hoffnung: »eine gute Diät für ein mageres Leben«. Der Priester: »Kein Beruf. Ein Charakterdefekt«.

Seine Gegner werfen Deschner vor, der Hass auf die Kirche habe ihn blind werden lassen. Ob dem so ist, vermag ich nicht zu beurteilen. Karlheinz Deschner war klug genug, zu wissen, dass der Hass auch den Hassenden hässlich macht. Der Hass ist schließlich kein Gefühl wie die Freude, die Trauer oder die Lust. Gefühle unterliegen Gestimmtheiten, die kommen und gehen, je nach Ort und Zeit. Tränen der Trauer und der Freude liegen oft nah beieinander. Der Hass jedoch ist eine destruktive Kraft, eine mächtige zerstörende Energie, die sich wie ein Filter vor die Gefühlsempfindungen schiebt und verhindert, das echte Gefühle überhaupt als solche wahrgenommen werden. Somit auch das Mitgefühl für den Anderen. Der Blick eines liebenden Menschen bringt andere Gefühle hervor als der eines Hassenden. Hass kann erwachsen aus Erfahrungen der Demütigung, der Erniedrigung oder der Ohnmacht. Statt sich dem Schmerz einer schwärenden Verwundung anzuvertrauen, ihn auszuhalten oder gar zu überwinden, sorgt der Hass dafür, dass die Wunde offen bleibt und nicht heilen kann. Fatal ist, dass sich der Hass von seinem Ursprung entkoppelt und sich willkürlich an Objekte andockt, die fortan als der Grund des Hasses erscheinen. Wer auch immer dies sein mag: Juden, Zigeuner, Priester, Flüchtlinge, Ungläubige. Mitunter reicht die falsche Hautfarbe, die falsche Fußballfahne, ein scheeler Blick oder ein unbedachtes Wort. Hass zu verspüren ist menschlich und nicht zwangsläufig schädlich. Ihn unkontrolliert auszuleben schon. Um nicht von seiner zerstörenden Gewalt als der »höchsten Form der Aggression« beherrscht zu werden, schreibt der Benediktiner Anselm Grün, gilt es, den Hass in eine »gesunde Aggression« umzuwandeln.

Genau diese Transformation leiste Deschner in seinen Aphorismen. Das behauptet der herausgebende Verlag. Er sei »ein Liebender, der reinen Hass zu Gold prägt«. Deschner als ein Mahatma Gandhi der Religionskritik? Auf antiklerikalem Kreuzzug unterwegs zu den Schätzen der Liebe? Das ist dann doch zu viel des Guten. Dazu brennt sein flammendes

Pamphlet *Über die Notwendigkeit, aus der Kirche auszutreten* zu sehr mit jenem missionarischen Feuereifer, den er bei seinen Feinden lodern sieht. Man muss kein Freund der Katholiken sein. Nicht einmal jener Katholiken, die, verzweifelnd an ihrer Kirche, noch treu an ihre Reformierbarkeit glauben. Man kann solche Idealisten für blauäugig halten, soll sie meinetwegen auch »Helfershelfer der Hierarchie« und »Verlängerer des Unglücks« nennen, aber Deschner verwendet für diese Menschen Bilder, denen weder läuternde noch befreiende Kraft innewohnt. Bilder, die nicht gut sind. Nicht für die Geschmähten. Und schon gar nicht für den, der sie benutzt. »Reformer« sind für Deschner »Kadaverkosmetiker« und »bestallte Konservierer einer Leiche, die schon riecht und nicht mehr der Reform bedarf, sondern nur noch des Abdeckers«. Nein, so schreibt kein liebender Alchemist, der Hass in edles Metall verwandelt. Da bleibt in der Retorte nur Asche zurück. Da funkelt kein Gold, das Symbol der königlichen Würde und der Souveränität. Nebenbei bemerkt zeichnet souveräne Menschen aus, sich nie an etwas zu binden, *wogegen* sie sind.

Wem noch Argumente fehlen, sich von der Kirche zu verabschieden, wird bei Deschner mehr Kugeln finden, als er je wird verschießen können. Die Munitionskiste quillt über. Nur werden die Fixierung auf einen vorgeblich Scheintoten und die permanente Autopsie einer Leiche irgendwann auch zur Last. Zu einem Fluch womöglich. Wenn zehntausend Verbrechen im Namen des Herrn akribisch, stichhaltig und historisch korrekt entlarvt wurden, schafft die Enthüllung des zehntausendelften keine echte Einsicht mehr. Nur die Berge immer gleichen Wissens türmen sich auf, höher und höher, ohne dass die Erkenntnisfähigkeit mitwächst, von Weisheit gar nicht zu reden. »Menschen, die die Kirche zunächst im Namen von Freiheit und Menschlichkeit bekämpfen, schleudern am Ende Freiheit und Menschlichkeit von sich, nur um die Kirche zu bekämpfen«, schrieb Gilbert Keith Chesterton in seinem 1908 erschienenen Buch *Orthodoxie*.

Als wir uns in Münster voneinander verabschiedeten, wusste ich, ich würde Karlheinz Deschner bei der Propaganda für seinen Kreuzzug keine Stimme geben. Kann sein, dass er seinen Kampf *gegen* die Kirche mit einem Kampf *für* die menschliche Freiheit verwechselte. Eher denke ich, dass ihn die Enttäuschung quälte, dass das Christentum der Frohen Botschaft oft behauptet, aber nie verwirklicht wurde. Nun kämpfte er gegen einen übermächtigen Gegner, stellvertretend für alle Opfer, die durch die Jahrhunderte auf der Strecke geblieben waren. Aber wie sollte er diesen Gegner besiegen? Deschner hatte sich an seinen Feind gekettet und sich in ihn verbissen. Um sich von seinem Monster zu befreien, fehlten ihm die wirkungsvollsten Waffen: ein befreiender Humor und die heitere Gelassenheit dessen, der über sich selbst lachen kann. Vielleicht aber war ich auch nur einem Menschen begegnet, der aus einer wie auch immer gearteten tiefen Verletzung heraus nicht den richtigen Ton fand.

»Demut«, heißt es in seinen Aphorismen, »ist nur eine Form der Rache«, der »Hochmut des Katzenjammers«. Man kann auf solchen Sätzen lange herumkauen, aber sie werden nicht zur Nahrung. Es schmerzt, dass Deschner die Haltung der Demut mit der Vergeltung für das Erdulden von Demütigungen gleichsetzt. Das unterscheidet ihn von Chesterton, einem ausgewiesenen Menschenkenner, nicht nur als Autor von Detektivgeschichten. Für Chesterton war die Demut »die Balance zwischen reinem Stolz und reiner Unterwerfung«.

»Die alte Demut war ein Sporn, der den Menschen vorantrieb, kein Nagel im Schuh, der ihn daran hindert, weiterzugehen«, so der Engländer. »Woran wir heute jedoch kranken, das ist Demut am falschen Fleck ... Der Mensch sollte an sich selbst zweifeln, aber doch nicht an der Wahrheit; das hat sich genau ins Gegenteil verkehrt.« Auch in den aphoristischen Schatztruhen des Zeitgeistkritikers Nicolás Gómez Dávila finden sich lebenskluge Goldstücke. »Die Demut«, sagt der kolumbianische Katholik, Philosoph und Freigeist, der 1994 achtzigjährig verstarb, »ist der einzige sichere Zufluchtsort vor der Dummheit.« Dieser Satz ist von weiser Hinterhältigkeit. Wer sich auf ihn beruft, schwebt in der Gefahr, die Wahrheit des Satzes durch den eigenen Hochmut zu verraten.

Der Tod Karlheinz Deschners fiel in eine Zeit, in der sich die Debatten um die Religion verändert haben. Der Fokus der Kritik hat sich verschoben. Sie konzentriert sich auf etwas, das der »belesenste, radikalste und leidenschaftlichste Kirchenkritiker unseres Jahrhunderts«, so die *Süddeutsche Zeitung*, nicht vorausgesehen hat. Die Druckwellen seiner Flächenbombardements ließen Ruinen zurück, aber sie zerstörten den Glauben nicht. Weil sie nicht seine Substanz trafen. Im Grunde schlug Deschner eine Schlacht von gestern. Zielte er noch auf die Kirche und ihre vermeintlich unmündigen Untertanen, so will eine neue Generation von militanten Atheisten die Fundamente der Religion zertrümmern. An die Stelle der Demaskierung des Christentums tritt die Abschaffung des Glaubens überhaupt. So weit ging Deschner nie. In dem vielleicht anrührendsten Satz seiner Aphorismen schimmert jene Sehnsucht durch, die den Menschen vor die Frage seines Woher und Wohin stellt. »Der einzige Glaube, den ich mir wünschte, wäre der an mich selbst.« Dieser Selbstzweifel entspringt nicht einem Mangel an Vertrauen in das eigene Selbstbewusstsein. Er ist der existentielle Zweifel eines fragenden und suchenden Menschen. Bei den neuen Religionskritikern wie Richard Dawkins oder Michel Onfray ist von diesem Zweifel nichts zu spüren.

»Nur wer sich nicht selbst gehorchen kann, dem muss eigens noch befohlen werden«, lautet ein Diktum Martin Heideggers in *Holzwege*. Das ist ein hartes und herausforderndes Wort. Wer kann das schon? Sich selbst gehorchen! Wenn einem keiner sagt, was zu tun ist. Es sieht indes so aus, als habe der deutsche Verleger des französischen Philosophen Michel Onfray exakt diesen Typus des Befehlsempfängers ansprechen wollen, der Direktiven schätzt und gesagt haben will, was er zu denken hat. Der zurückhaltende französische Titel von *Traité d'athéologie* wird für das deutsche Lesepublikum zum schreienden *Wir brauchen keinen Gott*. Dass hier ein Autor mit dem anmaßenden Pronomen *Wir* seine Repräsentationsbefugnisse überschätzt, geschenkt. Ein Ärgernis indes ist der Untertitel »Warum man jetzt Atheist sein muss«. Sein muss? Merkwürdig, dass mit dem herrischen Befehlston ausschließlich das deutsche Lesepublikum angesprochen wird.

Beim Vergleich der Buchcover der deutschen und der französischen Edition drängt sich eine Charakterstudie nationaler Mentalitäten geradezu auf. Den französischen, englischen, selbst den portugiesischsprachigen Leser lädt der Titel ein, Jakobs Kampf mit dem Engel zu betrachten. Das Cover zeigt einen Ausschnitt eines Gemäldes in der Pariser Kirche Saint-Sulpice, wo Delacroix 1861 einer faszinierenden Szene aus dem Alten Testament ein Fresko gewidmet hat. Zum Inhalt so viel: Bevor Jakob ein Stammvater der Israeliten wird, kauft er seinem älteren Zwillingsbruder Esau für ein Linsengericht das Recht des Erstgeborenen ab und erschleicht sich von dem blinden Isaac den väterlichen Segen, indem er sich als Esau ausgibt. Der Betrug fliegt auf, Jakob setzt sich ab ins Exil. Jahre später kehrt er zurück, reuig und mit Geschenken, zugleich Esaus Rache fürchtend. An dem Grenzfluss Jabbok trifft er nachts auf einen Unbekannten, ein Engel oder gar Gott selbst, mit dem er in einem hartnäckigen Kampf bis zum Morgengrauen ringt. Jakob beharrt darauf, seinen Gegner nicht eher loszulassen, bis dieser ihn gesegnet hat. Letzten Endes, die Hüfte zerschmettert, hinkend und für sein Leben gezeichnet, erhält Jakob die begehrte Gnade, und der große Unbekannte verleiht ihm einen neuen Namen. Jakob wird fortan Israel heißen. Gottesstreiter. Sein Kampf wird zur Parabel des Menschen, der mit Gott und gegen Gott um sein Seelenheil ringt. In Genesis 32.31 wird Jakob bezeugen: »Ich habe Gott von Angesicht zu Angesicht gesehen und bin doch mit dem Leben davongekommen.« Bemerkenswert ist, dass Delacroix den Engel nicht wie einen Feind gemalt hat, eher wie einen Tänzer, der Jakob führt.

Dieses wunderbare Bild mochte man hiesigen Lesern nicht zumuten. Die deutsche Ausgabe von Onfrays atheologischem Traktat ist frei von biblischer Symbolik und Poesie. Stattdessen präsentiert das Buchcover den Ausbund teutonischer Klischees. Ein Verbotsschild springt ins Auge: Albrecht Dürers *Betende Hände*, rot umkreist wie ein Verkehrszeichen, durchgestrichen mit rotem Balken.

Michel Onfray, Jahrgang 1959, ist ein umtriebiger Autor, der seit Jahren Bücher wie am Fließband produziert. Außerdem ist er als Vortragsreisender unterwegs, um für einen wahren atheistischen Atheismus zu werben und ein hedonistisches

Lebensprinzip mit herrschaftsfreier Libido zu propagieren. Letzteres Anliegen war dem ernsten und asketischen Karlheinz Deschner fremd. Hatte er mit deutscher Gründlichkeit jede seiner Behauptungen mit historischen Belegen flankiert, so scheinen Fakten dem Franzosen eher lästig. »Worum geht es?«, fragt Onfray und gibt gleich die wenig bescheidene Antwort: »Um eine Physik der Metaphysik, um eine wirklichkeitsnahe Theorie der Immanenz und um eine materialistische Ontologie.« Um derlei Ansprüche zu erfüllen, will er den Diskurs über Gott noch einmal aufrollen, will die Macht der Theokratie entmystifizieren, will die Kehrseite des vom Monotheismus durchdrungenen Welttheaters entdecken und Judentum, Christentum und Islam einer philosophischen Demontage unterziehen. »Geschwätzig und selbstgefällig«, nannte die *Neue Züricher Zeitung* Onfrays *Wir brauchen keinen Gott*. Auch sonst fiel die feuilletonistische Kritik vernichtend aus. Ein »abschreckendes Beispiel für Wahrheits- und Wissenschaftsfundamentalismus«, urteilte *Die Zeit*.

Zeitdiagnostisch liegt Onfray nicht völlig daneben, wenn er feststellt: »Die Gegenwart macht einen atheistischen Eindruck, allerdings nur auf die Christen und Gläubigen. In Wahrheit ist sie nihilistisch.« Das 21. Jahrhundert sieht er durch »einen gnadenlosen Kampf eingeläutet«, in dem zwei totalitäre Systeme miteinander um die Vorherrschaft streiten, die er den abendländischen »Faschismus des Fuchses« und den morgenländischen »Faschismus des Löwen« nennt. Auf der einen Seite »der jüdisch-christliche Westen, liberal im wirtschaftlichen Sinn, brutal, kapitalistisch, zügellos kommerziell, am Konsum ausgerichtet, Produzent wertloser Güter, ohne Bewusstsein für irgendwelche Tugenden, schurkisch«. Auf der anderen Seite »die fromme muslimische Welt,

eifernd, brutal, intolerant, gewalttätig, herrsch- und erobe-
rungssüchtig«.

Da Michel Onfray bei seiner plakativen Weltdeutung der
Sinn für Nuancen fehlt, entdeckt er überall nur aggressiven
Hass. Hass auf das Diesseits, Hass auf die Wissenschaft, den
Körper, auf die Frau, auf die Sexualität. Und Hass auf jene
Intelligenz, die er selber repräsentiert. So strahlt denn mitten im faschistoiden Meer aus Boshaftigkeit und Unmündigkeit sein radikal aufklärerischer Geist, der die Kühnheit auf-
bringt, sich als Kantianer gegen Kant zu stellen, um »noch
mehr Licht in die Aufklärung zu bringen«. Das alles mit der
»ungeheueren Leuchtkraft der Atheologie«. Unterm Strich
bleiben peinliche Plattitüden. »Wer nur das Paradies im Auge
hat, übersieht die Erde. Die Hoffnung auf ein Jenseits und die
Sehnsucht nach dem Himmelreich führen im Hier und Jetzt
unweigerlich zur Verzweiflung. Oder zur schwachsinnigen
Seligkeit derer, die von der Krippe entzückt sind.«

Natürlich irren James Hatfield, Verlin Short und Sister
Pepry, wenn sie glauben, um des Gottesreiches willen mit
Klapperschlangen hantieren zu müssen. Aber sie tun das Fal-
sche aus einem redlichen Impuls, der keinen Hohn verdient.
Die Snakehandler in den Appalachen, die Evangelikalen, die
Pfingstler, die Fundamentalisten und die Kreationisten, die
den Schöpfungsmythos der Genesis für eine kosmologische
Chronik halten, sie alle lesen das Wort Gottes buchstabenge-
treu. Kurioserweise liest Michel Onfray in seiner Abrechnung
mit dem »biblischen Plunder« das Alte Testament genauso. Als
habe er nie etwas über den Wahrheitsgehalt der Tierfabeln
La Fontaines gehört, mokiert er sich über die Paradiesszene
mit der Schlange als Verführerin und der Frau als Verführter.
Mit dem ironischen Kommentar, es sei ja wohl völlig normal,

dass Schlangen sprechen, wird die Religionskritik letztlich grundschulkompatibel. Onfray klinge wie ein Kommunarde, so die Rezensentin Annegret Kunkel, »der einer vierjährigen Genossin den Kindergottesdienst madig machen will«.

Der atheologische Spaß hört jedoch auf, wenn die Posse für Heerscharen von Lesern ernst wird. Dass sie *Wir brauchen keinen Gott* zum Bestseller machen, ist nicht zu beklagen. Auch nicht der Umstand, dass viele von ihnen dem Krakeeler bei dem Buchlieferanten Amazon fünf Sterne verleihen. Bedenklich stimmt indes, mit welcher Begründung manche dies tun. Ein M. Stefan sagt über Onfrays Manifest: »Dieses Buch beschreibt die einzige Wahrheit, die es gibt.« So allwissend tritt heute nicht einmal mehr der Papst auf. Wer meint, beurteilen zu können, ob ein anderer die *einzige* existente Wahrheit erkennt, nähert sich verdächtig der göttlichen Allwissenheit. Ein Leser unter dem Pseudonym »old daddy« versieht seine Forderung, Bibel und Koran aus dem Schulunterricht zu verbannen und durch Onfray zu ersetzen, gleich mit zwei Dutzend Ausrufezeichen. Und ein D. Schröder urteilt: »Ein vollkommen wahres Buch.« Solch tollkühne Vermessenheit, Demut hin oder her, ist ein plausibler Grund für erhöhten Blutdruck. Ich war schon dabei, einen sarkastischen Kommentar in die Tastatur zu tippen. »Werter Herr Schröder«, wollte ich fragen, »von welcher exponierten Warte aus ist es Ihnen möglich, einem Buch, das jeden Glauben an absolute Wahrheiten für Schwachsinn erklärt, zu attestieren, es sei absolut wahr?« Ich habe mir den Kommentar letztlich verkniffen und mich wieder beruhigt. Wegen der Heilkraft meines Blechbuddhas. Mitunter funktioniert er doch. Augen zu. Still werden. Lächeln. Und milde Nachsicht weht heran.

»Man kann als Atheist glücklich, ausgeglichen, moralisch und geistig ausgefüllt sein.« Der Aussage des Evolutionsbiologen Richard Dawkins ist zuzustimmen. Ohne jede Einschränkung. Nur verspüren glückliche und ausgeglichene Menschen im Allgemeinen keine Neigung, Menschen zu pathologisieren, die ihnen unglücklich und unausgeglichen dünken. Nicht so Dawkins, der Autor des Weltbestsellers *The God Delusion*, deutsch *Der Gotteswahn*. Motivisch leiten lässt sich Dawkins dabei von dem Autor des Kultbuches *Zen und die Kunst ein Motorrad zu warten* Robert Maynard Pirsig. Der meinte: »Leidet *ein* Mensch an einer Wahnvorstellung, so nennt man es Geisteskrankheit. Leiden *viele* Menschen an einer Wahnvorstellung, dann nennt man es Religion.« Und gegen die führt Dawkins einen Bekehrungskreuzzug, wenn man so will, vom Paulus zurück zum Saulus. »Wenn dieses Buch die von mir beabsichtigte Wirkung hat, werden Leser, die es als religiöse Menschen zur Hand genommen haben, es als Atheisten wieder zuschlagen.« So offensiv wie der ehemalige Professor an der Universität von Oxford, lediglich mit umgekehrter Motivationsrichtung, treten ansonsten die Salafisten auf, die in den Fußgängerzonen unter den Ungläubigen den Koran verteilen. Denkwürdig ist: Wie bei Onfrays *Wir brauchen keinen Gott* bedarf die deutsche Leserschaft auch beim *Gotteswahn* offenbar wieder eines diktatorischen Impulses, wenn schon auf dem Cover Dawkins' privates Credo als globale Wahrheit verkauft wird: »Ich bin ein Gegner der Religion. Sie lehrt uns, damit zufrieden zu sein, dass wir die Welt nicht verstehen.«

Nein! Erstens ist das vereinnahmende *uns* unverschämt, zweitens lehrt *meine* Religion uns etwas anderes: Nicht damit zufrieden zu sein, wenn wir glauben, die Welt verstanden zu haben. Deshalb schätze ich die Jesuiten. Ihnen wird das

Bonmot zugeschrieben: »Feuerbach glaubte wenigstens, dass es Gott nicht gibt. Wir glauben nicht einmal das.«

Goethes Doktor Faustus, trotz universeller Studien ein Armer im Geiste, haderte damit, an den Grenzen der Erkenntnis an der Frage zu scheitern, was die Welt im Innersten zusammenhält. Von der Mühe der philosophisch-theologischen Reflektion und dem Ballast des Selbstzweifels hat sich Richard Dawkins befreit. Fünfhundertfünfzig Seiten geharnischte Kritik an der Religion in den Druck zu geben, ohne die denkerischen Leistungen von Ludwig Feuerbach, Karl Marx, Sören Kierkegaard, Friedrich Nietzsche oder Sigmund Freud auch nur in einer Zeile zu erwähnen, erfordert schon ein beängstigendes Quantum Hochachtung vor der eigenen Genialität. Tatsächlich sucht der Brite den Stein der Weisen nicht mehr, er hat ihn in der Naturwissenschaft gefunden, wobei ihm Charles Darwin den Schlüssel zum Tor der Erkenntnis liefert. Nicht Darwins Theorem der Evolution durch natürliche Selektion ist problematisch, nur dass es für Dawkins zum Prinzip der wissenschaftlichen Welterklärung schlechthin avanciert. Was ihm gestattet, dem gläubigen Teil der Menschheit zu bescheinigen, als fehlgeleitete Mutanten der Evolutionsgeschichte von einem Gottesvirus verseucht zu sein, den es zum Zweck der mentalen Gesundung zu exorzieren gilt.

Erstaunlicherweise formierte sich gegen die von Dawkins verordnete Gottlosigkeit ein schillerndes Meinungsspektrum von konservativ über liberal bis links, wobei die Kritik überaus ungnädig ausfiel. Friedrich Wilhelm Graf, Theologe an der Ludwig-Maximilians-Universität in München, nannte ihn in der *Süddeutschen Zeitung* einen »biologistischen Hassprediger« und putzte dessen *Gotteswahn* als »langweilig«

herunter. Die *Tageszeitung* setzte noch eins drauf und titu-
lierte Dawkins als den »Goebbels der Darwinisten«. Der
Philosoph Joachim Kahl, selbst bekennender Atheist, hielt
Dawkins Abrechnung mit der Religion für ein Dokument
»intellektuellen Cäsarenwahns«, mit den typischen Merkmalen der triumphalistischen Selbstüberschätzung und der
abgründigen Realitätsblindheit.

Bei der Austreibung des Gotteswahns bedient sich Dawkins
der Logik von Wahrscheinlichkeitsrechnungen. »Es gibt
eine unendliche Zahl von Dingen, die man nicht widerlegen kann: Einhörner, Werwölfe, Teekannen in der Umlauf-
bahn des Mars. Aber wir schenken ihnen keinerlei Beachtung, wenn es nicht positive Gründe für die Annahme gibt,
dass sie tatsächlich existieren.« Da Dawkins die Frage nach
Gott auf der Ebene von Fabelwesen und fliegenden Unter-
tassen verortet, erlaubt ihm seine wissenschaftliche Hypo-
these, die Wahrscheinlichkeit der Existenz Gottes prozentual
bei »knapp über null« anzusiedeln. Also »*de facto* atheistisch«.
Wer so denkt, erinnert cäsarenwahnmäßig weniger an einen
Triumphator als an einen Erbsenzähler. Bei dem Gottesbild,
das Dawkins aufbaut, um es mit pompöser Befreiungsgeste
zu zertrümmern, drängt sich der altbekannte Witz mit Juri
Gagarin geradezu auf. Als der erste Mensch im All wieder auf
der Erde gelandet ist, hat er auf die Frage: »Hast du da oben
Gott gesehen?«, drei ausgefuchste Antworten parat. Nikita
Chruschtschow antwortet er mit Ja und kassiert 10 000 Dollar, um in der Öffentlichkeit nein zu sagen. Zum Papst sagt
er nein und kassiert dieselbe Summe für ein öffentliches Ja.
Und Kennedy, der ihm zu verstehen gibt, seine Wählerschaft
bestehe aus Theisten, Atheisten und Feministinnen verschie-

denster Ethnien, erhält auf die Frage nach Gott von Gagarin die Antwort: Sie ist schwarz.

Wenn mich der Eindruck nicht trügt, wurde zwischen den Gläubigen und den Atheisten in den achtziger und neunziger Jahren des letzten Jahrhunderts zwar kein Friedensvertrag geschlossen, nach dem postmodernistischen »Anything goes« jedoch ein stillschweigender Nichtangriffspakt eingehalten. Der wurde aufgekündigt. Seit dem 11. September 2001. Die radikal religionsfeindlichen Manifeste von Onfray und Dawkins, aber auch jene von Christopher Hitchens, *Der Herr ist kein Hirte*, oder von Sam Harris, *Das Ende des Glaubens*, sind nach dem Schock des islamistischen Terrors erschienen. Verübt hatten die Attentate nicht etwa muslimische Analphabeten, die vor laufenden Kameras gern amerikanische und israelische Flaggen verbrennen und bei der Hinrichtung von Ehebrecherinnen den ersten Stein werfen. Die Terroristen waren Akademiker aus der arabischen Mittelschicht, die in Europa studiert und in den USA ihre Pilotenausbildung gemacht hatten. Der antireligiöse Furor der genannten Autoren nicht nur gegen islamistische, sondern auch gegen fundamentalchristliche Eiferer vor allem in den USA ist nur vor diesem Hintergrund zu verstehen. »Vom aktuellen Gottesterror traumatisiert«, sagt Friedrich Wilhelm Graf, wolle der Neue Atheismus den grundsätzlichen Nachweis führen, »dass Gewaltfixierung, Unterdrückung und aggressive Intoleranz das wahre Wesen Gottes konstituieren.«

Aber predigt Dawkins, bei aller Bissigkeit, tatsächlich Hass, wie Graf behauptet? Während der Hass der islamistischen Dschihadisten auf die reale Vernichtung der Ungläubigen aus ist, zielen die neuen Aufklärer auf eine symbolische Vernichtung. Durch die Pathologisierung des Glaubens und die Bloßstellung der Gläubigen, deren abnormste Exemplare sie sich zielsicher aus dem Internet picken, um sie, wie der Vorstand der Giordano-Bruno-Stiftung Michael Schmidt-Salomon, als »Religioten« aufzuspießen. Die Titulierung ist selbsterklärend. Benutzt wird sie von Zeitgenossen, die sich »Brights« nennen, helle Köpfe, die in Dawkins einen Schirmherrn gefunden haben, den Patron der Aufgeweckten. »Die Ethik und Handlungen eines Bright basieren auf einem naturalistischen Weltbild, frei von übernatürlichen und mystischen Elementen«, heißt es in einer Selbstdefinition. »Wir Brights glauben nicht an Geister, Elfen oder den Osterhasen – oder an Gott.«

Richard Dawkins ist überzeugt, eine Welt ohne Religion wäre eine bessere. Im Vorwort zum *Gotteswahn* erzählt er begeistert von einer Werbeanzeige, mit der der britische Fernsehsender Channel 4 2006 in den Zeitungen für Dawkins' religionskritische Dokumentation *The root of all evil?* geworben hatte. Mit einem Bild der Skyline von Manhattan und mit der Unterschrift »Imagine no religion«. Auf dem Foto waren die Zwillingstürme des World Trade Center deutlich zu erkennen.

»Imagine there's no heaven!« In Anlehnung an John Lennon fordert auch Richard Dawkins sein *Gotteswahn*-Publikum auf, der eigenen Einbildungskraft zu folgen, was der Leser freilich nicht braucht, weil der Autor das für ihn schon erledigt hat. Demnach gäbe es in einer Welt ohne Religion »keine Selbstmordattentäter, keinen 11. September, keine Anschläge auf die Londoner U-Bahn, keine Kreuzzüge, keine Hexenverfolgungen, keinen Krieg zwischen Israelis und Palästinensern, keine Verfolgung von Juden als ›Christusmörder‹, keine ›Probleme‹ in Nordirland, keine ›Ehrenmorde‹, keine pomadigen Fernsehevangelisten im Glitzeranzug, die leichtgläubigen

Menschen das Geld aus der Tasche ziehen ... keine Zerstörung antiker Statuen durch die Taliban, keine öffentliche Enthauptungen von Ketzern, keine Prügel auf weibliche Haut, für das Verbrechen, zwei Zentimeter nackte Haut zu zeigen.«

Eine solche Welt ist fraglos erstrebenswert. Zehn Jahre nach der Publikation des *Gotteswahns* ist in der Tat kein Tag vergangen, an dem die Gräuel mörderischer Religioten Dawkins, Onfray oder auch Deschner nicht zu bestätigen scheinen.

Bei Christen löst der Rekurs auf die düstersten Seiten ihrer Glaubenstradition gemeinhin den Abwehrreflex »Ja, aber ...« aus. Das Standardargument gegen die Ankläger lautet: Einseitig! Man kreidet ihnen an, die positiven Aspekte der Glaubensgeschichte zu ignorieren. Dann wird gegengerechnet. Wie die prozentuale Verteilung des Ballbesitzes bei einem Fußballspiel. Kriminalgeschichte kontra Heilsgeschichte. Die einen reagieren auf die Verbrechen im Namen Gottes aus reumütiger Defensive heraus, mit Schuldbekenntnissen und Zerknirschungsritualen. Andere kontern, indem sie Kreuzzügen, Hexenverbrennungen und Inquisition den Altruismus der Heiligen, Zeugnisse der Nächstenliebe und die gesellschaftsstabilisierende Funktion der kirchlichen Sozialdienste gegenüberstellen. Märtyrer wie Maximilian Kolbe oder Óscar Romero, die sich verschleißende Mutter Teresa oder der gebeugte Johannes Paul II. müssen als Lichtgestalten des Glaubens den Leuchter auf den Scheffel stellen, sodass unterm Strich das Heil über das Unheil triumphiert.

Die These, die Religion sei für die Übel der Welt verantwortlich, ruft stets die Antithese hervor, die Welt ohne Gottesglauben sei keinen Deut besser. Eher schlechter. Das Argument trifft zwar nicht den Kern des Problems, ist aber empirisch nicht falsch. Das geistliche Vakuum, das der Atheismus hinterlässt, wussten Despoten aller Couleur schon immer zu füllen, die Nazis ebenso wie die Stalinisten oder die Roten Khmer. Was Richard Dawkins nicht daran hindert, die bewusstseinserweiternde Potenz des atheistischen Stolzes zu propagieren und »hocherhobenen Hauptes« bis zum Horizont zu blicken, »denn Atheismus ist fast immer ein Zeichen für eine gesunde geistige Unabhängigkeit und sogar für einen gesunden Geist«. Nun lehren Logik und Erfahrung, dass ein Geist, der sich quittiert, autonom und gesund zu sein, von sich selbst nicht viel begriffen hat. Was wiederum Dawkins von seinem Landsmann Gilbert Keith Chesterton trennt. Zwecks Antwort auf die Frage, was denn unter einem gesunden Geist zu verstehen ist, muss an dieser Stelle erneut die *Orthodoxie – Eine Handreichung für die Ungläubigen* bemüht werden: »Der Gesunde weiß, dass er etwas von einem wilden Tier, etwas von einem Teufel, etwas von einem Heiligen, etwas von einem Bürger hat. Ja, der wirklich Gesunde weiß sogar, dass etwas von einem Verrückten in ihm steckt. Die Welt des Materialisten dagegen ist ganz einfach und gediegen, im Stile des Verrückten, der sich seiner Gesundheit absolut sicher ist.«

Hätte Dawkins Chesterton gelesen und sich ein wenig mit den ideologischen Grundlagen der Deutschen Demokratischen Republik, der Sowjetunion oder den untergegangenen Volksrepubliken in Albanien oder Rumänien beschäftigt, hätte er die eigene Gesundheitshypothese widerlegen und die Chesterton'sche verifizieren können. Mit einer Wahrscheinlichkeit von knapp unter einhundert Prozent. Seit Studententagen besitze ich das zweibändige *Philosophische Wörterbuch* der DDR, herausgegeben von Georg Klaus und Manfred Buhr, in der 11. Auflage von 1975, bis dahin mit immerhin

480 000 Exemplaren unter das Volk gebracht. Ich schaue nur selten hinein. Alle zehn Jahre vielleicht. Ein Fehler. Das Lexikon sollte Pflichtlektüre werden. Man liest ein paar Sätze, und sogleich stellt sich eine unbändige Sehnsucht nach dem Wirken des Heiligen Geistes ein.

Stichwort »Atheismus«: »Der proletarische Atheismus zeigt mit der Orientierung auf den revolutionären Kampf zur Beseitigung der Ausbeuterordnung – bei dem die führende Kraft die revolutionäre Arbeiterklasse unter Führung ihrer marxistisch-leninistischen Partei ist – die Perspektive völlig neuer Beziehungen der freien, gleichberechtigten Menschheit der entwickelten sozialistischen Gesellschaftsordnung. Die Religion wird mehr und mehr aus dem Leben der Gesellschaft schwinden, ›wenn die Gesellschaft durch Besitzergreifung und planvolle Handhabung der gesamten Produktionsmittel sich selbst und alle ihre Mitglieder aus der Knechtung befreit hat‹ (Marx / Engels).«

Stichwort »Religiöser Glaube«: »Die gesellschaftliche Bewusstheit der Volksmassen erhöht sich in dem Maße, in dem sich ihre Emanzipation vom religiösen Glauben durch Aufnahme des sozialistischen Bewusstseins vollzieht.«

Erhellend für einen Bright wäre auch die Lektüre des opulenten Sammelwerks *Weltall – Erde – Mensch*. Garantiert frei von Göttern und Einhörnern und die Denkdiktate des Historischen Materialismus korrekt erfüllend wurde es zwischen 1954 und 1974 den Jungen und Mädchen in der DDR zur Jugendweihe geschenkt und erreichte eine Auflage von vier Millionen Exemplaren, bevor es 1975 durch *Der Sozialismus – Deine Welt* abgelöst wurde. In einem Vorwort nennt Walter Ulbricht *Weltall – Erde – Mensch* das »Buch der Wahrheit«. Das Fazit auf Seite 342 soll nicht unerwähnt bleiben:

»Bald wird die kapitalistische Gesellschaft aufgehört haben zu existieren ... Bald werden alle Menschen in der sozialistischen Gesellschaft glücklich leben.«

Vergessen wird heute, dass Europa einen Sozialismus, der die Menschen von der Religion befreite, bereits hinter sich hat. Um seinem Cäsarenwahn zu frönen (hier ist der Begriff zweifellos angebracht), ließ der Rumäne Nicolae Ceauşescu die halbe Bukarester Altstadt mit ihren mittelalterlichen Kirchen von Bulldozern schleifen, für einen monumentalen Zuckerbaupalast, von dem aus der »Titan der Titanen, der selbst der Sonne trotzt« gedachte, sein darbendes Volk zu regieren. Von den Folgen des geistlichen Kahlschlags hat sich das Land nicht erholt. Heute grassieren in Rumänien Obskurantismus und Aberglaube. Dazu mehr im Kapitel X über den »Diavol«. Den Teufel.

1967 proklamierte die Volksrepublik Albanien: »Unter der leuchtenden Führung der Partei und des Genossen Enver Hoxha hat die Jugend Albaniens den ersten atheistischen Staat der Welt geschaffen.« Christliche Schulen wurden geschlossen, Kirchen zu Sportstätten und Kinos entweiht, Moscheen zu Lagerhallen und Viehställen umfunktioniert. Als Hoxha 1985 nach mehr als vier Jahrzehnten der Despotie an Herzversagen starb, hatte der Paranoiker und Gralshüter des wahren Marxismus-Leninismus den Balkanstaat in einen Steinzeit-Sozialismus gestürzt, den er seinen Skipetaren schönredete als Land der Freiheit und Gleichheit. Außenpolitisch von der Welt isoliert etablierte Hoxha im Inneren ein Spitzelsystem aus Furcht und Terror, das in der Militanz seiner aggressiven Religionsfeindlichkeit seinesgleichen suchte. Religion galt laut Regierungsdekret Nr. 4337 als »Gift, das die revolutionären Aktivitäten der Massen lähmt«. Schreckensorte wie die Straflager in Spaç und Ballsh oder das Foltergefängnis von Burrel waren so gesehen das Gegengift. Für Renovabis, die Solidaritätsaktion der deutschen Katholiken mit den Menschen in Ost- und Südosteuropa, war ich oft in Albanien und habe die grausamen Erlebnisse ehemaliger politischer Häftlinge dokumentiert. Allein in dem Arbeitslager in der Kupfermine von Spaç wurden dreiundsechzig Geistliche ermordet, nachdem Sadisten sie gequält hatten, damit sie dem Gottesglauben abschwören. Die Peiniger zerquetschten ihren Opfern die Gliedmaßen, trieben ihnen spitze Streichhölzer unter die Fingernägel und steckten ihnen elektrische Drähte an die Genitalien, bevor sie sie erschossen.

Und doch taugt der Verweis auf die großen und kleinen Pol Pots, Hitlers und Stalins auf dieser Welt nicht zur Rettung der Religion. Die Gräuel der Atheisten lassen sich nicht gegen die Gräuel der Theisten aufrechnen. Aber es gäbe in der Auseinandersetzung mit dem neuen Atheismus eventuell einen dritten Weg. Eine Verschiebung des Blicks auf das, was in seiner Offensichtlichkeit leicht zu übersehen ist. Dieser dritte Weg würde sich auftun, wenn man gegenüber dem Atheismus weder die Strategie der bußfertigen Verteidigung noch die des Gegenangriffs wählt. Man müsste Dawkins ernst nehmen. Was wäre, dächte man seinen Wunsch nach einer besseren Welt ohne Religion einfach zu Ende?

»Imagine no religion!« Bleiben wir um der Überschaubarkeit willen in New York. Bei den Twin Towers. In einer Welt ohne Religion hätte Mohammed Atta, freilich mit nicht-muslimischem Vornamen, sein Studium der Stadtplanung an einer Hamburger Hochschule gewiss dazu genutzt, Straßen zu konstruieren, Parks anzulegen und Wolkenkratzer zu bauen, anstatt sie in ein gigantisches Grab aus Schutt und Asche zu verwandeln. Und Marwan al-Shehhi wäre als Trekking-Tourist nach Afghanistan gefahren, nicht aber um sich dort Instruktionen zum Massenmord zu holen. Mit der Pilotenlizenz, die er in Florida erwarb, hätte er seine Passagiere sicher durch die Lüfte transportiert, statt sie in den Südturm des World Trade Centers in den Tod zu fliegen. Ohne Religion wären Atta und al-Shehhi keine Terroristen geworden, getrieben von nihilistischem Vernichtungswillen und dem grenzenlosen Hochmut ihres selbstgefälligen Allahu-Akbar-Wahns. Niemals hätten sie Fremden, die der Zufall in die falschen Flugzeuge geführt hatte, das Recht auf Leben abgesprochen, in der Absicht, ihrem Gott zu gefallen und das Herz Amerikas zu treffen.

So ungefähr malt sich Dawkins seine friedliche Welt aus. Er glaubt zu wissen, ohne Religion würden die Zwillingstürme noch in den Himmel ragen. Nur: In einer Welt ohne Religion wäre das World Trade Center sehr wahrscheinlich gar nicht gebaut worden. Es gäbe auch keine Wall Street, benannt nach einer Schutzmauer, die der Protestant und erste New Yorker Gouverneur Peter Stuyvesant Mitte des 17. Jahrhunderts errichten ließ, um die Angriffe der Indianer abzuwehren, denen man ihr Land vorher abgeluchst hatte. Natürlich gäbe es den Dollar nicht, jene mal angebetete, mal verfluchte Währung, deren Aufdruck »In God we trust« je nach Perspektive als Zeugnis von Ehrfurcht oder von Blasphemie verstanden wird. Ohne Religion wären die Vereinigten Staaten von Amerika nie gegründet worden. Die Pilgerväter, die 1620 am Plymouth Rock anlegten, wähnten sich als auserwähltes Volk und waren keineswegs gewillt, mit ihrem alten Leben in Europa auch ihren Glauben hinter sich zu lassen. Sie waren ins Ungewisse aufgebrochen, um ihr Credo frei leben zu können, ohne Bevormundung und Unterdrückung. Selbst wenn ihre Sehnsucht nach Freiheit nur darin bestand, Diener und Vollstrecker eines mehr oder weniger durchschauten göttlichen Heilsplans zu sein. Der Ökonom und Gesellschaftswissenschaftler Jeremy Rifkin schreibt in seiner Studie *Der europäische Traum*, dass die Pilgerväter wie auch die religiösen Gruppen und Sekten nach ihnen sich selbst als »Gottes Emissäre und Verwalter« betrachteten, »die kraft ihres Glaubens und ihrer Beharrlichkeit die Wildnis zähmen und einen neuen Garten Eden schaffen würden, ein Gelobtes Land voller Milch und Honig«. Ohne Gottesglauben wäre eines der bedeutsamsten Dekrete der amerikanischen Geschichte nicht verfasst und am 4. Juli 1776 nicht unterzeichnet worden. Zu Recht gilt die Unabhängigkeitserklärung als Dokument eines politischen Liberalismus, ein Bekenntnis zur Freiheit und Gleichheit aller Menschen. Erst im letzten Satz, einem Gelübde gleich, bekennen die Repräsentanten der ersten dreizehn amerikanischen Staaten mit selbstverständlicher Beiläufigkeit ihr Gottvertrauen. »Zur Stütze dieser Erklärung verpfänden wir alle untereinander in festem Vertrauen auf den Schutz der Göttlichen Vorsehung unser Leben, unser Gut und unsere heilige Ehre.«

Ein Vierteljahrtausend später hat die Selbstgewissheit der göttlichen Vorsehung in Amerika nicht an Einfluss verloren. Nach den Statistiken, die Jeremy Rifkin anführt, glauben 48 Prozent der Amerikaner, ihr Land stehe unter dem exklusiven Schutz Gottes. Prominente TV-Prediger deuteten den Angriff auf das World Trade Center jedoch als Indiz, Gott habe das sündige Amerika strafen wollen und seinem auserwählten Volk die Gunst entzogen. Im Internet kursiert ein (wahrscheinlich manipuliertes) Foto, in dem Gläubige im Rauch der brennenden Zwillingstürme die Fratze Satans erkennen. Selbst von den Universitätsabsolventen glauben etwa 55 Prozent an den Teufel, mehr als jeder dritte Amerikaner versteht die Bibel als wörtliches Wort Gottes, und 45 Prozent meinen, der Allmächtige habe die Welt in ihrer heutigen Form vor ungefähr 10 000 Jahren erschaffen. Im Gegensatz zum römischen Katholizismus fehlt unter den ungezählten zersplitterten Freikirchen in den USA ein halbwegs intelligibles Lehramt, um wenigstens den gröbsten Unfug zu korrigieren. In diesem Fall hat Richard Dawkins recht, dass die Religion in den Vereinigten Staaten eine »Branche mit den Zügen des freien Unternehmertums« ist, in der die Kirchen mit den Verkaufspraktiken der freien Marktwirtschaft um die Einnahmen konkurrieren. »Was mit Seifenpulver funktioniert, funktioniert auch mit Gott.«

Der Vergleich klingt einleuchtend, ist aber nichts als eine dahingeschlampte falsche Metapher. Doch um im Bild zu bleiben, wo die Religion tatsächlich nach den Gesetzen der Profitmaximierung funktioniert, ist Gott nicht das Seifenpulver, das verkauft wird, sondern der Tauschwert, mit dem es bezahlt wird; die Währung, die erlaubt, den Gebrauchswert der Seife zu realisieren. Um schmutzige Wäsche zu waschen beispielsweise oder um atheologischen Schaum zu schlagen. Dann wäre Gott, oder treffender eine marktkompatible Vorstellung von ihm, das Tauschäquivalent schlechthin. Ein Götze. Eine andere Idee von Gott als die eines goldenen Kalbes, das von seinen berauschten Untertanen umtanzt wird und ihnen gegen Opfergaben eine obskure Gegenleistung verspricht, kennen Dawkins und Onfray nicht. Sie kennen nur die pervertierte Form des Glaubens als Tausch: Erde gegen Himmel, Körper gegen Seele, Diesseits gegen Jenseits, mit einem Götzen als höchster Tauschinstanz, mit den Kirchen als Börsen und den Priestern als Makler. Selbst die unmittelbare Ansprache des Menschen an Gott im Gebet fällt unter das Verdikt. Da sich das Beten jedoch nicht verbieten lässt, ist der Betende mit einem roten Verbotsschild wenigstens symbolisch zu ächten.

Vor dem Richterstuhl der Vernunft erscheint das Beten infantil. So sinnlos wie die strapaziösen Bußgänge der Frauen in Schwarz, die auf Knien zu der Madonna im portugiesischen Fátima pilgern. So sinnlos wie das Flackern von dreiunddreißig unbezahlten Opferkerzen in einer Dorfkirche oder die einhundert versprochenen Ave-Maria eines alten kubanischen Fischers in der Phantasie Ernest Hemingways. Für Richard Dawkins sind Gebete prinzipiell überflüssig. Bestenfalls sind sie harmlos, wie der Schnuller, den man einem Säugling nicht wegnehmen mag. Ansonsten sind sie ohne Nutzeffekt, wenn nicht sogar schädlich.

Das soll sogar eine Fallstudie der Templeton Foundation aus den USA belegen. In einem klinischen Experiment wurden verschiedene Gruppen von Herzpatienten untersucht. Für die Genesung der einen wurde gebetet, für die anderen nicht. Das Testergebnis zeitigte keinen Unterschied beim Prozess der Gesundung, bis auf den, dass es jenen Kranken schlechter ging, die wussten, dass für sie gebetet wurde. Sie litten, so Dawkins, »signifikant häufiger an Komplikationen als die Unwissenden«. Richard Dawkins findet das Gebetsexperiment zwar grotesk und verdientermaßen des Spottes würdig, sieht darin aber zugleich die »scharfsinnige Definition« des amerikanischen Journalisten Ambrose Bierce (1842–1914) bestätigt. Der Zyniker hatte erklärt, was er unter Beten versteht: »Darum bitten, dass die Gesetze des Universums wegen eines einzigen, eingestandenermaßen unwürdigen Bittstellers außer Kraft gesetzt werden.« Nun ja, wer ermessen kann, wann die Gesetze des Universums außer Kraft gesetzt sind und wann nicht, der ist auf der Erkenntnisleiter sehr weit oben angekommen.

Die Wirksamkeit von Gebeten experimentell kontrollieren zu wollen setzt ein Menschenbild voraus, das selbst die persönlichsten Sehnsüchte dem kapitalistischen Warentausch und der ökonomischen Effizienz unterwirft: das Gebet als ideelles Zahlungsmittel, dessen Einsatz nur sinnvoll ist, wenn ich einen materiell messbaren Gegenwert erhalte und eine Rendite einfahren kann. Und weil die spirituelle Währung im Laborversuch nicht funktioniert und keinen Mehrwert generiert hat, sind Gebete nutzlos. Wer so denkt, vermittelt seinen Mitmenschen eine doppelte Botschaft. Erstens: Du bist ein Idiot, wenn du der Kraft eines Gebetes vertraust. Zweitens: Finde dich damit ab, dass es keinen Sinn macht, dass irgendwer irgendwo auf dieser Welt um deinetwillen zum Himmel schaut und einen Gott anruft.

Für Richard Dawkins hat der Gott Jahwe des Alten Testamentes dieselbe Plausibilität wie Einhörner, Zahnfeen und das Rotkäppchen. Welch eine unüberbrückbare intellektuelle Kluft zu dem kolumbianischen Aphoristiker Nicolás Gómez Dávila! »Gott ist der Begriff, mit dem wir dem Universum mitteilen, dass es nicht alles ist.« Michel Onfray hingegen lokalisiert den Begriff Gott unter den Geschöpfen der mythologischen Fabelwelt unter dem Buchstaben G zwischen Ganymed und Grane. Und Dawkins jubelt: »Zu meinem Entzücken habe ich gesehen, dass das *Evangelium des fliegenden Spaghettimonsters* auch als Buch erschienen ist und großen Anklang findet.«

So reden Kritiker, die dem Gotteswahn verdächtig nahe gekommen sind. Die Frage, welcher Wahrheitshorizont aufscheint, wenn Menschen das Wort *Gott* aussprechen, haben die Atheologen hinter sich gelassen. Die Gottesfrage interessiert sie nicht mehr. Anders als Karlheinz Deschner, der sich noch für die Demaskierung des Christentums verschlissen hat, ziehen sie eine frivole Lust daraus, den Irrsinn krankender Religionen zu diagnostizieren, ohne darunter zu leiden. Ihre Religionskritik ist zum Spiel einer sezierenden Vernunft geworden, die sich durch die Dummheit in der Welt beleidigt fühlt. Ihre Geste ist nicht die der existentiellen Enttäuschung, sondern der intellektuellen Gekränktheit.

VI

Kein Himmel, keine Hölle, kein Gott

Es stand ein Sternlein am Himmel,
Ein Sternlein guter Art;
Das tät so lieblich scheinen,
So lieblich und so zart.

Ich wusste seine Stelle
Am Himmel, wo es stand;
Trat abends vor die Schwelle
Und suchte, bis ich's fand.

Und blieb dann lange stehen,
Hat große Freud in mir;
Das Sternlein anzusehen,
Und dankte Gott dafür.

Das Sternlein ist verschwunden,
Ich suche hin und her;
Wo ich es sonst gefunden,
Und find es nun nicht mehr.
Matthias Claudius

Es gibt Sätze, mit denen kann sich ein Autor Feinde schaffen. Ein solcher Satz könnte sein: Die Klugheit John Lennons wird überschätzt. Seit der ehedem kreative Kopf der Beatles

von einem Paranoiker erschossen wurde, verleihen seine Ver-
ehrer Lennon die Aura der Unantastbarkeit und seinen Worten den Nimbus der Weisheit. Alle paar Jahre taucht der
Name seines Mörders in der Presse auf, wenn dessen Antrag
auf Begnadigung und Haftentlassung von einer Bewährungs-
kommission abgelehnt wird. Mark David Chapman war ein
kranker Mann. Aus Texas stammend trieb er sich in den USA
in merkwürdigen Sekten herum, nahm Drogen, war suizidal
und zeitweise in psychiatrischen Anstalten in Behandlung.
Chapmans anfängliche Bewunderung für Lennon und die
Beatles steigerte sich zu einer Besessenheit, die irgendwann
die Richtung änderte. Sie endete in einer Mischung aus Hass
und Überidentifikation, umso mehr Chapman die Kontrolle
über das eigene Leben entglitt. Am 8. Dezember 1980 wartete
er in den späten Abendstunden vor dem New Yorker Dakota
Building auf Lennon und seine Frau Yoko Ono. Er rief die Pro-
jektionsfigur seines Wahns mit Namen an: »Mister John Lennon!« Dann feuerte er fünf Schüsse aus einem Revolver ab.
Auslöser seines schleichenden Sinneswandels soll ein Interview gewesen sein, das Lennon dem Londoner *Evening Stan-
dard* am 4. März 1966 gegeben hatte:

»Das Christentum wird verschwinden. Es wird schrumpfen und eingehen. Ich brauche darüber nicht zu diskutieren.
Ich habe recht, und es wird sich herausstellen, dass ich recht
habe. Wir sind jetzt populärer als Jesus. Ich weiß nicht, was
zuerst verschwinden wird – der Rock'n'Roll oder das Christentum. Jesus war in Ordnung, aber seine Nachfolger waren
fett und ordinär. Sie haben seine Ideen verdreht und die Sache
in meinen Augen ruiniert.«

Die Briten reagierten damals typisch britisch. Unaufgeregt
werteten sie Lennons Worte als das, was sie waren, Sprüche

eines exzentrischen Popmusikers, dessen Generation mit den kirchlichen Konfessionen nicht mehr viel am Hut hatte, doch der sich sicher nicht anmaßte, sich mit Jesus auf eine Stufe zu stellen. Anders die Amerikaner. Eine Woge der Hysterie brach los. Radiosender boykottierten die Songs der Beatles. Fotografien der Fab Four wurden öffentlich verbrannt, Schallplatten zertrampelt. Auf Schildern war zu lesen: »John Lennon is satan«, und aus den Reihen des Ku-Klux-Klan wurde das Gerücht verbreitet, die gottlosen Kommunisten hätten Lennon einer Gehirnwäsche unterzogen. Über den Attentäter Chapman wurde nach seiner Festnahme und seiner psychologischen Begutachtung gesagt, er habe Lennon wegen seiner Gotteslästerei zwar gehasst, sich aber in seiner narzisstischen Störung und Schizophrenie mit seinem Opfer identifiziert. Chapman war konfluent, hatte immer wieder Dokumente mit Lennons Namen unterschrieben und sogar eine Japanerin geheiratet, die Yoko Ono ähnlich sah. Die Künstlerin soll maßgeblichen Einfluss auf den Text jenes Liedes gehabt haben, in dem sich das musikalische und intellektuelle Vermächtnis John Lennons manifestiert: »Imagine there's no heaven!«

Nicht auszuschließen ist, dass John Lennon starb, weil in seinen Botschaften ein Subtext mitschwang, den Mark David Chapman als Bedrohung vernahm, die er nicht ertragen konnte. »Above us only sky!« Statt des Himmel als metaphysische Heimat nichts als ein kosmischer Raum, statt der Idee des Jenseits als Ort des Sehnens nichts als die Vorstellung unendlicher Weite. Hatte Chapman den nihilistischen Kern dieser Utopie, dieses »Nicht-Orts«, altgriechisch *ou tópia*, als seinen eigenen erkannt, hatte er sich dann das Recht angemaßt, einen Menschen zu töten?

C-Dur, F-Dur, A-Moll. Noch aus Jugendtagen sind mir die Akkorde auf der Gitarre geläufig. »Imagine« war ein Muss bei den Klampfenfeten in den Siebzigern. Wer als Ausdruck pazifistischer Gesinnung einen Armeeparka trug, den Wehrdienst verweigerte und sich generell für progressiv hielt, kannte den Text. Keine Religion! Keine Staaten, keine Grenzen, kein Eigentum, keine Habgier, kein Hunger. Nie wieder Krieg! Stattdessen Brüderlichkeit. Frieden. Eine Welt, vereint unter der Glocke globaler Harmonie. Es bedurfte lediglich des Bündnisses von genügend Träumern und des irritationsfreien Glaubens an dich und mich und uns und John und Yoko. Wobei sich an Letzterer die Popkritik zerstritt, uneins darüber, ob die exzentrische Fluxus-Avantgardistin für Lennon ein himmlischer Segen war oder die Beschleunigerin seines künstlerischen Niedergangs. Wie auch immer, mit »Imagine« war man zeitgeistmäßig auf der sicheren Seite. Damals wie heute.

Nichts gegen Träume. Erinnern wir uns an die Sängerin Nicole, die mit ihrer Mädchenstimme und ihrer weißen Gitarre für ein bisschen Frieden, Liebe und Sonne warb und beim European Song Contest 1982 für Deutschland den Sieg davontrug. Das Lied des Komponisten Ralph Siegel hatte einen weitaus höheren Kitschfaktor als »Imagine«, war aber von vergleichsweise unschuldiger Bescheidenheit. Nicole fehlte die Antiattitüde. Sie war, um dereinst gängige soziologische Attribute zu benutzen, affirmativ, also systemstabilisierend, was an der Natur des Schlagers liegt, der unterhält, aber keine Revolutionen ausruft. Zudem wollte Nicole für ihre kleinen Wünsche nicht gleich den Himmel und die Hölle abschaffen. So anspruchslos kam John Lennons Vision von universeller Harmonie nicht daher.

Lennon gab sich antireligiös, antiautoritär, antinationa-
listisch und antikapitalistisch. Dennoch war die Furcht der
Amerikaner vor einem proletarischen Umsturz unberech-
tigt. Trotz Anleihen bei den Parolen der antiimperialisti-
schen Internationale war Lennon kein Kämpfer an der Volks-
front der Arbeiterklasse. Zwar besang er den »Working Class
Hero«, aber der reale Sozialismus konnte auf ihn nicht bauen.
Lennon und die Kommunisten teilten irreale Glücksverspre-
chen, ansonsten hatten sie wenig gemein. Die Sozialisten
wussten immer, dass eine bessere und gerechtere Welt nicht
erträumt wird. »Imagine« war nie die Hymne des Aufbaus,
des Schaffens, des Kämpfens und Sich-Verschleißens, es war
die Hymne anstrengungslosen Wunschdenkens, das Credo
der Schwärmer, das den Menschen nichts abforderte, außer
zu phantasieren. So ist es nicht verwunderlich, dass Lennon
und Yoko Ono als Kanzel ihrer Verkündigung die Matratze
wählten, 1969 im Amsterdamer Fünf-Sterne-Hilton, als sie im
weißen Pyjama beim Bed-in sieben Tage gegen den Vietnam-
krieg protestierten und darüber schwadronierten, dem Frieden eine Chance zu geben.

»God« heißt ein Song, den Lennon Anfang der siebziger
Jahre mit der Plastik Ono Band veröffentlichte. Wenn Lennon darin den Eindruck erweckt, der Makrokosmos der Welt
schrumpfe zum Mikrokosmos des eigenen Ichs, dann womöglich, weil er die Botschaft verkündet, des Verkündens von Botschaften überdrüssig zu sein. Er listet in »God« ein Sammel-
surium all dessen auf, an das er nicht mehr glaubt: die Bibel,
Magie, Tarot, Hitler, Jesus, Kennedy, Buddha, Mantras, Yoga,
Elvis, die Beatles und, und, und. »The dream is over«, lautet die
Schlusszeile. Lennon will kein Traumweber mehr sein, kein
Popstar, kein Fetisch der Verehrung. Er fühlt sich wieder-

geboren, *reborn* nur noch als *John*. Die Quintessenz von »God«
lautet: »I just believe in me, Yoko and me and that's reality.«

»Imagine« war und ist der Abgesang auf das, was Jeremy
Rifkin den alten »authentischen amerikanischen Traum«
nennt, der den Glauben an Gott mit harter Arbeit, Opfer-
bereitschaft und dem Vertrauen in die Zukunft kombiniert.
Die vertikale Schiene dieses Traumes fokussiert sich auf den
Himmel und das ewige Heil, die horizontale auf die Kräfte der
Natur und des Marktes. »Diese einzigartige Verschmelzung
von religiöser Inbrunst und bodenständigem Utilitarismus
erwies sich als mächtige Triebfeder«, so Rifkin. »Die Langle-
bigkeit des amerikanischen Traums erklärt sich daraus, dass
er die zwei elementaren menschlichen Sehnsüchte anspricht:
das Streben nach Glück in dieser Welt und nach Erlösung
in der nächsten. Ersteres erfordert Beharrlichkeit, Selbstver-
trauen und ständiges Besserwerden, Letzteres unerschütterli-
chen Glauben an Gott.« Ob John Lennon diesen Traum attackiert hat oder seiner Brüchigkeit bloß eine Stimme gab, ist
schwer zu entscheiden. Vermutlich beides.

»Imagine there's no heaven.« Wussten wir wirklich, was wir
da sangen? Ahnten wir, was es heißt, wenn der Mensch im
Koordinatensystem seiner Verortung die vertikale Achse verliert? Die gotische Kathedrale Notre-Dame in Chartres wäre
immer noch ein architektonisches und bautechnisches Meis-
terwerk. Aber nichts darüber hinaus. Ein Relikt der Vergangenheit, bar jeden Sinns und Zwecks. Auch der Dom in Köln,
das Ulmer oder das Straßburger Münster blieben beeindru-
ckende Bauwerke, nur nicht so hoch wie der Wolkenkratzer
Burj Khalifa in Dubai mit seinen 828 Metern. Die Türme von
Antoni Gaudís Basilika Sagrada Familia würden noch immer
in die Luft ragen, aber sie würden nicht mehr zum Himmel

streben. Nicht um der Erhebung des Menschen willen, der sich selbst übersteigt, geschweige denn zur höheren Ehre Gottes. Die Kirchen wären endgültig das, was sie im Abendland vielfach längst sind: Museen. Profanisierte Galerien mit entsakralisierten Exponaten, die auf nichts mehr verweisen, gefangen in sich selbst. Ohne Himmel wären die Kirchen streng genommen nicht einmal mehr Grüfte und Grabmäler Gottes, in denen Nietzsches toller Mensch wenigstens noch das klagende Requiem aeternam deo anstimmte, angehaucht von leerer, kalter Nacht und dem Verwesungsgeruch Gottes.

Above us only sky. Über uns nichts als das All, das nur noch ein ungelöstes Rätsel ist, aber kein Mysterium mehr. Ein galaktischer Raum, Gesetzen gehorchend, die eine fortschreitende Wissenschaft irgendwann entschlüsseln wird. Richard Dawkins löst das Geheimnis des Menschen, der Welt und des Lebens auf in Naturphänomene, um einem imaginären *Wir* zu attestieren, die Komplexität dieser Phänomene lediglich noch nicht durchschaut zu haben. »Wenn etwas außerhalb der natürlichen Welt zu liegen scheint, die wir nur unvollkommen begreifen, so hoffen wir darauf, es eines Tages zu verstehen und in den Bereich des Natürlichen einzuschließen. Und wie immer, wenn wir einen Regenbogen entzaubern, wird er dadurch nicht weniger staunenswert.«

Die Sache ist nur, dass Dawkins einen Widerspruch konstruiert, wo keiner ist. Das Staunen über ein Naturphänomen schließt seine wissenschaftliche Erklärung nicht aus, weshalb selbst an dem bezauberndsten Regenbogen nichts zu entzaubern ist. Jeder Schüler lernt, dass beim Leuchten der Spektralfarben keine magischen Hände am Werk sind, sondern physikalische Mechanismen der Lichtbrechung. Dawkins' Irrtum besteht nicht darin, die Phänomene der Natur entmystifizieren zu wollen, sondern die Grenzen der erklärenden Vernunft nicht zu reflektieren. Hätte er den zentralen Satz 6.44 aus Ludwig Wittgensteins *Tractatus logico-philosophicus* zur Kenntnis genommen, wäre das Kartenhaus des *Gotteswahns* in sich zusammengefallen. »Nicht *wie* die Welt ist das Mystische, sondern *dass* sie ist.« Peinlich ist, dass Dawkins den Österreicher generös »einen der großen Philosophen des 20. Jahrhunderts« nennt, ohne auch nur eine seiner Schriften zu erwähnen oder gedanklich verarbeitet zu haben. Nach der Logik Wittgensteins ist Gott kein objektsprachlich beschreibbarer Gegenstand der Erkenntnis. Wohl aber verweist der Begriff »Gott« auf die äußerste Grenze des Denkens. Um innerhalb der Grenzen des Erkennbaren das Terrain des sinnvoll Sagbaren auszumessen, steigt Wittgenstein die Leiter seiner positivistischen Sprach- und Erkenntnistheorie hinauf und klettert bis an jenen Scheitelpunkt, der die Grenze von Logik und Mystik markiert. Auf dem Gipfel angekommen, wirft Wittgenstein die Leiter weg. Das heißt: Gott erschließt sich nicht der theoretischen Vernunft. Aber er ist auch nicht von ihr zu leugnen. Wittgensteins logisch-philosophische Abhandlung endet mit den paradoxen Worten: »Wovon man nicht sprechen kann, darüber muss man schweigen.« Im Verstummen jedoch hält der Traktat der menschlichen Erfahrung ein Türchen offen. In dem berühmten Satz 6.522 sagt Wittgenstein: »Es gibt allerdings Unaussprechliches. Dies *zeigt* sich, es ist das Mystische.«

Für Richard Dawkins zeigt sich gar nichts. Da er die Frage nach dem Mystischen mit der Frage nach der physischen Realität von Einhörnern verwechselt, kann er auch nichts sehen. Dass er als Wissenschaftler mit erhobenem Haupt bis zum Horizont schaut, erlaubt ihm durchaus, die Grenzen des Erklärbaren auszudehnen, nur muss er als militanter Atheist den bloßen Gedanken an ein Jenseits des Horizontes verneinen. Mehr noch, er muss ihn bekämpfen. Er kann in seinem Fundamentalismus nicht einmal die Frage danach als vernünftig zulassen und die Antwort in aller Gelassenheit offenhalten. Die Grenzen des Erkennbaren bedenkt Dawkins nicht. Er kennt nur Sprossen auf der Leiter der Evolution. Er muss dem Glaubenden das Begehren austreiben, die Sehnsucht nach dem ganz Anderen, das sich der Grenze des Erkennens quasi von der anderen Seite her nähert, vom Himmel her kommend.

Imagine there's no heaven. Sollte die Phantasie real werden, wäre ein Wendepunkt in der Geschichte des Menschen markiert. Ein Schlusspunkt. Das Ende der Transzendenz.

Als Wesen der Transzendenz überschreitet der Mensch die Erfahrung seiner Begrenztheit und Endlichkeit. Das Transzendieren, sagt der Philosoph Rüdiger Safranski, »treibt uns ins Weite, aber auch in die Obdachlosigkeit«. Die Sehnsucht, dieser existentiellen Heimatlosigkeit zu entfliehen oder sie würdig zu ertragen, ist gewissermaßen der Motor der abendländischen Metaphysik. »Das Transzendieren träumt von einer Welt«, so Safranski, »in der wir keine Angst mehr haben brauchen, wo es die große Einheit gibt, die uns umfängt und trägt. So wie wir einst im Mutterleib umfangen und getragen worden sind.«

In seinem epochalen theologischen Werk fragt der katholische Glaubenslehrer Karl Rahner (1904–1984) nach dem Ziel, dem »Woraufhin« der menschlichen Transzendenz, nach ihrem tragenden, sie überhaupt erst ermöglichenden Grund.

Dieser Frage geht der Jesuit in behutsamen Überlegungen nach, wobei seine *Meditation über das Wort Gott* für mich zu den bewegendsten und prägendsten theologischen Trakta- ten der Neuzeit zählt. Rahner stellt sich vor, was geschehen würde, sollte der Begriff »Gott« (selbstverständlich in allen seinen sprachkulturellen Varianten wie theus, dios oder god) gänzlich aus dem Denken des Menschen verschwinden. Eine unerhörte Vorstellung, bei deren Verwirklichung die athe- istische Weltanschauung indes keine Rolle spielen wird, da sie sich bei der Abschaffung des Wortes »Gott« paradoxer- weise selber im Weg steht. »Selbst für den Atheisten«, sagt Karl Rahner, »selbst für den, der erklärt, Gott ist tot, selbst für diesen gibt es Gott wenigstens als den, den er für tot erklä- ren und dessen Gespenst er verscheuchen muss, als den, des- sen Wiederkehr er fürchtet. Erst wenn das Wort selbst nicht mehr wäre, d.h., wenn auch die Frage nach ihm gar nicht mehr gestellt werden müsste, dann hätte man vor ihm Ruhe.« Solange jedoch die Frage noch gestellt wird, so Rahner in einem ersten Reflexionsschritt, sprechen Menschen das Wort »Gott« aus, wenn sie »das Ganze« meinen, »aber nicht als nachträgliche Summe der Phänomene, die wir untersuchen, sondern das Ganze in seinem unverfügbaren Ursprung und Grund, der unumfasslich, unumgreiflich, unsagbar hinter, vor über jenem Ganzen liegt, zu dem wir selbst und auch unser experimentierendes Erkennen gehören«. Diesen »unbeding- ten, aber alles bedingenden Grund in seiner ewigen Uner- greifbarkeit« nennt Rahner das namenlose, unendliche und unabgrenzbare absolute Geheimnis. Zum Menschen wird der Mensch, wenn er sich in dieses heilige Geheimnis Got- tes hinein entgrenzt, vertrauend darauf von dem Geheim- nis selbst getragen zu sein. Zu seiner eigentlichen Wahrheit kommt der Mensch dadurch, sagt Karl Rahner in seinem *Grundkurs des Glaubens*, dass er um die »Unverfügbarkeit seiner eigenen Wirklichkeit« weiß und sie »gelassen aushält und annimmt«. Von einer pränatal geprägten Sehnsucht zurück in den mütterlichen Uterus, von der Safranski spricht, ist bei Rahner nichts zu spüren. Das Geheimnis stiftet keine heimelige Geborgenheit. Rahner schreibt: »Dieses Woraufhin ist die unendliche, stumme Verfügung über uns. Es gibt sich uns im Modus des Sichversagens, des Schweigens, der Ferne ...«

Das abgründige Erleben der Gottesferne ist keine Erfahrung von Ungläubigen, sondern von Glaubenszweiflern, die nach landläufiger Ansicht mitunter als ausgesprochen fromm gelten. »Der Platz Gottes in meiner Seele ist leer. In mir ist kein Gott.« Mit diesem Eintrag in ihr Tagebuch schockierte die gebürtige Albanerin Gonxha Agnes Bojaxhiu Jahre nach ihrem Tod im Jahr 1997 all jene, die meinten, ein heiliges Leben erfülle sich in zweifelresistenter Bekenntnisfestigkeit. Eine Vorstellung, die der Katholizismus immer gefördert und gefordert hat. »Fest soll mein Taufbund immer stehn, ich will die Kirche hören! Sie soll mich allzeit gläubig sehn und folgsam ihren Lehren!« Dass es einer wachsenden Zahl von Kirchgängern beim Singen des Taufliedes an Inbrunst mangelt, erstaunt nicht wirklich. Wohl bei Mutter Teresa, die Personifikation der Hingabe schlechthin. Selten klaffte ein tieferer Graben zwischen der Fremdwahrnehmung und der Selbsteinschätzung eines Menschen auf als im Leben jener Frau, die zur Ikone der Barmherzigkeit wurde, 1979 den Friedensnobelpreis erhielt und 2016 von Papst Franziskus heiliggesprochen wurde.

Zehn Jahre nach dem Tod der Missionarin aus Kalkutta veröffentlichte der Postulator ihrer Heiligsprechung Pater Brian

Kolodiejchuk Mutter Teresas Tagebuchnotizen und Briefe – gegen ihren zu Lebzeiten erklärten Willen, aber mit dem Argument, in der katholischen Tradition gehöre die Vita der Heiligen nicht ihnen, sondern der Gemeinschaft aller Gläubigen. Die erfuhren nun: Während sie die Patronin der Todessiechen, Leprösen und Aussätzigen als Engel der Armen verklärten, quälte sich die Lichtgestalt des Glaubens in Indien jahrzehntelang durch die Nacht der Zweifel. Denkwürdig ist, dass diese Zweifel erstmals 1950 aufkeimten. In dem Jahr war Pius XII. ihrem hartnäckigen Wunsch nachgekommen und hatte der vormaligen Loretoschwester die Erlaubnis erteilt, einen eigenen Orden zu gründen. Just als das Begehren der brennenden Jesus-Nachfolgerin mit ihrer Kongregation der Missionarinnen der Nächstenliebe seine Erfüllung findet, so Jan Ross in der *Zeit*, »ist das Licht von oben auf einmal wie ausgeknipst, die Glut erloschen«.

»Es herrscht eine solche Dunkelheit, dass ich wirklich nichts sehen kann – weder mit meinem Geist noch mit meinem Verstand«, lesen wir in Mutter Teresas privater Korrespondenz. »Man erzählt mir, dass Gott mich liebt, jedoch ist die Realität von Dunkelheit und Kälte und Leere so überwältigend, dass nichts davon meine Seele berührt ... Da ist kein Himmel in mir.«

Vielleicht erweist sich dieses offene Eingeständnis langfristig als das eigentliche Vermächtnis der Mutter Teresa. Wahrscheinlich aber wird sich das frömmelnde Bildnis durchsetzen, das nicht erahnen lässt, dass die gebeugte Ordensfrau in ihrem Dauerlächeln in sich selbst gefangen war. »Da ist kein Himmel in mir.« Solch einen Satz kann nur ein Mensch sagen, der um sich selbst ringt und begriffen hat, dass der Wunschtraum »Above us only sky« keine im Hier und Jetzt befreiten

Subjekte hervorbringt. Wo der Himmel nichts ist als ein kosmischer Raum, wäre nicht einmal das Schweigen des Geheim-
nisses zu vernehmen. Das All bliebe stumm und der Mensch
im Zeitstrom des Werdens und Vergehens nichts als eine Episode, ohne ein Woher und ohne ein Wohin. Zugegeben, solch
düstere Endzeitdepression bedarf der Aufhellung, etwa durch
den Beistand seitens der Literatur. Die Geschichte *Die neun
Milliarden Namen Gottes* drängt sich an dieser Stelle geradezu
auf. Nicht auszuschließen ist, dass John Lennon, hätte Yoko
Ono die Erzählung gekannt, »Imagine« nie komponiert hätte.

In einem weltfernen Bergkloster im Himalaya lebt eine
Gemeinschaft tibetischer Mönche. Sie sind besessen von
einer phantastischen Idee. Sie wollen die *wahren* Namen
Gottes herausfinden. Aus diesem Grund meinen die Mönche, alle nur erdenklichen, alle möglichen Namen auflis-
ten zu müssen. Nur so können sie gewiss sein, die wahren
Namen Gottes genannt zu haben. Mit beharrlichem Eifer sitzen daher Generationen von Klosterbrüdern schon seit drei-
hundert Jahren an ihrer Aufgabe. Sie verfahren nach einer
logischen Strategie. Ihre Überlegung lautet: Wenn alle Buchstaben ihres Alphabets in allen denkbaren Kombinationen
aufgeschrieben sind, müssen die wahren Namen Gottes in
der Auflistung enthalten sein. Komplizierten Berechnungen
zufolge sind neun Milliarden solcher Buchstabenkombinati-
onen möglich. Erst mit der Niederschrift des letzten Namens
wird das gigantische Werk beendet sein. Dann ist der Wille
Gottes erfüllt. Die Menschheit wird vollendet sein, die Welt
wird untergehen. Bis dahin ist indes noch eine Weile Zeit. Die
Mönche haben überschlagen, 15000 Jahre müssen sie noch
über ihren Schreibpulten hocken. Der Zeitplan ändert sich

jedoch von heute auf morgen, als der Klostervorsteher in einem Skyscraper in Manhattan das Büro eines Computerunternehmens betritt.

Die Mönche existieren natürlich nur in einer Kurzgeschichte. Geschrieben wurde sie von dem Briten Arthur Charles Clarke, einem der meistgelesenen internationalen Science-Fiction-Literaten, aus dessen Feder etwa der weltbekannte Roman *2001 – Odyssee im Weltraum* stammt. Gemeinhin gilt Clarke als eifriger Verfechter des technologischen Fortschrittsdenkens, nicht so jedoch in seiner frühen, bereits 1953 erschienenen Erzählung *Die neun Milliarden Namen Gottes*. Damals ihrer Zeit voraus enthüllt die Phantasiegeschichte immer mehr ihre Wahrheit. Die Fiktion von den tibetischen Mönchen mündet in eine Konfrontation. Im Himalaya, dem Dach der Welt und Sitz der Götter, prallen mythologisches und zweckrationales Denken aufeinander. Ihre Begegnung gerät zu einer Parabel über den Zustand unseres Bewusstseins.

Die Reise des Klostervorstehers in die USA hat einen einfachen Grund. Der Lama will einen Computer mieten, der die mühselige Schreiberei der Mönche enorm beschleunigen soll. Natürlich hält der Chef der Computerfirma das Anliegen der Mönche für ein närrisches Unterfangen. Doch weil der Kunde König ist und der Lama über ein üppiges Konto verfügt, reisen zwei Programmierer mit automatischem Sequenzrechner und kilometerlangen Papierrollen in das Hochland. Mittels eines Dieselgenerators, mit dem die Ordensbrüder seit Neuestem ihre Gebetsmühlen betreiben, tickert der Computer los. In hundert Tagen wird er die Namen Gottes ausgespuckt haben. Doch kurz bevor die letzten Namen gedruckt sind, überkommt die beiden Techniker die Furcht.

Natürlich halten sie den Glauben der Mönche für idiotisch. Selbstverständlich wird mit der letzten Buchstabenkombination die Schöpfung nicht vollendet sein, die Welt wird nicht im Nichts versinken, und die Posaunen zum Jüngsten Gericht werden auch nicht blasen. Jedoch befürchten die Experten, sollte der Weltuntergang ausbleiben, könnte sich unter den Mönchen Enttäuschung ausbreiten, über ihre närrische, unnütze Arbeit, über ihr gescheitertes Lebenswerk, über das viele, für eine Rechenmaschine hinausgeschmissene Geld. Und diese Enttäuschung könnte in Wut umschlagen, die Rache der Mönche sich gegen den Computer und das Bedienungspersonal richten.

Kurz vor Beendigung ihres Jobs stehlen sich die Programmierer klammheimlich aus dem Kloster. Während einer sternenklaren Nacht klettern sie vom Hochgebirge hinunter ins Tal und erblicken in der Ferne ein Rollfeld, wo ein Flugzeug auf sie wartet. Eine Stunde Fußmarsch noch bis zu dem rettenden Flieger. Die beiden schauen noch einmal auf die Uhr, just als sie vermuten, dass der Rechner seine Arbeit beendet haben muss. Ein letzter Blick hoch in Berge und zum Nachthimmel, und über ihnen erlöschen die Sterne.

Man kann die Erzählung von den neun Milliarden Namen Gottes lesen als die Geschichte einer apokalyptischen Vision, einer düsteren Endzeitutopie. Jedoch, man kann sie auch lesen als eine Diagnose unserer Jetztzeit. Als literarischen Entwurf, der John Lennons »Imagine« konsequent zu Ende denkt. Clarke erzählt den Untergang der Welt nicht in den Kategorien realer Bedrohungen. Kein ökologisches Desaster richtet die Welt zugrunde, sie verglüht nicht in einem atomaren Super-GAU, sie zerbirst nicht durch einen militärischen Zerstörungsschlag. Der Weltuntergang ist für Clarke keine

Konsequenz ökonomischen Raubbaus, keine Folge einer Klimakatastrophe oder kriegerischen Wahnwitzes. Clarke phantasiert die kosmische Apokalypse als eine spirituelle. Als er die *neun Milliarden Namen* niederschrieb, war seine Fiktion noch eine dunkle Eschatologie am Horizont der Moderne. Allmählich wird sie zur Metapher unserer Gegenwart. Mit den Sternen erlischt das Licht. Mit dem Licht verschwindet der Mensch. Als biologischer Organismus mag er weiterexistieren, auch als Denkapparat, nicht aber als Mensch, den die Sterne daran erinnern, dass er ein Geistwesen ist. Ohne Sterne wird nie wieder ein Mensch, wie zu seiner Geburt so schön gesagt wird, das Licht der Welt erblicken.

Arthur C. Clarke betreibt ein Spiel mit Menschheitsmythen und religiösen Utopien, mit Prophezeiungen und Verheißungen der alt- und neutestamentlichen Tradition. Er kehrt das schöpfungsmythologische Urereignis um, das die Genesis an den Anfang stellt, als Bedingung des Lebens. Gott sprach: »Es werde Licht. Und es wurde Licht. Gott sah, dass das Licht gut war.« Zugleich verdunkeln die erloschenen Sterne den Erlösungsgedanken in der Offenbarung des Johannes. Demnach soll am Ende der Zeiten das Licht Christi das Neue Jerusalem erhellen. Doch die Hoffnung auf Vollendung der Welt am Ende der Zeiten führt Clarke ad absurdum. Bei ihm ist das Ende das Ende und kein neuer Anfang.

Die Metapher vom Verlöschen der Sterne steht gleichermaßen für den Untergang des Kosmos und den Exitus irdischen Lebens. Für Clarke war nicht zentral, *dass* die Mönche den vermeintlichen Willen Gottes erfüllen, sondern *wie* sie dies tun. Die Deutung jedoch, die technologische Moderne verdränge die Mythen der Religion, lässt er nicht gelten. Es sind nicht die Technokraten, die dem Glauben das Terrain streitig machen. Clarke kehrt die Kritik um. Gegen eine Religion, deren Riten, Symbole und kultischer Vollzug sich als zu schwach erweisen. Die digitalen Denkmaschinen kicken diesen kraftlosen Glauben nicht aus der Evolution der Geistesgeschichte heraus. Dieser Glaube hat vielmehr längst seinen Platz geräumt.

In das Tun der Mönche, das vielleicht einmal Dienst am Willen Gottes, Arbeit an einer Utopie war, hat sich ein geistiges Virus eingeschlichen. Das Virus der Effizienz. Besser gesagt, der Keim war bereits vorhanden und musste nur noch mittels einer Initialzündung aktiviert werden. Dass der verhängnisvolle Erreger von Manhattans Hochhausschluchten den Weg zum Dach der Welt findet, ist ein raffinierter Schachzug, mit dem Clarke die Effizienzkultur der urbanen Metropolen ebenso ins Matt setzt wie die prämoderne Spiritualität in archaischer Naturkulisse. Der Glaube der Mönche ist längst verweltlicht, getrieben nicht von ihrem Lebenswillen, sondern von ihrer Sehnsucht nach der Vollendung im Untergang und damit infiltriert vom Todestrieb, der die Zeit beschleunigt und den Raum entsakralisiert. Deshalb kann die Zeitökonomie sich ihrer Glaubensrituale bemächtigen. Die Hingabe an die heilige Pflicht wird zum profanen Problem. Und Probleme gehören aus der Welt geschafft. Schnell und effizient.

»Amerikaner lieben Effizienz«, sagt der Ökonom Jeremy Rifkin. »Sie definiert uns geradezu als Volk.« Dabei wird das Prinzip, »mit einem Minimum an Zeit, Arbeit, Energie und Kapital den maximalen Output zu erzielen«, der amerikanischen Kultur nicht von außen übergestülpt. Effizienz ist von Beginn an ihr integraler Bestandteil, wurzelnd in dem Glauben, von Gott auserwählt zu sein, gepaart mit einem calvinistischen Zwang zu rastloser Produktivität. Rifkin bestätigt seinen Landsleuten, zur Effizienz eine »tief verwurzelte metaphysische Bindung« zu haben. Effizienter zu sein heißt, »Gott ähnlicher zu sein«. Denn Gott gilt als der effiziente Akteur schlechthin, der mit seinem bloßen Wort aus dem Nichts Himmel und Erde erschuf. »In dem Maße, in dem Menschen die Produktivität steigern und mit immer weniger Zeit, Arbeit, Energie und Kapital sich ihren eigenen irdischen Garten Eden schaffen, kommen sie der Ehrfurcht gebietenden Macht Gottes näher.«

Offensichtlich aber wohnt der Logik der optimierten Effizienz ein Mechanismus der Selbstzerstörung inne, der das System von minimalem Einsatz und maximalem Gewinn zum Implodieren bringt. Zwar schafft sich die feudale Geldelite der Megareichen noch immer ihre paradiesischen Exklaven, zu denen dem Gros der Menschen der Zugangscode fehlt, und noch immer lockt die globalisierte Botschaft, Freiheit und Unabhängigkeit sei allein eine Frage pekuniärer Potenz. Doch der authentische amerikanische Traum stirbt. Wo sich der Lohn des Erfolgs vom steinigen Weg entkoppelt, wo ein puritanisch-protestantisches Arbeitsethos zugunsten eines hedonistischen Konsumanspruchs schwindet, wird der alte Traum ausgehöhlt und seines energetischen Zentrums beraubt. Ohne pulsierendes Herz wird er kollabieren. Der Philosoph Peter Sloterdijk spricht vom »Kartenhaus-Charakter unserer Weltkonstruktion«, die durchweg auf Krediten bei der Zukunft beruht. Der neue Träumer hat sich vom *Ora et labora* verabschiedet. Er will die Vertreibung aus dem Paradies rückgängig machen, der gemäß das tägliche Brot im Schweiße des Angesichts verdient sein will. Das neue Subjekt ist der Glücksritter. Er setzt auf spekulative Finanzgeschäfte, kalkuliert mit Zinsen, Renditen und Erbschaften und beschert der Glückspielbranche in den USA astronomische Wachstumsraten. Der Glaube und der Glaubensort des amerikanischen Traumes haben sich verlagert. Von Geist und Gott zu Geld und Glück, von der Kirche ins Kasino. Was als Gegenkraft die christlichen Fundamentalisten bestärkt hat, um die Welt wieder ins vermeintliche Lot zu bringen.

Was geschieht, wenn Menschen sich in ihrem Effizienzstreben von den Luftschlössern eines Zaubergötzen blenden lassen, offenbarte die Finanz- und Bankenkrise Ende der Nullerjahre, als die Blase eines monströs aufgeblähten US-Immobilienmarktes platzte. Hatte der Allmächtige der Genesis die Welt noch aus dem Tohuwabohu erschaffen, kehrte der *homo oeconomicus* den Prozess um. Aufgeblasene Geldwerte fielen wieder ins Nichts zurück. Bei weltweiten Verlusten in Höhe von obszönen 4000 Milliarden US-Dollar enthüllte der Begriff Wertpapier seinen Simulationscharakter und den Selbstbetrug der Gläubigen des freien Marktes. Sloterdijk registrierte eine »Unruhe im Kristallpalast« und kritisierte wortmächtig die gierdynamischen Systeme, in denen Spekulationssubjekte mit aufgeplustertem Ego für sich reklamieren, anstrengungsfrei und vom Verschleiß produktiver Kräfte entbunden ein natürliches Anrecht auf Glück und Wohlstand zu besitzen. »Wenn es um Reichtum geht, neigen wir zum Wunderglauben – daneben sind mittelalterliche Menschen pure Rationalisten. Unzählige meinen allen Ernstes, das Leben sei ihnen einen Schatzfund schuldig.«

In den USA hat Jeremy Rifkin eine Mittelschichtsgeneration verwöhnter Söhne und Töchter ausgemacht, »die von ihren Eltern abgöttisch geliebt, verhätschelt und mit allem überschüttet wurden, was man für Geld kaufen kann, oft ehe sie alt genug waren, um das überhaupt schätzen zu können«.

Glaube, Disziplin, Selbstbewusstsein und Selbstaufopferung sind Begriffe, die auf die jungen Menschen nicht mehr zutreffen, hat ihnen ihr gesellschaftliches Umfeld doch eingeredet, ihre Großartigkeit und ihr Recht auf Erfolg gründeten allein in der Tatsache ihrer Existenz. Ihnen gilt laut Rifkin, »der amerikanische Traum nicht länger als Ziel, sondern als Rechtsanspruch«. Diese Anspruchsmentalität hat eine narzisstische Carpe-diem-Generation hervorgebracht, die nicht gewillt ist, die Befriedigung ihrer Bedürfnisse in die Zukunft zu verschieben. Der Zeitrahmen des Narzissten, so Jeremy Rifkin, ist der des Augenblicks. »Bindungen an die Vergangenheit und zukünftige Verpflichtungen werden als unnötige Behinderungen der sofortigen Bedürfnisbefriedigungen begriffen.« »Imagine all the people, living for today.« Lennons Plädoyer für ein Leben nur im Hier und im Jetzt findet ein zynisches Pendant in einer lukrativen Manipulationsindustrie, die irrwitzige Milliarden in die Werbewirtschaft pumpt, um marktkonforme Konsumenten zu kreieren. Käufer, die nicht morgen oder übermorgen kaufen, sondern heute. Im dauernden Jetzt und mit ewigkeitstauglichem Duft. »Romantik mit Verbindlichkeit. Das ist die Sehnsucht der Frauen von heute«, lautet der Vermarktungsslogan eines Parfums. Mit *Eternity*, so verspricht die Parfümeriekette Douglas, »entführt Calvin Klein in eine Welt jenseits von Zeit und Raum: geprägt von Romantik und Intimität, von endloser Liebe – zu einem anderen Menschen, zur Familie und zu sich selbst«.

Die Transformation religiöser Ideen in Verkaufsargumente konfrontiert das Christentum mit einer doppelten Herausforderung, wie der Theologe Thomas Schärtl konstatiert. Zum einen verkommt der Reichtum des christlichen Symbolkosmos zu einer Vorratskammer von Zeichen mit musealer

Relevanz, zum anderen wird der symbolisch verschlüsselte Transzendenzbezug der Zeichen und Bilder durch andere Bezüge ersetzt. »Aus der christlichen Hingabe des Lebens wird die hedonistische Hingabe reiner Leiblichkeit, die sich in die Schönheitsversessenheit der Gegenwartskultur vollkommen eingefügt hat. Aus dem Transzendenzbezug wird ein reiner, hedonistisch einzulösender Diesseitsbezug.«

»Es kommt die Zeit«, prophezeite Friedrich Nietzsche durch seinen Zarathustra, »wo der Mensch nicht mehr den Pfeil seiner Sehnsucht über den Menschen hinaus wirft, und die Sehne seines Bogens verlernt hat, zu schwirren!« Für Robert Spaemann verkörpert Nietzsches *letzter Mensch* den »banalen Nihilismus«, der heute im Gewand des »banalen Liberalismus« daherkommt und dessen Freiheit nur noch darin besteht, persönliche Optionschancen zu mehren. Auf dem Feld seiner Möglichkeiten grast er eine Weide nach der anderen ab, unterwegs auf dem Trip der Selbstoptimierung. Aber er lässt, so Spaemann, »keine Option gelten, für die es sich lohnte, auf alle übrigen zu verzichten. Von einer solchen Option aber spricht das Evangelium: von dem Schatz im Acker und der kostbaren Perle, für die der, der sie findet, alles verkauft.« Es komme die Zeit, warnte Nietzsche, »wo der Mensch keinen Stern mehr gebären wird«.

Doch es gibt sie noch, die bekennenden *homines religiosi*, die Nachfahren der Heiligen Drei Könige, die aufbrachen, um dem Stern von Bethlehem zu folgen. Über nationale, politische und weltanschauliche Grenzen hinweg eint sie ihre Berufung, die Substanz des Sakralen zu bewahren, zu achten und zu schützen und jene Glocken zum Klingen zu bringen, in denen die Erfahrung des Heiligen mitschwingt. Drei ihrer Vertreter seien erwähnt. Der brasilianische Befreiungs-theologe Leonardo Boff, der 1986 verstorbene Künstler Joseph Beuys und der katholische Romancier und Essayist Martin Mosebach. Bei aller Verschiedenheit teilen sie eine urchrist-liche Prämisse. Wenn das Wort Fleisch wurde und Gott sich mit seiner Menschwerdung in Jesus Christus in der Welt inkarniert hat, dann müssen die Spuren dieser Inkarnation auch sichtbar sein. Die Frage ist nur, wo und mit welchem Wahrnehmungsorgan sie zu erkennen sind.

Für Martin Mosebach ist der erfahrbare Ort der Inkarna-tion die heilige Messe, wie sie vor dem Zweiten Vatikanischen Konzil (1962–1965) zelebriert wurde. Seine Apologie der römi-schen Liturgie ist klar und geistreich, sein Standpunkt integer, ungeschützt und daher angreifbar. Gegen den Vandalismus des Konzils, der den Gottesdienst radikal entsinnlichte, ist Mosebachs Eloge auf die lateinische Messe ein Rettungsakt. Mosebach bewahrt die Sterne vor dem Erlöschen. Wenigs-tens für sich selbst und für jene versprengte Restgemeinde, die unter der nachvatikanischen *Häresie der Formlosigkeit*, wie Mosebach seine Verteidigungsschrift betitelt hat, leidet.

Um dem Katholizismus in Zeiten der späten Moderne Attraktivität und Akzeptanz zu sichern, hatte das Vatikanum II die Sprache und den Symbolkosmos der Heiligen Messe dem Weltverständnis des aufgeklärten Bürgers angepasst. An die Stelle des Tridentinischen Ritus, der in der kultischen Verehrung zumindest die Ahnung von der Präsenz des gött-lichen Mysteriums vermittelte, trat ein moralisierendes Pre-digt- und Stuhlkreis-Christentum. Die Gläubigen debattier-ten im Laiengremiun, machten die Kirchen zu Märkten der Möglichkeiten, während die Kultgemeinde, die das Hochamt zelebrierte, zerfiel. Ich erinnere mit Grausen, wie als Zeichen

kirchlicher Modernität die sogenannten Beatmessen auf-
kamen. Mir schien dieser Sacropop ein doppelter Verrat. Er
zerstörte die Heiligkeit der Messe, worunter ich als Jugend-
licher nicht allzu sehr gelitten habe. Weit schlimmer waren
die gezähmten elektrischen Gitarren und die scheppernden
Schlagzeuge am Altar. Sie ruinierten den rebellischen Geist
der Rockmusik. Jedenfalls gingen für meine Augen und
Ohren das Weltliche und das Sakrale mit der Popularisierung
der Messe eine trostlose Liaison ein.

Den profanen Alltag zu heiligen hält Martin Mosebach für
ein »erhabenes Ziel«, gibt aber zu bedenken, dass dieses Ziel
nur der zweite Schritt im Leben des religiösen Menschen sein
könne. »Der erste Schritt ist, das Heilige zu sehen und heilig
zu halten, im Alltag den Raum und die Zeit für das Heilige
abzustecken, das Heilige vom Profanen abzusondern. Das ist
das Gebot, das wir befolgen, wenn wir in der großen alten
Liturgie dem Auferstehungstag, dem Sonntag das uns von
Christus geschenkte Opfer feiern.«

Mit der Christusfigur und der christlichen Symbolsprache
hat sich kaum ein Künstler so eindringlich beschäftigt wie
Joseph Beuys. Was den Ort der Christuserfahrung angeht, so
nahm Beuys eine Verschiebung vor. Weg von der Monstranz
am Hochaltar, hin zu den Niederungen des Stofflichen und
Alltäglichen. »Die Mysterien finden im Hauptbahnhof statt.«
Ich will das nicht bestreiten, fürchte nur, dass Beuys bei seinem Vertrauen in die Sehfähigkeit seiner Zeitgenossen zu
optimistisch war. Wer in einer Kathedrale oder einer Kapelle
nichts anderes sieht als die Gruft eines toten Gottes, wird die
Mysterien schwerlich am Bahnsteig oder im Servicecenter
der Deutschen Bahn entdecken.

»Ich bekenne mich offen zu der naiven Schar, die aus der

Oberfläche, der äußeren Erscheinung auf die innere Beschaffenheit und womöglich Wahrheit oder Verlogenheit einer Sache schließt«, sagt Martin Mosebach. »Die Lehre von den ›inneren Werten‹ die sich in schmutziger, verkommener Schale verbergen, kommt mir nicht geheuer vor.« Solche Sätze erfüllen mich mit Dankbarkeit. Der Schar der Naiven weiß auch ich mich verbunden. Als Reporter und Fotograf bin ich der Oberfläche des Sichtbaren quasi schon von Berufs wegen verpflichtet. Dennoch erlaube ich mir, zu Mosebach eine Fußnote anzufügen, um jener Momente willen, in denen das Schmutzige und das Wertlose eine Verwandlung durchlaufen. Diese Transformation bleibt dem äußeren Blick verborgen und zeigt ihre Wahrheit, wenn überhaupt, ausschließlich einem inneren Auge. Dieses Auge erlaubt dem Lateinamerikaner Leonardo Boff vom »Sakrament des Zigarettenstummels« zu sprechen.

Sakramentales Denken verstehe die Wirklichkeit nicht als Sache, sondern als »Zeichen und Symbol des Transzendenten«, sagt Boff in seiner *Kleinen Sakramentenlehre*. Der »innere Blick des Menschen« verwandele die Dinge in Sakramente: Brote, Häuser, Wasserbecher, Weihnachtskerzen, Lebensgeschichten, alles kann potentiell sakramental werden. Selbst ein unscheinbarer Zigarettenstummel. Boff meint nicht die Kippe, die man auf die Straße wirft oder im Aschenbecher ausdrückt. Er meint die Erinnerung an seinen geliebten Vater. Die abgebrannte Zigarette fand er zwischen einem Brief, den seine Familie ihm aus Brasilien in seinen Studienort nach München geschickt hatte. Weit weg von seiner Heimat erfährt er, dass der vergilbte Rest einer Strohzigarette das letzte Lebenszeichen seines Vaters ist, der wenige Augenblicke nach dem letzten Zug einem Herzinfarkt erlag. »Von diesem Augenblick an ist der Zigarettenstummel kein einfacher Zigarettenstummel mehr. Er wurde zu einem Sakrament, lebt, spricht vom Leben und begleitet mein Leben«, sagt Boff. »Sakrament ist alles, sofern es von Gott her und in seinem Licht gesehen wird.« In der Erinnerung an den Vater bleibt dessen letzte Zigarette weiter angezündet. »Der Glaube erleuchtet den Tod und vertreibt das Absurde an ihm.«

»And we all shine on, like the moon and the stars and the sun!« Als John Lennon und Yoko Ono in »Instant Karma« uns noch als Sterne strahlen sahen, hatte Arthur C. Clarke längst geahnt, dass wir dabei sind, das Licht auszuschalten. Die Namen Gottes sind enthüllt, die Mission der Mönche ist erfüllt, die Welt ist entsakralisiert. Und nichts bleibt. Am Ende hat die Effizienzkultur das letzte Geheimnis dechiffriert und sich zugleich selbst aufgefressen. Wie der Computer das Rollenpapier. Wenn die Sterne erlöschen, widerfährt dem Traum »Imagine there's no heaven« das Schlimmste, was einem Traum passieren kann. Er findet als Albtraum seine Erfüllung.

Ein befremdendes Detail soll nicht unerwähnt bleiben. Bevor Lennons Mörder zum Revolver griff, nahm er in einer Bibel, die in dem Zimmer seines New Yorker Hotels lag, einen handschriftlichen Eintrag vor. Mark David Chapman erweiterte die Überschrift des Evangeliums nach Johannes, »Gospel According to John«, um den Namen *Lennon*. Was verwundert, da John Lennons Vision »Nothing to kill or die for and no religion too« eine Kernaussage seines Namenspatrons auf den Kopf stellt. Im Johannesevangelium Kapitel 15 sagt Jesus zu seinen Jüngern: »Es gibt keine größere Liebe, als wenn einer sein Leben für seine Freunde hingibt.« Und nach dem

Jesuswort in Kapitel 10 flieht der gute Hirte nicht, wenn der Wolf seine Schafe angreift. Anders als der Tagelöhner opfert er sein Leben für seine Herde.

John Lennon schwärmte von einem Dasein ohne Wölfe, von einer konfliktbereinigten Welt, in der es nichts gibt, für das es gegebenenfalls nötig wäre, zu sterben oder zu töten. »Imagine« sollte ein Hymnus an den Frieden sein, für ein Leben erfüllt im Hier und Jetzt, frei von Egoismen, wie im Garten Eden, allerdings ohne die Machtverlockungen der sprechenden Schlange. »Nothing to kill or die for« imaginiert einen Ort, der alles Trennende aufhebt: keine Länder, keine Grenzen, kein Besitz, kein Gott. Eine Oase der Egalität, bevölkert von erlösten Menschen, die von sich behaupten dürfen, das Glück gefunden zu haben. »Der befreite Mensch«, sagt Dávila voraus, »wird seine Langeweile zwischen der gespenstischen Bedeutungslosigkeit der Dinge spazieren führen.« Nur entpuppt sich das Leben im Paradies des letzten Menschen möglicherweise als ein Leben, das den Tod nicht lohnt.

Immer häufiger jedoch sehen wir uns mit einer vollkommen gegensätzlichen Erfahrung konfrontiert. Mit einer radikalen Todesgier. Fassungslos erstarren wir, wenn uns in den Zentren unserer Freiheit, in New York, London, Madrid, Paris oder Brüssel (nicht zu vergessen die freiheitssehnenden Menschen in den Metropolen islamischer Staaten) die Wucht des *Clash of Civilizations* heimsucht. Wenig nur hat der tolerante Liberalismus dem Terror fanatisierter Muslime entgegenzusetzen, die weder das eigene Leben schonen noch das der anderen achten. Sie geben alles auf, um die eine kostbare Perle zu finden, um sie dann zu zertrümmern.

.

VII

Wenn die Sünde selig macht

»Den Fanatiker, der das Diesseits aus Liebe zum Jenseits zugrunde richtet, bewundern wir ganz und gar nicht und würden ihn kaum entschuldigen. Aber was halten wir von dem Fanatiker, der das Diesseits aus Hass gegen das Jenseits zugrunde richtet?«
Gilbert Keith Chesterton, *Orthodoxie*

In der Zeitschrift *Lettre* warnte der Intellektuelle Régis Debray, ein ehemaliger Kampfgenosse Che Guevaras und Berater des einstigen französischen Präsidenten Mitterand, in seinem Essay *Abendland – Ein Befund*, der Westen habe Wege eingeschlagen, die langfristig gefährlich sein können. Zu den Trümpfen Europas und Amerikas zählt Debray die attraktive kulturelle und subkulturelle Vielfalt, die wissenschaftliche und technologische Überlegenheit sowie den in christlichen Überzeugungen wurzelnden Glauben an die Universalität der eigenen Werte. Nur wende das Abendland nicht mehr die moralische Kraft auf, für diese Werte noch Opfer zu bringen. Ähnlich äußerte sich Slavoj Žižek im Magazin *Spiegel*. »Die größte Gefahr für Europa ist seine Trägheit, seine Zuflucht in eine Kultur der Gleichgültigkeit und des allgemeinen Relativismus.«

Vor die biblische Entscheidung gestellt, Gott oder Mammon, hat das Abendland längst seinen Standpunkt markiert.

Wenn es um Gewinne geht, verkaufen manche europäische Unternehmen ihre Werte nicht etwa aus Profitgier, wie vielfach behauptet wird, sie enthüllen, dass sie diese Werte längst nicht mehr besitzen. Nachdem die dänische Tageszeitung *Jyllands-Posten* 2005 mit zwölf Mohammed-Karikaturen in Teilen der muslimischen Welt einen Aufstand von beleidigten Gläubigen ausgelöst hatte, wies die französische Warenhauskette Carrefour die Kunden ihrer Filiale in Kairo darauf hin, keine Produkte aus Dänemark mehr im Sortiment zu führen. In Saudi-Arabien informierte der Nestlé-Konzern die Konsumenten mit Anzeigen in Tageszeitungen, Motto »Wir sind Schweizer, keine Dänen«, sein Milchpulver stamme nicht von dänischen Kühen ab. Um seine Expansionsbestrebungen im arabischen Raum zu forcieren, ging der spanische Fußballclub Real Madrid 2014 eine strategische Allianz mit der Nationalbank des Emirats Abu Dhabi ein. Auf einer eigens geprägten Kreditkarte mit dem Vereinswappen der Königlichen wurde aus der Krone das christliche Kreuz entfernt, um finanzstarke Kunden nicht zu vergraulen und zu beleidigen. Servilität demonstrierte auch die italienische Regierung anlässlich eines Besuchs des iranischen Staatspräsidenten Rohani 2016. Aus »Respekt für die iranische Kultur und den Glauben« wurden nackte antike Statuen im Capitol hinter Holzverschalungen versteckt.

Man sollte wissen: Unterwürfigkeit evoziert in muslimischen Kulturkreisen weniger Achtung als Verachtung, mal insgeheim, mal unverhohlen. Im Westen ist die opportunistische Anbiederei Teil des Geschäftsgebarens. Die Verleugnung der historischen Identität wird bestenfalls noch zur Kenntnis genommen, aber nicht mehr geächtet. Erlaubt ist, was Profit verspricht.

Diese Entwicklung war vorauszusehen, und manche sahen sie voraus. Wir wurden gewarnt. Von einem Mann, der mit John Lennon das Schicksal teilt, dass ihn eine Gewalttat aus dem Leben riss. An Allerseelen 1975 entdeckte man die Leiche des italienischen Filmemachers und Schriftstellers Pier Paolo Pasolini am Strand von Ostia, erschlagen offenbar von einem Strichjungen. Ob Pasolini das Opfer seiner sexuellen Obsessionen oder möglicherweise eines politischen Auftragsmordes wurde, ist bis heute nicht geklärt. Pasolini war ein radikaler Freidenker. Er scherte sich nicht um die politischen Schubladen von links und rechts, polemisierte gegen die heuchlerische Moral eines verknöcherten Klerus und die Scheintoleranz liberaler Speichellecker ebenso wie gegen den Hass der Neonazis, die Kleingeisterei der Kommunisten und den Faschismus der Antifaschisten. Seine ganze Passion jedoch steckte er in den Kampf gegen die Unkultur des Kapitalismus, der alles entwürdigt, was ihn an seiner Ausbreitung hindert, die Erotik, die Liebe, selbst das ungeborene Leben. Pasolini war, als *die* Ausnahme im revolutionären Lager, ein entschiedener Gegner der Abtreibung. »Dass das Leben heilig ist, versteht sich von selbst; dieses Prinzip steht über dem Prinzip der Demokratie und es erübrigt sich, darüber weitere Worte zu verlieren«, bekennt Pasolini in seinen *Freibeuterschriften*. Die legendären Essays erschienen in seinem Todesjahr und erlangten unter der unorthodoxen europäischen Linken Kultstatus. Pasolinis Hellsicht erstaunt noch heute, so wie sein Freiheitswille und seine Warmherzigkeit berühren, wobei es jedermann und jederfrau freisteht, sich bewegen zu lassen. Dass Abtreibungsgegner wie Pasolini heute kaum noch Gehör finden, bekunden Stimmen wie die von »Annika«, Verfasserin eines Leserbriefes, die nach einer Demonstration fundamentalchristlicher Abtreibungsgegner in Berlin in der *tageszeitung* schrieb: »Ich hab selbst abgetrieben und ich bin stolz drauf. Es ist mein Leben, mein Körper. Ich möchte nicht mal von meinem *Kind* reden, es war ein kleiner, lebloser Zellknubbel ohne Gefühle und Schmerzempfinden, geschweige denn Herzschlag. Ich bin froh, dass ich abgetrieben habe, und würde es wieder tun, sofern ein Kind zu dem Zeitpunkt nicht in mein Leben passt.« Um solche Sätze zu ertragen, flüchte ich in den Sarkasmus. Es war für das Kind wohl besser, dass diese Frau nicht seine Mutter wurde.

»Du sollst keine anderen Jeans neben mir haben!« In den siebziger Jahren rief dieser Werbespruch einer Modefirma in Italien einen Aufschrei der Empörung hervor. Gotteslästerung! Verhöhnung des Glaubens! Entheiligung des ersten Gebotes! Dagegen fuhr der Vatikan einst schwere juristische Geschütze auf, ein vergeblicher Versuch, sich dem aufkeimenden hedonistischen Zeitgeist zu widersetzen. Pasolini jedoch ahnte, mit welch mächtigem Feind es die Kirchen und die Gesellschaft fortan zu tun haben sollten. So attackierte er neben der Wohlstandsideologie eines entfesselten Konsumismus auch ein laues Christentum, das dem neosäkularen Materialismus nicht entschieden genug gegenübertritt. Pasolini warnte, dass »die jungen Leute uralte volkstümliche Werte verlieren und neue annehmen, die ihnen der Kapitalismus diktiert, und wie sie dabei zunehmend Gefahr laufen einer Art Unmenschlichkeit, einer erschreckenden Sprachlosigkeit und brutalen Kritiklosigkeit zum Opfer zu fallen«. Ich bin mir nicht sicher, aber ich denke, dass Pier Paolo Pasolinis vernichtendes Urteil über den Vatikan etwas milder ausgefallen wäre, hätte er Joseph Ratzingers Anklage gegen die »Diktatur des Relativismus«, die »nichts als endgültig anerkennt und als letztes Maß nur das eigene Ich und seine Gelüste gelten lässt«, noch hören können.

»Wir konsumieren Menschen«, bekennt der Autor Michael Nast. »Es ist heute einfacher, unverbindlichen Sex zu haben, als sich auf jemanden einzulassen.« Als der 1975 in Ost-Berlin geborene Kolumnist seine Erfahrungen 2016 in den Bestseller *Generation beziehungsunfähig* packte, traf er den Nerv säkularer Lebenskonzepte von lauter dynamischen Menschen, die nach Perfektion streben und permanent irgendwelchen Idealen hinterherrennen. »Wenn sie die nicht erreichen, lassen sie ab von dem, was sie sich vorgenommen haben, fangen Neues an oder geben auf.« Geprägt durch ein gesellschaftliches Klima, in dem das Motto dominiert: »Alles ist möglich, nichts bleibt«, bescheinigt Nast seiner eigenen Generation einen Mangel an beruflicher Belastbarkeit und emotionaler Stabilität. »Gleichzeitig wollen sie sich alle selbst verwirklichen und nur das machen, was ihnen Spaß macht ... Wir sind immer auf der Suche nach etwas Besserem, vom iPhone über den Turnschuh bis hin zum Partner. So wurden wir erzogen.«

»Macht, was ihr wollt, nicht was ihr müsst!« Die Maxime einer organisierten Minderheit, die sich Hedonistische Internationale nennt, ist nicht klug gewählt. Zeitgenossen, die über ein wenig Lebenserfahrung verfügen oder Gilbert Keith Chesterton gelesen haben, werden kaum die Neigung verspüren, sich der Bewegung anzuschließen. Weil sie wissen, dass sich jedes *Du musst* oder *Du sollst nicht* überhaupt erst aus dem *Ich will* ergibt. Das ist eine alltägliche Erfahrung. Ich will ein höheres Gehalt. Und mein Chef muss es bezahlen. Der aber will nicht müssen. Wo sich die Motivation des Handelns vom

Sollen und Müssen zum reinen Wollen verschiebt, zerbröckelt die Grundlage allen Zusammenlebens. Kinder begreifen das. Das mittlerweile totzitierte Genörgele aus den autonomen Kitas bringt das Dilemma auf den Punkt: »Müssen wir heute wieder machen, was wir wollen?«

Mein *Ich will* bringt unter freien Menschen auch das *Ich will* von anderen hervor. Das war schon in biblischer Zeit so. Da nach der Befreiung der Israeliten aus der ägyptischen Gefangenschaft eine Konsensbildung darüber, was zu tun und was zu unterlassen war, weder durch eine Volksabstimmung noch durch eine repräsentative Demokratie praktikabel war, bedurfte es einer weisen, den Individuen übergeordneten Instanz, die Moses die Zehn Gebote übergab. »Du sollst neben mir keine anderen Götter haben«, klärt gleich zum Auftakt die Autoritätsfrage. Autoritäten sind selbstverständlich jedem Hedonisten a priori suspekt. »Wo die Hierarchie beginnt, hört der Spaß auf. Wo der Spaß aufhört, beginnt die Hierarchie.« So steht es im *Manifest* der Hedonistischen Internationale. Wohingegen Nicolás Gómez Dávila wusste: »Die Hierarchien sind himmlisch. In der Hölle sind alle gleich.«

Im Dekalog benennen die Verbote von Mord, Diebstahl oder Meineid elementare Regeln vernünftigen Zusammenlebens. Die letzten Gebote, nicht nach dem Haus, der Frau und dem Besitz des Nächsten zu verlangen, ergeben nur Sinn, wenn das Begehren außer Kontrolle gerät. Wenn ich alles haben will. Und mein Nachbar das genau nicht will. Wer das *Du musst* und *Du sollst nicht* abschafft, fördert nicht den individuellen Willen. Er zerstört ihn, weil er ihn der Willkür übereignet. Daher kam der Religion immer auch die Funktion zu, das Begehren Regeln zu unterwerfen, es zu kanalisieren und zu kontrollieren. Und bei Verstößen zu sanktionieren. Von dieser Fessel wollen die Hedonisten die Menschheit befreien. In ihrem *Manifest* proklamieren sie: »Freude, Lust, Genuss und ein selbstbestimmtes Leben in Freiheit für alle Menschen!« Kurzum: »Alles!«

Ein solch unbescheidenes Programm erfordert die Abschaffung faktischer und potentieller Lusthemmnisse, was die Vehemenz erklärt, mit der hedonistische Atheologen wie Michel Onfray die Vertikale aus dem Koordinatensystem des Menschen eliminieren müssen. Bei der Propagierung des »postchristlichen, militant atheistischen Laizismus« sind Dürers *Betende Hände* natürlich ein Störfaktor. Das hat der deutsche Verlag erkannt. Deshalb das Verbotsschild. Um den Weg freizumachen. Nur die Abschaffung des Himmels erlaubt die volle Fahrt auf der horizontalen Lustschiene. Unterwegs zu einer neuen Moral, so Onfray, »für die der Körper keine Strafe mehr ist, die Erde kein Jammertal, das Leben keine Katastrophe, das Vergnügen keine Sünde, die Frauen kein Fluch, die Intelligenz keine frivole Anmaßung und die Wollust kein Grund zur Verdammnis«.

Grotesk! Wer solche Forderungen in einer Gesellschaft einklagt, die sich bis in die Totalverblödung amüsiert; in der sich die Abgezockten schamlos auf Kosten der Gutgläubigen bereichern; in der lächelnde Rasierklingen in Casting-Wettbewerben die Sehnsüchte potentieller Superstars, Supermodels und Supertalente missbrauchen, jeden Tag neue Shoppingköniginnen gekürt werden und selbst die letzten Winkel persönlicher Intimität durchpornografiert sind, der hat, wie mein Freund István zu sagen pflegt, den Startschuss nicht einmal verpasst. Abgesehen davon hätte Onfray mit seinen pubertären Befreiungspostulaten schon bei meinem Abiturjahrgang keine Tür mehr einrennen können. Warnungen vor dem lüsternen Weib bei Androhung fiesen Höllenfeuers gehörten nicht mehr zu den Bildungsinhalten, die Schülern des katholischen Rivius-Gymnasiums in Attendorn Mitte der siebziger Jahre vermittelt wurden. Leider. Da wir um den Reiz des Verbotenen gebracht wurden, das, wie Georges Bataille lehrt, erst in der Übertretung seine Erfüllung findet.

Beistand im Gefecht um das ungezügelte Ausleben irdischer Wonnen erhalten die Hedonisten von dem Kulturkritiker Georg Diez. »Nur die Sünde macht selig«, verkündet der *Spiegel*-Kolumnist und fragt: »Können Sie sich ein Leben ohne Angst vorstellen? Ohne diese dumme Liebe zum Leiden und Verzicht, die uns das Christentum einredet?« Mit seinem Verständnis von Seligkeit schlägt Diez den Ton eines Zeitgeistes an, der das Christentum nicht einfach souverän hinter sich lassen kann, sondern sich immer wieder mit heroischer Befreiungsgeste von einem Glauben verabschiedet, den er zuvor zur billigen Karikatur entwertet hat. Doch es gibt klarsichtige Gegenstimmen. Bedauerlicherweise finden die Worte der 2003 gestorbenen protestantischen Theologin und Poetin Dorothee Sölle kaum mehr Gehor. Wer reflektiert heute noch so schöne Ausdrücke wie »jemanden leiden mögen«? In ihrem Buch *Atheistisch an Gott glauben* beschreibt sie die Erfahrung: »Die Liebe stürzt in Leiden. Je ernsthafter sich einer auf die Liebe einlässt, desto gewisser sind ihm Schmerzen. Sie macht wehrlos, und eben das fürchten wir. Eine leidlose Liebe wäre Spielerei, die erlischt.« Auch der Kulturtheoretiker Slavoj Žižek sieht, dass die von Diez beklagte Angst keine Ausgeburt des Verzichts ist, vielmehr umgekehrt das ungehemmte Ausleben von Genüssen die Furcht erst schafft. »Wenn uns die herrschende Ideologie also auffordert, Sex zu genießen, keine Schuld dabei zu empfinden, da wir durch keine Verbote gebunden sind, deren Verletzung in uns Schuldgefühle erzeugen sollte, so ist der Preis für diese fehlende Schuld die Angst.«

»Nur die Sünde macht selig.« Das Ärgerliche an diesem Satz ist, dass er seinen anarchistischen Impuls nur simuliert. Der pseudorebellische Habitus taugt für die Sünde light, just for fun. Wer mit der Amoralität kokettiert, will ja nicht allen Ernstes von der Destruktivität des Bösen zerfressen werden. Der Autor Matthias Matussek hat in *Das katholische Abenteuer* die überaus lebendigen Auswüchse der totgesagten sieben Todsünden vor Augen geführt. Den eitlen Wahn des schönen Scheins, den der Hochmut nährt; die Asozialität, die der Geiz und die Habgier hervorbringen; das abgefuckte und frostige Geschäft einer von jeder Liebe entkoppelten Sexualität; den lebenszerstörenden Hass, geboren aus Zorn und Rachsucht; die Völlerei, die kein Maß mehr kennt, selbst da, wo sie als Essstörung in ihr Gegenteil kippt; den Neid, der das Leben des Neiders vergiftet; schließlich die Trägheit des Herzens, die der Freude die Luft zum Atmen nimmt und Empathie und Mitgefühl für die Mitmenschen erstickt. Die verheerenden Folgen der Sünde genüsslich bis in letzte Konsequenz zu tragen, so darf man hoffen, sind letztlich nur wenige Menschen bereit.

Nachvollziehbar ist Georg Diez' Reaktion auf *Spiegel Online* nach dem Massaker der Islamisten an den Redakteuren der Zeitschrift *Charlie Hebdo* Anfang 2015 in Paris. »Religionen sind gefährlich. Sie fördern die Verblendung. Sie fördern den Fanatismus. Sie haben einen Hang zur Übererfüllung, das ist ihr Wesen.« Nicht nachvollziehbar ist, die Gewaltexzesse im Namen der Religion mit ihrem Wesen zu identifizieren.

Slavoj Žižek brachte nach den Morden in Paris eine weiterführende Perspektive ins Spiel und forderte, »die arrogante Selbstgefälligkeit des toleranten Liberalen abzulegen und zu akzeptieren, dass der Konflikt zwischen liberaler Toleranz und Fundamentalismus letztlich ein falscher Konflikt ist – ein Teufelskreis zweier Extreme, die sich gegenseitig hervorbringen und voraussetzen«.

Tatsächlich scheinen sich wie in einem Teufelskreis zwei verfeindete Dämonen gegenseitig zu füttern. Wenn der eine wächst, wächst der andere mit, weil der eine im anderen den Grund seiner Existenz findet. Bei der Wahl zwischen Freiheit und Barbarei dünken uns die weltanschaulich säkularen und ökonomisch liberalen Demokratien als ultimative Gesellschaftsform. Die Tyrannei im Gottesstaat und die Bestialität seiner Diener scheinen diese Alternativlosigkeit zu bestätigen. Nur: »Individualistischer Hedonismus und religiöser Fundamentalismus befeuern sich gegenseitig«, so Žižek. In Anlehnung an Nietzsche unterscheidet er zwar zwischen einem passiven und einem aktiven Nihilismus, die Zuordnung jedoch, im Westen gebe sich der Typus des letzten Menschen albernen alltäglichen Vergnügungen hin, während die muslimischen Radikalen sich bis zur Selbstzerstörung in den Kampf werfen, greift für Žižek zu kurz. »Wenn die heutigen sogenannten Fundamentalisten wirklich glauben, ihren Weg zur Wahrheit gefunden zu haben, warum sollten sie sich dann durch Nichtgläubige bedroht fühlen?« An der Frage führt kein Weg vorbei. Tatsächlich fällt auf, dass »authentische Fundamentalisten«, wie Žižek sie nennt, die Ungläubigen eher bedauern, anstatt sie zu bekämpfen. Früher beteten sie für die Heiden, heute stehen sie schweigend mit dem *Wachturm* in den Fußgängerzonen.

»Wenn ein Buddhist auf einen westlichen Hedonisten trifft«, so Žižek, »verurteilt er ihn kaum, sondern stellt vielmehr wohlwollend fest, dass die Glückssuche des Hedonisten zum Scheitern verurteilt ist.« Ähnlich führen die muslimischen Sufis den spirituellen Reichtum ihrer Religion gegen die geistliche Armut des abendländischen Materialismus an, während Salafisten und Islamisten durch und durch von jenem Nihilismus infiziert sind, den sie vorgeblich bekämpfen. Žižek dürfte recht haben: »Im Unterschied zu wahren Fundamentalisten sind die terroristischen Pseudofundamentalisten vom sündigen Leben der Ungläubigen zutiefst umgetrieben, fasziniert, bezaubert. Man spürt, wie sie ihre eigene Versuchung bekämpfen, wenn sie den sündigen anderen bekämpfen.«

Ein starker Glaube widersteht dem Sog des Nihilismus. Ein schwacher nicht. Er bedarf des Kriegers, der sich in den Abgrund stürzt, schonungslos gegen andere und sich selbst. Seine Schwäche besteht darin, allem, was ihn missachtet, beleidigt oder bedroht, keine heilsame Alternative entgegensetzen zu können. Er muss die Macht, mit der er sich konfrontiert wähnt, vernichten. Deshalb steuern Terroristen Flugzeuge in Hochhäuser und sprengen sich selbst und andere in die Luft, in Touristenhotels, in Bahnhöfen, in Moscheen. Oder sie morden wahllos friedliche Besucher von Rockkonzerten, wie am 13. November 2015 in Paris.

Als 2004 in Amsterdam der Filmemacher Theo van Gogh, ein kompromissloser Streiter für die Freiheit des Wortes, umgebracht wurde, reichte es seinem jungen Mörder nicht, ihn bloß zu erschießen. Der in Amsterdam geborene und aufgewachsene Moslem musste dem Niederländer auch noch die Kehle durchschneiden, um ihn zum Verstummen zu bringen. Hätte der Mann nur ein Quäntchen der Größe seines gepriesenen Allahs in sich verspürt, würde van Gogh noch leben und fröhlich weiterlästern. Ein Gott jedoch, der seine Ehre von beleidigten Dienern wiederherstellen lassen muss, wird gerade von seinen Verteidigern zur erbärmlichen Figur degradiert.

Wenn die Dschihadisten bei ihrem Krieg gegen Menschen, die sie als Ungläubige definieren, Bomben, Sprengstoffgürtel oder die Kalaschnikow einsetzen, dann, um möglichst viele in den Tod zu reißen. Die eigentliche Waffe der Götzenkrieger aber ist das Schwert. Die Enthauptung, so Mathias Schreiber in seinem Buch *Würde – Was wir verlieren, wenn sie verloren geht*, ist »die brutalste Entwürdigung des Menschen«. Das *Wie* des Tötens unterscheidet den Soldaten vom Barbaren. Letzterer lässt seine Opfer einen doppelten Tod sterben. Einen realen und einen symbolischen. Die Söldner des »Islamischen Staates« schlagen ihren Feinden die Köpfe ab, vor allem den Gefangenen aus dem westlichen Kulturkreis, als müssten sie mit dem Akt der Demütigung nicht nur Menschenleben auslöschen, sondern das Organ des Denkens vom Körper trennen und die Würde des aufrechten Gangs zerstören. Nur schlägt die Entmenschlichung des Anderen in ihrer selbstgerechten Grausamkeit zurück auf den Täter. »Jede Bluttat des Kriegers besiegelt die Unmöglichkeit seiner Rückkehr in die zivile Gesellschaft«, schreibt Georg Seeßlen in der *Zeit*. »Es ist das Wesen des Kriegers, dass er nicht nur die anderen, sondern auch sich selbst erschrecken muss. Soldaten mögen aus Vergnügen töten, der Krieger tut es mit heiligem Ernst. Seine Lust dabei soll nicht sadistisch, sondern vollkommen narzisstisch sein.«

Umso stärker der Glaube, desto größer die Gemetzel. Das ist die These von Religionskritikern wie Karlheinz Deschner.

Aber es verhält sich genau umgekehrt. Nicht ihr Glaube hat Mohammed Atta, Marwan al-Shehhi, die el-Bakraoui-Brüder und ihre Terrorkomplizen unter den Taliban, al-Qaida und dem »Islamischen Staat« zu Mördern werden lassen, sondern ihr Mangel an Glauben. Die Zeichner des Satiremagazins *Charlie Hebdo* wurden nicht wegen ein paar blasphemischen Karikaturen getötet. Sie starben, weil sie Männern, die sich für Gläubige hielten, ihre Lebenslüge spiegelten. Die Wahrheit ihres Unglaubens, des Unglaubens an sich selbst, der darin wurzelt, die Allmacht eines Gottes zu preisen, ohne an dieser Macht teilzuhaben.

»Allah ist groß!« Der Satz ist nach der Logik von Ludwig Wittgensteins Tractatus weder wahr noch falsch, sondern sinnlos, ebenso wie die objektsprachlichen Aussagen, Gott sei gütig, zornig, leidend, sterbend oder tot. Der Ausruf »Allahu akbar« entfaltet seine Sinnhaftigkeit nicht als Tatsachenbehauptung, sondern als Ausdruck menschlicher Demut. Bei den Fanatikern jedoch gerät er zum Schlachtruf des Götzendieners, der der Hybris erliegt, mit seinem Bekenntnis wachse die eigene Bedeutung. So laut er auch schreit, so aggressiv er die Allmacht seines Götzen in die Welt brüllt, so viele Menschen er mit in den Tod reißt, er spürt doch im schwarzen Loch der Lebensverneinung, mit der Größe seines Gottes nicht mitzuwachsen. Das Problem mit den Fundamentalisten bestehe nicht darin, so die These Slavoj Žižeks, »dass wir glauben, sie seien uns unterlegen, sondern darin, dass sie sich insgeheim selbst für unterlegen halten. Deshalb macht sie unsere herablassende, politisch korrekte Zusicherung, wir hegten ihnen gegenüber keinerlei Überlegenheitsgefühle, nur noch wütender und ressentimentgeladener.« Die Erfahrung einer »Stärke, die einem nichts nutzt«, so der Feuilletonist Seeßlen, führe zur Kränkung, die nahezu alles rechtfertigt, »und es ist kaum zu sagen, ob die Kränkung den Gewaltausbruch erzeugt oder der Gewaltausbruch nur nach einer geeigneten Kränkung sucht«. Daher lässt sich der Terrorist auch nicht beruhigen, indem man auf eine Kränkung verzichtet. Laut Seeßlen wird er »automatisch das Kränkungslevel herabsetzen. Er benötigt die Aktualisierung der Ohnmachtserfahrung, um sich in seinen Allmachtsrausch zu begeben.«

Um das Ausmaß der Kränkung der Islamisten zu begreifen, ist ein Heilandbildchen aus Neapel hilfreich. Die Herz-Jesu-Darstellung ist sentimental und kitschig, wurde aber einer nicht unerheblichen künstlerischen Modifikation unterzogen. Joseph Beuys versah das Andachtsbild mit der für ihn typischen Sütterlinschrift mit dem Zusatz »Der Erfinder der Dampfmaschine«. Die Weitsichtigkeit dieses Kleinods besteht darin, an eine Schnittstelle zwischen Himmel und Erde heranzuführen. Der himmlische Erlöser, aus volksfrommer Perspektive, ist zugleich der irdische Energieerzeuger, der Motor technologischer Innovation und industriellen Fortschritts, aber auch der Initiator kapitalistischen Wirtschaftens. Im Vergleich zu Religionen wie dem Islam, dem Hinduismus oder dem Buddhismus hat das Christentum die Entfaltung der Individualität, der schöpferischen Ich-Kräfte und der Produktivität des Denkens vorangetrieben und dem Abendland damit zu enormer Blüte verholfen. Christus als Erfinder der Dampfmaschine hat jenen Materialismus begünstigt, der den Menschen in der neuzeitlichen Emanzipationsgeschichte von metaphysischen Fesseln befreit. Um den Preis jedoch, dass der Materialismus ohne Transzendenz, ohne das jesuanische Herz, die freie westliche Welt in eine tiefe spirituelle Krise geführt hat. Der Materialismus bringt das menschliche Seelenleben und die Freiheit im Wirtschaftsleben nicht zusammen. Die Herausforderung, beide Pole wieder in ein kreatives Spannungsverhältnis zu setzen, macht die Brisanz des von Beuys modifizierten Andachtsbildchens aus.

In seinem Essaybändchen *Schreckens Männer* setzt sich Hans Magnus Enzensberger mit dem Terrorismus auseinander und entwirft das Psychogramm des »radikalen Verlierers«. Eine »schwere narzisstische Kränkung« macht Enzensberger in dem Faktum aus, dass die Araber in den letzten vierhundert Jahren keine nennenswerte Erfindung hervorgebracht haben und dem Westen nicht nur militärisch unterlegen sind, sondern intellektuell und materiell auch von ihm abhängig. Enzensberger zitiert einen irakischen Autor mit dem Satz: »Hätte ein Araber im 18. Jahrhundert die Dampfmaschine erfunden, sie wäre nie gebaut worden.« Dass die arabische Welt alle technischen Erzeugnisse, ob im Haushalt, im Verkehrswesen, der Energiegewinnung, der Telekommunikation oder der Unterhaltungselektronik, konsumiert, aber nicht produziert, so Enzensberger, stelle für jeden nachdenklichen Araber, eine »stumme Demütigung« dar. Selbst die »parasitären Ölstaaten« wären »ohne westliche Geologen, Bohr- und Verfahrenstechniker, Tankerflotten und Raffinerien nicht einmal in der Lage, ihre eigenen Ressourcen auszubeuten. Insofern ist selbst ihr Reichtum ein Fluch, der sie ständig an ihre Abhängigkeit erinnert.«

Der von Enzensberger ausgemachte Typus des »radikalen Verlierers« unterscheidet sich vom Versager, der resigniert hat, aber auch vom Opfer, das Genugtuung fordert, oder von dem Besiegten, der sich für den nächsten Kampf rüstet. »Der radikale Verlierer aber sondert sich ab, wird unsichtbar, hütet sein Phantasma, sammelt seine Energie und wartet auf

seine Stunde.« In der Fusion von Zerstörung und Selbstzerstörung »erlebt der Verlierer im Moment seiner Explosion
eine einmalige Machtfülle ... Andererseits trägt er der Kehrseite dieses Machtgefühls, dem Verdacht, dass sein Dasein
wertlos sein könnte, dadurch Rechnung, dass er ihm ein
Ende macht.«

Nur sieht sich der radikale Verlierer, wenn er unter seinesgleichen aus seiner Isolation heraustritt, gerade nicht als solcher. Weil er sich selbst nicht durch die Brille der säkularisierten westeuropäischen Intellektuellen anschaut, wähnt er
sich als ultimativer Sieger. Zumal das Kollektiv seine Gewissheit nährt, sein Leben nicht zu *be*enden, sondern zu *voll*enden. Der Dschihadist ist überzeugt, im Tod und im Töten den
Willen seines Gottes zu vollstrecken und post mortem dafür
mit paradiesischen Wonnen entlohnt zu werden. Daher setzt
der Gotteskrieger den Selbsterhaltungstrieb auch nicht außer
Kraft, wenn er sein Leben beendet. Realisiert er mit seinem
Tod doch die nachhaltigste Wertsteigerung, die optimale
Form der Rendite. Deshalb treffen ihn auch die Mohammed-
Karikaturen so, weil sie seinen Ewigkeitswahn in die Endlichkeit zurückführen und sein infantiles Verständnis des
Paradieses verspotten, in dem die Verfügbarkeit von zwei-
undsiebzig Jungfrauen, die dem gefallenen Krieger verspro-
chen sind, unerschöpflich scheint.

Um der Geistlosigkeit ihrer Überzeugungen die Illusion
der höheren Bestimmung einzuhauchen, stilisieren sich die
Selbstmordattentäter zu Märtyrern. Nur nimmt der wahre
Märtyrer kein fremdes Leben. Er gibt sein eigenes hin, aus
Liebe zu einem Menschen oder einer höheren Idee dienend.
Die Islamisten hingegen sind von einer perversen Tausch-
logik besessen. Sie träumen nicht bloß vom Himmel, der sich

am Ende der Zeiten zeigt (oder auch nicht), sie wollen ihn haben, sich den Himmel kaufen. Was wir als ihren Abstieg werten, ist für sie ein Aufstieg. Sie feiern ihren Höllensturz als Himmelfahrt. Um den Preis dafür zu bezahlen, missbrauchen sie wahllos andere Menschen und funktionalisieren deren Leben zur Währung ihres egoistischen Geschäfts um. Als Herren über den Tod zelebrieren sie die höchste Form des Hochmuts für ihren ultimativen narzisstischen Triumph. In ihrem Begehren sind sie zügelloser, grenzenloser und maßloser als jeder Hedonist, für den das Maß immer dann voll ist, wenn der Spaß aufhört.

Dennoch: Ganz gleich, ob die entfesselte Gewalt in der Mentalität des Verlierers gründet oder dem Ressentiment des Zukurzgekommenen, des Überflüssigen, des Verletzten, Gekränkten und Beleidigten entspringt, egal, ob der Terror seine Ursache in kollektiven Demütigungen und individuellen biografischen Beschädigungen hat, die Quelle des Pseudofundamentalismus ist nicht der Glaube, sondern der Unglaube. Der Nihilismus. Ein freier und befreiter Glaube benötigt, selbst im abgründigsten Zweifel, die Vernichtung des Anderen nicht zur eigenen Selbsterhaltung. So lässt sich auch die Jesusrede über die Vergeltung in der Bergpredigt lesen. »Ihr habt gehört, dass gesagt worden ist: *Auge für Auge* und *Zahn für Zahn*. Ich aber sage euch: Leistet dem, der euch etwas Böses antut, keinen Widerstand, sondern wenn dich einer auf die rechte Wange schlägt, dann halt ihm auch die andere hin.« Auch wenn dieser Grundsatz in der Geschichte des Christentums immer wieder geleugnet, verraten und pervertiert wurde, so markiert dieses Gebot den Unterschied zwischen einer Religion, die Menschen menschlich macht, und einem barbarischen Götzenkult.

Zu dem Thema »Religionen und Gewalt« war in der *Zeit* in einem klugen Essay zu lesen: »Gewalt ist Gotteslästerung. Gläubige Menschen wissen das.« Dennoch unterlief dem Autor Thomas Assheuer ein Lapsus, dem nur auf den ersten Blick keine Bedeutung zukommt. Assheuer zitiert das Gebot aus dem Matthäusevangelium falsch, weil spiegelverkehrt: »Wenn dich einer auf die *linke* Wange schlägt, dann halte ihm auch noch die andere hin.« Linke oder rechte Wange, was spielt das für eine Rolle? Auch die Evangelisch-lutherische Landeskirche Hannovers kümmert nicht, dass sie auf ihrer Webpräsenz bei dem Thema »Die andere Wange hinhalten« die Seiten verwechselt. Welche Gesichtshälfte der erste Schlag trifft, das bleibt sich letztlich gleich, sollte man meinen. Dem jüdischen Religionswissenschaftler Pinchas Lapide (1922–1997) jedoch ist ein aufschlussreicher Hinweis zu verdanken. Erteilt jemand seinem Gegenüber eine Ohrfeige, so trifft er in der Regel nicht dessen rechte, sondern die linke Wange. Es sei denn, der Täter ist Linkshänder. Ein Rechtshänder jedoch trifft die rechte Wange seines Kontrahenten nur, wenn er den Schlag mit dem Handrücken ausführt. Genau um diese Art von Hieb geht es im Evangelium. Ein solcher Schlag in das Gesicht eines Mannes wurde nach dem Straf- und Schadensersatzrecht im jüdischen Talmud mit einem doppelt so hohen Schmerzensgeld geahndet wie ein ordinärer, ungleich schmerzhafterer Backenhieb. Jeder Jude wusste einst, so Lapide, dass es sich bei dem Schlag auf die rechte Wange weniger um einen Akt der Gewalt als um eine »Geste der Verachtung« handelte, um eine schimpfliche Demütigung.

Die Fähigkeit, Anfeindungen und Beleidigungen nicht zu vergelten, sondern ins Leere laufen zu lassen, erfordert ein gewisses Maß an Selbstbewusstsein. Der symbolische Akt des

Wangehinhaltens wird oft mit einer devoten Geste der Feigheit oder einer freiwilligen Wehrlosigkeit verwechselt, aber er ist Ausdruck von Souveränität. Und die bindet ihr Verhalten nicht an die Aggressivität des Gegenübers. Im Gegensatz etwa zu dem Staatspräsidenten der Türkei. Recep Erdoğan kennt als Reaktion auf Satiren und bescheuerte Schmähgedichte nur die Gegenattacke. Aber wie kann ein dauerbeleidigtes Staatsoberhaupt, das Kritiker festnehmen, anklagen und inhaftieren lässt und Spöttern mit Tausenden von Strafanzeigen den Mund verbieten will, ernsthaften Respekt erwarten?

Das jesuanische Gebot der Feindesliebe speist sich nicht nur aus der Einsicht in die grundsätzliche Liebens-Würdigkeit des Menschen, sondern auch aus dem Wissen, dass der Hass den Hassenden auffrisst. Er zerreißt, wie der marxistische polnische Denker Leszek Kołakowski (1927–2009) sagte, das »geistige Gewebe« des Hassenden. Anders gesagt, der Hass zerstört das vertikale und horizontale menschliche Verortungssystem. Das Evangelium nach Markus berichtet von einem Disput zwischen Jesus und einem jüdischen Schriftgelehrten über die Einhaltung von Geboten zur Erlangung ewigen Lebens (mehr dazu in Kapitel XI). Bei allen Differenzen zwischen dem Nazarener und dem Gelehrten stimmen sie bei der Frage nach dem »wichtigsten Gebot« in seltener Eintracht überein. Es sind *zwei* Gebote, die untrennbar zusammengehören: Die Liebe zu Gott steht für die Vertikalachse; das Gebot, den Nächsten zu lieben wie sich selbst, für die Horizontale. Diese Koordinaten sind heute in Auflösung begriffen. Der Hedonist präferiert allein die horizontale Koordinate. Indem er den Himmel abschafft, banalisiert er letztlich die Erde. Der Fundamentalist stiert nach oben und lässt die Fülle des Lebens verkümmern. Der Selbstmordattentäter aber löst die Koordinaten auf. Er entwertet beide Achsen, Himmel und Erde. In seinem Nihilismus zerstört er, was für jeden Glauben substantiell ist, die Einheit der Transzendenz- wie auch der Immanenzebene.

Erwähnenswert scheint mir eine weitere Beuys'sche Postkarte. Wenn man so will, das Gegenstück zu seinem Herz-Jesu-Bild. Das Ansichtskartenmotiv, das Joseph Beuys nach einem Aufenthalt in New York 1974 bearbeitete, weist eine Parallele zu jenem Foto auf, für das sich Richard Dawkins so begeistert: Das zeigt, wir erinnern uns, die Skyline von Manhattan mit den Twin Towers und der Unterschrift *Imagine no religion*. Beuys hat auf seinen Postkartenfotos des World Trade Centers die Zwillingstürme mit Fett bestrichen. Sie schauen aus wie aufragende leuchtend gelbe Butterstangen, die mit den senkrecht verlaufenden Namen *Cosmos* und *Damian* beschriftet sind. Mit dem Terroranschlag vom 11. September 2001 wuchs diesem bis dato wenig beachteten Multiple eine neue Bedeutung zu, verblüffend und beklemmend zugleich.

Das World Trade Center war kein Zentrum des klassischen Produktionskapitalismus, sondern Symbol eines Handels- und Finanzmanagements, das globale Geldströme steuert, kontrolliert und abschöpft. Als Mohammed Atta und Marwan al-Shehhi Flugzeuge und Menschen in die verhasste Kathedrale der westlichen Weltwirtschaft steuerten, wählten sie den Weg der nihilistischen Zerstörung. Drei Jahrzehnte zuvor hatte Joseph Beuys den Fokus auf eine Alternative gelenkt: Anstatt der Vernichtung der Monumente des Kapitals ließ er die Idee ihrer Verwandlung und Heilung aufscheinen, mit dem häufig benutzten Werkstoff Fett, das Beuys als Depot und Träger spiritueller Wärmeenergie galt.

Damian und Cosmas (Beuys ändert den Namen zu *Cosmos*) waren Zwillingsbrüder, arabische Wanderärzte, bekennende Christen, die im dritten Jahrhundert im heutigen Syrien praktizierten und denen man wunderheilende Kräfte nachsagte. Der Idee der Brüderlichkeit verpflichtet sahen sie in ihren medizinischen Fähigkeiten eine Gottesgabe, ein Geschenk, das sie an ihre Mitmenschen weitergaben. Den Beinamen »die Unentgeltlichen« verlieh man ihnen, da sie Bedürftige kostenlos behandelten. Nun gehen Geschichten, in denen Männer zu Heiligen werden, weil sie mit den Armen teilen und sich mit der Macht des Geldes anlegen, selten gut aus. So auch bei Cosmas und Damian, deren Wirken in die Zeit der Christenverfolgung unter Kaiser Diokletian fällt. Da sie nicht bereit waren, den römischen Götterkult zulasten des Universalitätsanspruchs des Christentums aufzugeben, ließ sie der Statthalter Lysias nach grausamen Folterungen im Jahr 303 enthaupten.

Im 15. Jahrhundert hat Fra Angelico das Leben und die Hinrichtung von Cosmas und Damian auf Bildtafeln für den Altar der San-Marco-Kirche in Florenz gemalt. Die Hände auf dem Rücken gefesselt, die Augen verbunden erwarten die Zwillinge kniend ihr Ende. Ihre drei Brüder Anthimus, Leontius und Euprepius hat der Henker bereits enthauptet. Erneut holt er aus zum Hieb mit dem Schwert. Die Köpfe der Märtyrer unterscheiden sich von denen der Soldaten und der Zuschauer, die der Hinrichtung beiwohnen. Fra Angelico hat ihren Häuptern einen Heiligenschein verliehen. Heute hängt das Bild im Louvre. Museal aber ist es nicht.

VIII

Erinnern, Vergessen, Bekennen

*»Nicht was wir gelebt haben, ist das Leben, sondern
das, was wir erinnern, und wie wir es erinnern, um
davon zu erzählen.«*
Gabriel García Márquez

Für den polnischen Autor Andrzej Stasiuk gewinnen Ereignisse erst an Bedeutung, wenn sie in der Vergangenheit verschwinden. Die Zukunft ist »ein großes Vakuum«, schreibt Stasiuk in seinen Reiseskizzen *Fado*. »Sie enthält nichts und kann höchstens Liebhaber von Science-Fiction-Literatur, Marxisten, Kapitalisten oder alte Jungfern erregen. Nur das Vergangene existiert, denn es besitzt eine Form, ist greifbar, berührbar und rettet uns in gewisser Weise vor dem Wahnsinn, vor der mentalen Zerstörung.« Ich teile Stasiuks Wertschätzung der Vergangenheit. Zwar ist der vorausschauende Blick aus alltagspraktischen Gründen mitunter nötig, auf Dauer aber ermüdend und auszehrend. Die Forderung, man müsse nach vorne schauen, wird immer dann strapaziert, wenn die Gegenwart nicht hält, was man sich in der Vergangenheit von ihr versprochen hat. Auch ich blicke gern zurück. Damit Bewahrenswertes sich nicht verflüchtigt, das Erlebte nicht im Konturlosen zerfließt und um mich nicht im Spekulativen zu verlieren.

Mich sprechen Dinge an, die sich mehr oder weniger langsam ändern. Manchmal verstecke ich kleine Gegenstände in der Landschaft. Unnützes Zeug. Eine Schraube aus Eisen. Oder eine hölzerne Wäscheklammer, Obstschalen, seltener eine ausländische Geldmünze. Gerade überlege ich einen guten Ort für ein kleines, aus schwarzen Fäden geflochtenes Kruzifix. Ein rumänischer Exorzist (siehe Kapitel IX) hat es mir geschenkt, und ich denke, ich sollte mich allmählich davon trennen. Es bedarf nur noch eines adäquaten Ortes, wo es nicht schaden, möglicherweise sogar nutzen kann. Ich deponiere die Dinge gezielt. Im Wald, an Spazierwegen, in Mauerritzen, zwischen Felsspalten. So lässt sich kontinuierlich ihre Transformation beobachten. Die Schale einer Navelorange zum Beispiel, abgelegt auf dem Baumstumpf einer Fichte, beginnt nach drei Tagen zu schrumpfen und hat nach sechs Wochen ihre Farbe und Leuchtkraft verloren. Nach einem halben Jahr ist sie, ununterscheidbar für das Auge, mit dem Humus des Waldbodens eins geworden. Anders der schwarze Bauer eines Schachspiels. Ich fand die verwaiste Plastikfigur im Garten des Ferienhäuschens, in dem ich meine Bücher schreibe. Seit Jahren steckt sie irgendwo im sauerländischen Ebbegebirge im Astloch einer Buche. Ungezählte Spaziergänger sind an ihr vorbeigelaufen. Aber die Figur ist schwer zu erkennen. Man sieht den Bauern nur, wenn man weiß, dass er da ist. Kann sein, dass er in einigen Jahren vollends von der Baumrinde umwachsen ist und unsichtbar wird. Vielleicht aber sendet er energetische Signale aus, so wie mein indischer Blechbuddha. Insgeheim wünsche ich mir, der Schachsoldat werde irgendwann von einem aufmerksamen Menschen entdeckt und entwendet, um einer höheren Bestimmung zugeführt zu werden.

Auch wenn die deponierten Gegenstände verfallen, wenn sie rosten und bleichen, so verschwinden sie im Prozess ihrer

Auslösung nie ganz. Etwas bleibt von ihrer Substanz, widersetzt sich dem Temporären und bestärkt in mir die Idee der Dauer. Viele halten die Dauer für etwas Antiquiertes. Sie glauben, ihr wohne die Starre, der Stillstand und der Tod inne, nur der Wandel sei der Indikator des Lebendigen. Es ist umgekehrt. Der stete Wechsel zeigt an, dass wieder etwas gestorben ist, für etwas, das wiederum in Zukunft sterben wird. Womit allerdings die ewige Folge von Werden und Vergehen schon wieder von Dauer wäre. Paradoxien ohne Ende, wohin man auch schaut! »Nichts bleibt, wie es ist«, pflegt mein Freund István zu sagen, »aber nichts ändert sich wirklich.« Der Ungar ist ein Verfechter des Sowohl-als-auch, nicht des Entweder-oder. István liebt widersinnige Sätze, Antagonismen, die aufeinanderprallen, die sich aneinander reiben, ohne sich auf einer höheren Ebene neutralisieren zu lassen, widerspruchsfrei, glatt und zu Tode harmonisiert. Doch István liebt den Widersinn nicht nur, er lebt ihn auch. Ich denke, er ist Mystiker. Chesterton wusste, dass es dem Mystiker vorbehalten ist, elementare Gegensätze auszuhalten, weil er sich gestattet, im Zwielicht zu leben. »Er hat sich stets die Freiheit genommen, an seinen Göttern zu zweifeln; anders als der heutige Agnostiker aber hat er sich auch stets die Freiheit vorbehalten, an sie zu glauben. Wahrheit war ihm immer wichtiger als logische Konsequenz. Stand er vor zwei Wahrheiten, die sich zu widersprechen schienen, so akzeptierte er beide und nahm den Widerspruch in Kauf.« Ansonsten darf der Mystiker hoffen, dass seine widersprechenden Geschichten sich am Ende der Zeiten einmal zu *einer* Geschichte verdichten.

Der Meister des Widerspruchs und des Widersprechens ist der Kolumbianer Nicolás Gómez Dávila. Der 1994 achtzigjährig verstorbene Katholik und Philosoph hat uns ein

Universum an komprimierten Einsichten vererbt, Tausende von Aphorismen von beglückender wie auch erschreckend kristallener Klarheit, kühl und messerscharf, doch zugleich voller Noblesse, Großherzigkeit und Poesie. Dávila war ein erbitterter Gegner der technokratischen Industriegesellschaft und der kapitalistischen Produktionsweise mitsamt ihren Ideologien, die den Menschen zu humanen Krüppeln und zu seelischen Analphabeten degradieren. »Der Preis für industriellen Wohlstand ist die Verblödung«, sagt er. »Künstlich die Triebe zu wecken, um sich an ihrer Befriedigung zu bereichern, ist das unverzeihliche Verbrechen des Kapitalismus.« García Márquez soll bekannt haben, wäre er kein Kommunist, würde er denken wie Nicolás Gómez Dávila. Mitunter reicht eine wie aus dem Handgelenk dahingeworfene Bemerkung aus, um den intellektuellen Konsens über die abendländische Geistesgeschichte über den Haufen zu werfen. »Der einschneidende Irrtum der Kirche bestand nicht darin, Galileo Galilei zu verurteilen, sondern seiner These Bedeutung beizumessen.«

Wie Joseph Ratzinger umkreist auch Dávila die Frage: Was bleibt? Ungnädig gegen die Vulgarität der Moderne verteidigt und schützt er das flüchtige Aufscheinen des Ewigen vor der Anmaßung der menschlichen Selbsterlösung. Den lauen liberalen Demokratien des Westens schleuderte Dávila seine Abscheu entgegen, nicht minder traf seine Verachtung eine charismafreie, sich anbiedernde Zeitgeistkirche. »Nachdem sie nicht erreicht hat, dass die Menschen praktizieren, was sie lehrt, hat die gegenwärtige Kirche beschlossen, zu lehren, was sie praktizieren.« Treffender lässt sich die mentale Verfasstheit des deutschen Protestantismus nicht auf den Punkt bringen, der, wie István sagen würde, keinen Satz mehr hervorbringt, für den man einen Platz im Speicher der Erinnerung freihalten müsste. Wie mutig, anmaßend und grandios ist dagegen Dávilas Bekenntnis: »Ich gehöre nicht einer Welt an, die untergeht. Ich verlängere und übermittle eine Wahrheit, die nicht stirbt.«

Müßig zu debattieren, ob Nicolás Gómez Dávila ein elitärer Reaktionär war, ein schonungsloser Diagnostiker oder ein weitsichtiger Prophet, dessen Überzeugungen, wie er sagt, »die eines alten Weibes« sind, »das im Winkel der Kirche seine Gebete murmelt«. Nur in der Enge unserer Entweder-oder-Kultur schließt das eine das andere aus. Was bleibt, mehr als zwanzig Jahre nach seinem Tod, ist sein vielleicht wichtigster Rat, eine Empfehlung, in dem sich sein rebellisches Denken wie in einem Sprengkopf konzentriert: »Wir sollten uns nur den Dingen widmen, die bei einem Zusammenbruch unversehrt bleiben würden.« Der Ratschlag ist von elementarer Schlichtheit, setzt aber die Fähigkeit des Unterscheidens voraus. Welche Dinge sind wert, postapokalyptisch unbeschadet zu bleiben, und bei welchen sollten wir um unserer selbst willen dafür sorgen, dass sie das Zeitliche segnen? Oder gehört es zu den Perfidien der von Dávila so verabscheuten Moderne, uns die Kriterien der Unterscheidung vergessen zu lassen?

Die Substanz der Vergänglichkeit materialisiert sich für mich an jenem Ort, wo alles endet und sich die Erinnerung irgendwann selbst entsorgt. Auf dem Friedhof. Zwei, drei Mal im Jahr besuche ich die Gräber meiner Familie, das meines Vaters, meiner Großeltern und meiner anderen Verwandten. Sie ruhen auf einem nach landläufigem Dafürhalten schönen Friedhof. Das Gräberfeld vermittelt einen gepflegten Gesamteindruck, der auch im Detail nicht getrübt wird. Die Gestaltung, Bepflanzung und Pflege der Gräber folgt den Kriterien der Aufwandsreduktion. Also: weniger Pflanzen, Grünzeug und blühende Blumen, die im Frühjahr der Hege und im Sommer der Gießkanne bedürfen, dafür mehr Fläche aus witterungsbeständigem Naturstein. Polierter Marmor, Granit oder Quarzit; Materialien, tauglich, um Jahrtausende zu überdauern, was in einem merkwürdigen Kontrast zu dem Umstand steht, dass die Gräber am Lehmberg im sauerländischen Lenhausen bereits nach dreißig Jahren wieder eingeebnet werden. Der alte Friedhof, der mir aus Kindertagen vertraut war, hatte sich nicht nur anders in meiner Erinnerung eingeprägt. Er *war* anders. Keine zeitlich limitierte Stätte der Konservierung, kein Bestattungspark, dafür ein Totenacker im nebulösen Grenzland zweier Welten, schwebend zwischen erlebter Vergänglichkeit und geglaubter Ewigkeit. Wer das Tor zu ihm durchschritt, senkte die Stimme, verlangsamte die Schritte und deutete das Kreuzzeichen an, verhalten nur, weniger als Gottesgruß denn als Geste des Schutzes vor einer ominösen Macht des »Mysterium tremendum«; eine Gewalt, die jederzeit unvermittelt aus dem Jenseits in das Diesseits einschlagen konnte.

Für den Naiven, so der Religionsphilosoph Rudolf Otto, sind der Schrecken, das Staunen und die heilige Scheu der mächtigste Faktor des religiösen Gefühls. In seinem 1917 erschienenen Standardwerk *Das Heilige* bestimmte Otto das »Mysterium tremendum, majestas et fascinans« als das schauervolle, übermächtige und faszinierende Geheimnis. Dessen *Erfahrung* speiste sich aus der Spannung von Irrationalem und Rationalem, aus dem Kontrast von Heiligem und Profanem und wurde zum Antrieb »unerschöpflicher Erfindung in Märchen, Mythe, Sage und Legende«. Die Empfänglichkeit des kindlichen Gemüts für die Manifestationen des Mysterium tremendum mag bei meinen Empfindungen auf dem alten heimatlichen Friedhof eine Rolle gespielt haben, doch war der Ort de facto voll berückender Zeichen und Symbole, die danach verlangten, gesehen, gelesen und gedeutet zu werden. Weniger die frischen Gräber, die, unter Bergen aus Trauerkränzen und Blumengebinden verborgen, zu nah an der Gegenwart waren; eher die maroden, die im strengen Wortsinn unbekümmerten Grabstätten, die im Vergessen versanken. Im oberen Teil des Friedhofs befanden sich Grabstellen, umzäunt von rostigen Gittern mit schiefen Kreuzen aus morschem Holz. Die verblichenen Inschriften auf vermoosten Grabsteinen und die tröstenden Sprüche auf den abgeplatzten Emailletäfelchen verloren sich im frühen 19. Jahrhundert. Dennoch strahlten sie eine stille Botschaft in die Jetztzeit aus. Sie stifteten eine Beziehung, ein Band der Gemeinschaft mit Menschen, die vor langer Zeit gelebt hatten und derer niemand mehr gedachte. Zurückgeblieben waren Namen, hinter denen keine Personen mehr aufschienen, zu deren Grabpflege sich kein Nachfahre mehr verpflichtet fühlte. Wenngleich sie keine Geschichten mehr erzählten, so luden diese Gräber doch ein, die Leere ihres Schweigens mit der eigenen Vorstellungskraft zu füllen. Die Entschlafenen gemahnten uns, was wir künftig sein würden. In den kümmerlichen Ruinen materialisierte sich das Futurum II. Jenseits der Grammatik gewärtigte es uns eine Vorstellung des Gewesen-sein-Werdens. Die Toten, deren letzte Ruhestatt sich die Natur zurückholte, mochten vergessen worden sein. Aber sie erinnerten uns Lebende wenigstens noch daran, dass wir sie vergessen hatten.

Niemand bezeugt unsere Existenz besser als unsere Vorfahren, sagt Andrzej Stasiuk. Sinnenfällig wird dies jedes

Jahr am 1. November an Allerheiligen, wenn wir mit Grablichtern die Orte der Toten markieren, »damit der schwarze, leere, endlose Kosmos weiß, dass wir einen Kampf gegen ihn führen, einen Kampf gegen seinen Nihilismus, seine Gleichgültigkeit«. Als Fotograf habe ich oft versucht, die Atmosphäre dieses Kampfes einzufangen. Je nach Kultur fällt der Widerstand gegen das Vergessen anders aus. Auf deutschen Friedhöfen vollzieht er sich mit Gebeten, Segensworten und Weihwasser in herbsttrüb andächtigem Gemurmel. Im nordspanischen Otxarkoaga hingegen rufen die Gitanos den Kummer über den Verlust ihrer geliebten Angehörigen geradezu herbei, um ihn sich, »Que pena senor, Ay, que pena Dios!« – Oh Gott, welch ein Schmerz –, aus dem Leib zu schreien. In der mexikanischen Provinz Oaxaca wiederum zelebriert man die Fiesta Todos Santos ausschweifend mit exaltierter Fröhlichkeit, Feuerwerk und ohrenbetäubendem Geböller. Da der Mensch im Kampf mit dem Tod immer den Kürzeren zieht, ist es zwecklos, ihm trotzig die Stirn zu bieten. Man biedert sich buhlend an. Mit Geistermasken, Zombiekostümen, Zuckertotenköpfen und allerlei pseudogruseligem Krimskrams. Das Jahr über verwaisen die Friedhöfe. In der Nacht von Todos Santos indes strömen die Menschen in Mexiko zu den Cementerios, wenn die Verblichenen für wenige Stunden zurückkehren in den Kreis ihrer Angehörigen, zum gemeinsamen Abendmahl mit Broten, Backwerk, Tortillas und Früchten, bei Cerveza und reichlich Aguardiente. In der lebendigen Erinnerung derer, die waren, vergewissern sich die Menschen, wer sie sind.

Kann sein, dass sich in Stasiuks Heimat in den polnischen Beskiden die Lichtermeere an Allerheiligen noch erfolgreich gegen die Leere des Kosmos auflehnen, wenn die »goldenen, roten und grünen Flämmchen« auf den Friedhöfen wie »flimmernde fliegende Teppiche im Abgrund der Nacht schweben«. Der Nihilismus jedoch ist ein gewiefter Kontrahent. Er untergräbt poetische Empfindungen, indem er die Begegnung mit den Vorfahren entsinnlicht. Kein Paraffinrauch liegt mehr über den Gräbern, kein Duft brennenden Wachses schwängert die Novemberluft, seit die Flammen ihren Schein bloß simulieren, so wie die Kerzen in den Grablampen keine echten Kerzen mehr sind. Auf deutschen Gräbern leuchten immer öfter batteriebetriebene Lämpchen, in denen ein illuminierter Papierschnipsel die Illusion einer flackernden Wachskerze erzeugt. Der Pragmatismus auf den Friedhöfen hat nirgends in Europa so offenkundig den Sieg über die Sinnlichkeit errungen wie in dem Balkanland Albanien, das auf seinem Weg in die Modernität nicht immer glückliche Wege einschlägt. Vor zehn, fünfzehn Jahren roch es auf albanischen Friedhöfen noch nach Chrysanthemen. Da bedachten die Lebenden ihre Toten noch mit Rosen. Und über den Gräbern lag der würzig harzige Geruch der Kranzgebinde aus Nadelzweigen. Dann siegte die Plastikblume. Gebirge an künstlichen Blumen türmen sich heute auf, knallbunte Blüten, die weder duften noch verwelken. Die der Vergänglichkeit trotzen, die verblassen, aber nicht verrotten.

»Die Erinnerung genügt uns nicht«, schreibt Stasiuk. »Wir müssen unsere Toten physisch spüren, wir müssen wissen, dass sie anderthalb Meter unter unseren Füßen ruhen und sich langsam in Erde verwandeln, in Elemente zerfallen und der Mineralisierung unterliegen.« Das war einmal. Nicht weil immer mehr Menschen die Feuerbestattung favorisieren. In meinem Geburtsort werden die Grabstätten bereits nach einer Generation überpflügt. Dreißig Jahre Gedenken haben zu reichen. Verwaltungsbeamte haben das beschlossen, pragmatische Totengräber der Erinnerung. 2014 wurden die Gräber meiner Großeltern väterlicherseits weggebaggert. Ich nehme das persönlich. Man hat mir einen Ort des Erinnerns genommen und ahnt wahrscheinlich nicht einmal, dass dies ein Gewaltakt ist. Eine obszöne Maßnahme der Profanisierung einer geheiligten Stätte. Wenn ich vor dem Grab meiner Großmutter stand, war sie in ihren Erzählungen präsent, mit den Geschichten einer Frau, die ihr Leben lang ein staunendes Kind geblieben war, das sich über jede Kleinigkeit freute, weil der Verzicht sie gelehrt hatte, den Wert der Dinge zu schätzen. Zugleich auch drängte sich mit der imaginären Begegnung am Grab die bittere Einsicht in die Unwiederbringlichkeit gelebten Lebens auf. Die großen Niederlagen und die bescheidenen Siege, die unerfüllten Sehnsüchte, die geplatzten Träume wie die Momente des Glücks. Der Alltagskummer, der Verschleiß, die Schmerzen, der Verfall, aber auch die Gesten der Zärtlichkeit, der Liebe, der Hingabe, alles war für immer verschwunden und zugleich gegenwärtig, erinnert in Trauer und Dankbarkeit. Staub war zu Staub geworden. Bis auf jene immaterielle Substanz, die bleibt, wenn ein Mensch endgültig eintaucht in das Geheimnis der Unendlichkeit.

Mein Großvater war mein Lehrer, ein verträglicher, bisweilen schelmischer Mann, der in seinem Garten und in der Natur zu Hause war und zu weltlichen und geistlichen Autoritäten ein distanziertes Verhältnis pflegte. Er erkannte sie an und machte ansonsten, was er wollte. Konservativ und anarchisch zugleich besaß er die Gabe des So-tun-als-ob und lehrte mich, dass Rechtgläubigkeit und Ketzerei einander nicht zwangsläufig widersprachen. Intuitiv verband er den

Geist des Rebellen mit dem Geist des Bewahrers. Oder besser, er versuchte es. Etwa in der Rolle des redlichen Diebes,
was eines erläuternden Beispiels bedarf.

Schon zu meiner Kinderzeit war das Sauerland mit seinen Nadelwäldern ein bedeutender Produzent von Fichten.
Vom Land der tausend Berge aus versorgten die Waldbesitzer
die Märkte weit über Westfalen hinaus mit Weihnachtsbäu-
men. In Lenhausen besaß neben dem Grafen von Plettenberg
auch die Familie der dörflichen Traditionsgaststätte beachtliche Ländereien mit Fichtenschonungen. Nie wäre meinem
Großvater in den Sinn gekommen, eine Tanne zu kaufen. Seinen Christbaum holte er sich in der freien, von Gott geschaffenen Natur, sprich, er klaute ihn. Die ganze Prozedur des
Diebstahls folgte einer Inszenierung, die bereits im Herbst
begann, wenn Großvater mich mit in den Berg nahm, um
unseren Baum bei Tageslicht auszuspähen. Unbedingt erforderlich war das Setzen von Markierungen, um den auserwählten Baum unter der winterlichen Schneedecke wieder-
zuerkennen. Nicht zu üppig und nicht zu mickrig musste er
sein, harmonisch im Wuchs und mit lamettatauglicher Luf-
tigkeit. Einige Tage vor dem Heiligen Abend vollzog sich
dasselbe Ritual: das Verstecken von Säge und Taschenlampe
unter dem weiten Mantel, der Marsch in den Wald bei Einbruch der Dämmerung, die Rückkehr mit der Beute in der
Dunkelheit, das Abklopfen von Eis und Schnee, das Aufstellen des Baumes begleitet vom Gejammer der Großmutter, ihr
Mann werde noch im Kittchen landen. Würde er nicht. Nach
Großvaters Tod erzählte mir der lokale Gastwirt und Waldbesitzer, der Alte habe ihm vor Weihnachten immer unter der
Hand fünf Mark zugeschoben und erklärt, er werde sich seinen Weihnachtsbaum selber schlagen. Großvater hatte den

Rebellen für mich nur simuliert. Weshalb er das tat, konnte ich ihn nicht mehr fragen.

Wo einst der Grabstein meiner Großeltern stand, wächst heute Gras. Wer vor 1985 starb, hat in meinem Geburtsdorf keinen Platz mehr. Alle Grabstätten wurden eingeebnet. Bevor die Planierraupe anrückte, habe ich die Gräber meiner engsten Verwandten noch einmal fotografiert. Aber die Bilder sind ohne Wert. Fotografien kann man nicht aufsuchen.

Dennoch lässt sich in meinem Heimatdorf erfahren, dass man mit den Toten auch anders umgehen kann. An einem Forstweg namens Krähenschlade liegt ein von Bruchsteinmauern umringter privater Waldfriedhof. Ich habe weltweit viele Gräberstätten abgelichtet, teils spektakulär gelegen, im Hochland der Anden, bei den Maya in Guatemala, weitläufige Soldatenfriedhöfe in Osteuropa oder die Killing Fields in Kambodscha, aber nur wenige verströmen für mich jene Aura des Mysterium tremendum wie diese letzte Ruhestätte oberhalb des Flussufers der Lenne. Ein geschmiedetes Eisentor, das immer geöffnet ist, führt zur Familiengruft des Lenhauser Zweigs des Adelsgeschlechtes derer von Plettenberg. Und es scheint, als bedürfe es ausgerechnet eines Restes aristokratischen Bewusstseins für die eigene Geschichte, um das Gedenken nicht in einer erinnerungslosen Gegenwart auszulöschen. Der Schauder, der mich auf diesem Totenacker überkommt, ist nicht von nebulöser oder gar unheimlicher Art, sondern von ernüchternd unsentimentaler Klarheit. Die nackten Daten auf den Grabsteinen führen vor Augen, an welch dünnem Faden unser Leben hängt.

Rabold 3.4.1960 – 4.9.1970. Der älteste aus der kinderreichen Grafenfamilie wurde im Wald von einem Holztransporter überrollt. Seiner Schwester *Ermhild* 9.12.1968 – 17.1.1975 widerfuhr wenige Jahre später ein ähnliches Schicksal. Ich erinnere noch die lähmende Trauer im Dorf, nachdem das Mädchen unter die Räder des Verkaufswagens des örtlichen Gemüsehändlers geraten war. Oder Gräfin Sophia, geborene Freiin von Landsberg-Velen. Ihr heller Mantel, so erzählten die Alten, soll ihr zum Verhängnis geworden sein. Wenige Tage vor dem Ende des Zweiten Weltkrieges wurde sie am 11. April 1945 mitten im Wald noch aus der Luft von englischen Jagdbombern erschossen. Oder ein Junge namens Liborius. Er war nur kurz zu Gast auf Erden. Der Stern für den Tag seiner Geburt und das Kreuz für den Tag seines Todes weisen mit dem 26. Mai 1974 dasselbe Datum auf.

Alles schien wie früher, als ich vor einem Vierteljahrhundert erstmals vom Kirchhügel des heiligen Pankratius hinab in das österreichische Zillertal schaute. Noch immer lässt mich der Ausblick einen Moment vergessen, dass die Tiroler das Herz ihrer Heimat an einen profitablen Fit-for-Fun-Tourismus verhökert haben. Folglich locken die Gastgeber jene Gäste, die sie verdienen. Wer einmal in den Gaudi-Ghettos gesehen hat, wie neureiche Russen die Speisekarte rauf- und runterbestellen, um ganze Menüs anschließend nahezu unangetastet und mit großkotziger Geste in den Müll wandern zu lassen, der muss einsehen, dass im real existierenden Sozialismus manche Menschen gar nicht so schlecht aufgehoben waren. Jedenfalls war inmitten des alpinen Trubels und dem Ausverkauf der Achtsamkeit nur die Kirche des Pankratius sich gleich geblieben, entkoppelt scheinbar von aller Zeit, trotzend dem Sog des Obszönen, wie ein stilles, doch unübersehbares Ausrufezeichen gegen die Schnelllebigkeit. Dass die Kulisse bei Brautpaaren sehr beliebt ist, um sich hier das lebenslang bindende Sakrament der Ehe zu spenden, versteht sich von selbst.

Darf man der Legende glauben, dann verdankt die Kirche ihre Existenz einem Erdrutsch. Eine Gesteinslawine hatte eine Holzkapelle hinweggefegt und dabei den vergessenen Stollen einer aufgegebenen Erzmine freigelegt. Die Tiroler Bergleute erkannten darin einen Wink des Himmels, gruben erneut, drangen tiefer in die Alpen vor und wurden fündig. Sie stießen auf ergiebige Silberadern, dereinst die Quelle sprudelnden Wohlstands. »Obwohl die Leute durch den Bergsegen steinreich geworden waren, vergaßen sie den Herrgott nicht«, erzählt die Sage. Zwar teilten sie ihren Reichtum nicht mit den Armen, ließen sich aber dennoch nicht lumpen und bauten eine imposante Kirche, aus solidem Stein an sicherem Ort. Seit dem Ende des 15. Jahrhunderts thront sie in Fügenberg auf einem eiszeitlichen Gletscherhügel, wie ein weiß getünchter Fixstern der Harmonie. Und weil die UNESCO das Kleinod der Spätgotik unter ihre Obhut stellte, genießt Sankt Pankratius im Kriegsfall gemäß der Haager Konvention die Weihen des Kulturschutzes. Doch droht die Gefahr tatsächlich von außen?

Etwas ist anders seit meinem letzten Besuch im Winter 1989. Klirrend kalt war es damals gewesen, zwischen Weihnachten und Neujahr, dennoch glühte die unbeheizte Kirche vor Wärme, ausgestrahlt von einer fröhlichen Hochzeitsgesellschaft. Mein Schwager und Wahl-US-Bürger hatte seiner Frau aus Nashville in Tennessee in der Pankratiuskirche das Jawort gegeben, womit der amerikanische Traum von europäischer Romantik seine Erfüllung fand. Heute gleicht die Kirche weniger einem Gotteshaus als einem Museum. Unter der Orgelbühne, vis-à-vis einer ganzjährig ausgestellten Weihnachtskrippe mit Hirten in Zillertaler Tracht, steht noch immer der Beichtstuhl. Alt und verwaist. Generationen von Katholiken haben darin ihre Sünden bekannt. Gottesfürchtig knieten sie nieder, bereuten, vernahmen das Ego te absolvo und zogen erleichtert davon, reingewaschen von echter Schuld und vielleicht auch von falschen Schuldgefühlen. Gewiss war der Beichtstuhl einst eine Stätte der Einschüchterung und Furcht, aber auch von Einsicht, Reue, Läuterung und Vergebung. Heute birgt er in Sankt Pankratius Besen, Schrubber und Putzeimer.

Der Kreis der Personen, der sich über solch eine Zweckentfremdung empört, dürfte überschaubar sein. Die Priesterbruderschaft Pius X. gehört dazu. Seit dem Modernismusschub nach dem Zweiten Vatikanischen Konzil (1962–1965) beklagen die katholischen Traditionalisten regelmäßig die »nachkonziliaren Desaster«, so etwa, wenn Priester die heilige Messe in Bierzelten zelebrieren oder an Karneval mit Clownskostüm und Narrenkappe den Leib des Herrn reichen. Wenn wie in der Regensburger Dreifaltigkeitskirche Beichtstühle zum Deponieren von Gartengeräten, Klappstühlen und Putzmitteln genutzt werden, ziehen die Piusbrüder für »das verlorene Sakrament der Beichte« zu Felde, wie verwundete Ritter ohne Reich, die zu einer Schlacht antreten, die nicht gestern erst verloren wurde, sondern bereits vorgestern. Sie wissen natürlich, dass die priesterliche Sorge um das Heil der Seele in der Moderne durch die Therapie der Psyche abgelöst wurde. Mit ihrer Mutmaßung, für jeden Beichtstuhl, den man aus einer Kirche hinauswerfe, müsse man eine psychiatrische Klinik bauen, stellen die Piusbrüder die gängigen Zeitdiagnosen des letzten Jahrhunderts auf den Kopf. Die Psychologen konstatierten umgekehrt, das Zwangssystem von

Sünde, Schuld und Beichte habe überhaupt erst all die nicht befreiten und unerlösten Klienten mit ihren ekklesiogenen Neurosen in ihre therapeutischen Praxen getrieben.

»Der Beichtstuhl ist kein Folterinstrument, sondern der Ort der Barmherzigkeit, in dem der Herr uns anregt, das Bestmögliche zu tun«, sagte Papst Franziskus in einem Interview nach seiner Wahl zum Pontifex 2013. Das päpstliche Wort mag wahr sein. Nur wurde es ein paar Jahrhunderte zu spät ausgesprochen, um noch auf einen fruchtbaren Boden zu fallen, wo es zu einer Einsicht gedeihen könnte. Schwerlich führt ein Weg zurück von der Besenkammer zum Beichtstuhl. Wohl aber bleibt die Frage: Was hat den Beichtstuhl in der Zillertaler Pankratiuskirche leer werden lassen, so dass er mit Schrubber und Besen gefüllt werden konnte? Was ließ aus einem Ort der inneren Reinigung einen Ort der äußeren Sauberkeit werden?

Der schlichte Vermerk, den eine Mutter am 11. November 1889 im süddeutschen Calw in ihr Tagebuch eintrug, war nicht gerade weltbewegend: »Hermanns Feigendiebstahl entdeckt.« Marie Hesse konnte nicht ahnen, dass ihr Sohn dreißig Jahre später aus Anlass dieser Dieberei ein kleines Stück Weltliteratur schreiben sollte: *Kinderseele.* In dieser autobiografisch geprägten Erzählung verliert eine Harmlosigkeit wie das Stibitzen von gezuckerten Feigen alles Anekdotische. Der Diebstahl bringt das fragile Universum eines Kindes ins Wanken, stürzt einen Zwölfjährigen in existentielle Nöte, einen Jungen, der seinen Platz sucht im Schatten eines übermächtigen, aber keineswegs lieblosen Vaters, eines strenggläubigen protestantischen Pietisten, der zuvor in Indien missionierte und der von seinem Sohn Hermann erwartet, zu werden wie er selbst. Aus dieser Beziehung von Vater und Sohn erwächst das Drama der *Kinderseele*, das sich dreht um Macht und Ohnmacht, um Regeln, Zwänge und Verbote und die Lust an ihrer Überschreitung; ein Drama um die Last von Schuld und Gewissen ebenso wie um Vergebung und Erlösung und die Sehnsucht nach Freiheit.

Hesses Erzählung spielt an einem jener Tage, »wo Schicksal in den Ecken lauert, wo leicht etwas passiert«. Schon am morgendlichen Frühstückstisch war dem jungen Hermann der leidende und vorwurfsvolle Gesichtsausdruck des Vaters aufgestoßen, die Milch war lau und fad gewesen, und auch die Schule hatte »wieder einmal trostlos, tot und entmutigend geschmeckt«. All das hatte sich zu der Gemütsverfassung verdichtet, »ewig klein und machtlos« zu bleiben und dass »dies ganze Leben sinnlos und widerwärtig sei«. In dieser diffusen Melange aus Weltekel, Selbsthass und Bedürftigkeit drängt es Hermann in die Nähe des Vaters. Er betritt dessen Studierstube, ohne ihn dort anzutreffen. Getrieben vom Reiz des Verbotenen schnüffelt Hermann umher. »Noch wusste ich keineswegs, was ich tun würde. Ich wusste nur, es würde etwas Schlechtes sein.« Das unerlaubte Eindringen des Jungen endet mit dem Diebstahl besagter Feigen, was einen Rattenschwanz unseliger Verstrickungen und Kaskaden an Schuldgefühlen nach sich zieht. Immer tiefer gerät Hermann in einen Strudel aus Lügen und Vertuschungen und prügelt sich in seiner launigen Gereiztheit auch noch mit einem Schulkameraden. Den quälenden Gewissensbissen und der Angst vor dem Vater versucht er zu entfliehen, indem er sich mit kindlichem Pathos zum Verbrechertum und zum Bösen bekennt. Eher hilflos als heldenhaft verhöhnt er den eigentlichen Stifter aller richtenden Autorität, der hinter der Figur seines leiblichen Vaters aufscheint: Gott! »Ja, denn ich hasse dich, ich spucke dir vor die Füße, Gott. Du hast mich gequält und geschunden, du hast Gesetze gegeben, die niemand halten kann, du hast die Erwachsenen angestiftet, uns Jungen das Leben zu versauen.«

Hesses Hass zielt auf dieselbe gnadenlose Gottesvorstellung, die auch der Psychologe Tilmann Moser in seinem Mitte der siebziger Jahre erschienenen Buch *Gottesvergiftung* angreift. Wie der alttestamentarische Hiob und der Literat Hesse wählt Moser die direkte Ansprache. Er klagt jenen Gott an, der alles sieht, alles hört, selbst die geheimsten Gedanken: »Du hattest so viel an mir verboten, dass ich nicht mehr zu lieben war. Deine Bedingungen waren zu hoch für mich, und niemand hat sie gemildert ... Ich hielt dich für verwest, bis ich entdeckte, dass du als Krankheit in mir weiterlebst.«

Offenbar jedoch wohnt dem autoritären Gott nicht nur ein pathologisches Potential inne, das Kinderseelen verdorren und verkümmern lässt. Dieser Gott fordert den Aufstand gegen ihn geradezu heraus. Er zwingt zur Rebellion, zum Widerstand und setzt bisweilen kreative Kräfte frei, die erst im Erwachsenenalter entfaltet werden. Trotz oder besser wegen seiner Gottesvergiftung zählt Tilmann Moser zu den einflussreichsten deutschen Psychoanalytikern. Hermann Hesse wurde der Nobelpreis für Literatur verliehen. Die Jury des Büchner-Preises begründete die Vergabe der bedeutendsten Auszeichnung für deutschsprachige Autoren an Josef Winkler damit, der Kärntner habe »auf die Katastrophen seiner katholischen Dorfkindheit mit Büchern reagiert, deren obsessive Dringlichkeit einzigartig ist«. Und der irischstämmige, 2009 in New York verstorbene Lehrer und Autor Frank McCourt erstürmte weltweit die Bestsellerlisten. Seinen

Roman *Die Asche meiner Mutter* leitete er mit den Worten ein: »Natürlich hatte ich eine unglückliche Kindheit; eine glückliche Kindheit lohnt sich ja kaum. Schlimmer als die normale unglückliche Kindheit ist die unglückliche irische Kindheit, und noch schlimmer ist die unglückliche irische katholische Kindheit.«

Nun schwindet der Katholizismus, doch seliger werden die Kindertage nicht. Bloß die Ursachen des Unglücks haben sich im 21. Jahrhundert geändert. Es riecht nicht mehr, wie noch bei Hermann Hesse, »nach Strenge, nach Gesetz, nach Verantwortung, nach Vater und Gott«. Da ist kein Allwissender mehr, der richtet und straft, kein Allmächtiger, der Eltern anstiftet, ihren Kindern das Leben zu vermiesen. Der Glaube an die Figur des autoritären und strafenden Gottes hält sich noch in den patriarchalisch dominierten Kulturkreisen des Orients und in den antiautoritären Diskursen kritischer Feuilletonisten. Für Hesse und Moser war es ein Akt der Freiheit und der Befreiung, einem in ihren Augen pervertierten Gott das Gift seiner autoritären Herrschaft vor die Füße zu rotzen. Nur, anders als die säkularisierten Religionsgegner, taten sie dies direkt und unvermittelt. Sie redeten nicht *über* Gott, sondern *zu* Gott. Die Sprache ihrer Gottesrede ist die Sprache des Gebetes. Darauf macht der Theologe und Psychotherapeut Thomas Polednitschek aufmerksam. Für ihn ist das Gebet »der Ort anspruchsvoller Freiheit«. Im doppelten Wortsinn. Für Polednitschek ist in Mosers Gotteshass noch »die Freiheit der Ansprechbarkeit gegenwärtig, die zum Kern des biblischen Verständnisses vom Menschen gehört«. Die »Freiheit sich ansprechen lassen zu können« und »die Freiheit sein Gegenüber anzusprechen«. So betrachtet ist Mosers Gotthass »seine Gottespassion, sein leidenschaftliches Leiden an seinem Gott«. Doch ist nach Polednitschek die Gottespassion heute einer Gottesmüdigkeit gewichen, der »ansprechbare und anspruchsvolle Gott ist in der späten Moderne verblasst und verdunstet«. Nicht die Vergiftung der Seelen mache die Not seiner Klienten aus, bekundet der Therapeut in seinem Buch *Diagnose Politikmüdigkeit*, sondern das Leiden an ihrer Leidenschaftslosigkeit: »Die Verflachung und Versteppung ihres Seelenlebens ist die Seelenqual.« Statt Klienten, die sich nach der Emanzipation von der Macht ihrer elterlichen Erziehung sehnen, hat Polednitschek einen nachmodernen Typus von Klienten ausgemacht, die »in der Regel nicht mehr unter dem Autoritarismus ihres Vaters leiden, sondern an einem Vater, der vielleicht leiblich anwesend, aber als symbolische Autorität abwesend war«.

Welches Kind würde wie Hermann Hesse vom väterlichen Studierzimmer, sollte es ein solches geben, heute noch sagen »Hier wohnten Macht und Geist, hier waren Gericht und Tempel und das Reich des Vaters«? Anders als der Missionsprediger Johannes Hesse am Ende des 19. Jahrhunderts residieren Vätern heute nicht mehr in geistigen Imperien. Worüber sollten sie auch herrschen? Von patriarchalen Rollenbildern haben sich die Väter verabschiedet. Sie sind gemeinhin keine despotischen Familienoberhäupter mehr, sie sind Weggefährten und Lebenspartner. Was zu begrüßen ist. Bis auf den Umstand des Selbstbetrugs. Der besteht darin, dass der neue Vatertyp auf eine Autorität verzichtet, die er nie besessen hat. Er singt »Kinder an die Macht« und folgt Herbert Grönemeyers Aufruf, den Kindern das Kommando zu überlassen. In der *Zeit* attestierte Burkhard Straßmann dem nachgiebigen, weichen und modernen Vater, seine primäre Aufgabe sei es, seinem Kind Wünsche zu erfüllen. »Dem Grundschüler einen

Computer kaufen – darüber ließe sich reden. Jedoch ihm eine Identifikationsfigur sein, einer, der sagt, was richtig ist und was falsch? Das ist zu viel verlangt!«

Der Alte Vater, das war Johannes Hesse, der seinem Sohn Hermann nicht nur mit seiner persönlichen, sondern auch mit seiner symbolischen Autorität gegenübertrat, während Mutter Marie in ihrer depressiven Duldsamkeit eher für das Fürsorgliche zuständig war. Die Eltern Hermann Hesses entsprachen dem bürgerlichen Familientyp des späten 19. Jahrhunderts, wie ihn der Arzt Heinrich Hoffmann im *Struwwelpeter* zeichnete. Während sich der zappelnde Sohn die mahnenden Worte des Vaters – »Philipp, das missfällt mir sehr« – anhören muss, um sich freilich nicht danach zu richten, blicket die Mutter nur stumm auf dem ganzen Tisch herum. Natürlich kommt der alte Hesse seinem Sohn auf die Schliche und treibt Hermann an jenen Punkt, an dem sein Lügengebäude einstürzt und er den Diebstahl der Feigen gesteht. Es folgen Strafe und Versöhnung. »Als ich im Bett lag, hatte ich die Gewissheit, dass er mir ganz und vollkommen verziehen habe – vollkommener als ich ihm.« Hermann wird zur Läuterung einen Sonntagnachmittag in der Dachkammer eingesperrt. Empörung ob dieses Traumatisierungsrituals ist heutzutage fraglos angebracht, doch ist zu bedenken, dass die erzieherische Maßnahme einen Teil ihres Schreckens verlor. So lesen wir bei Hesse: »In der dunklen, unbenutzten Bodenkammer stand nämlich tief verstaubt eine Kiste, halb voll mit alten Büchern, von denen einige keineswegs für Kinder bestimmt waren.«

Als Kind stand Hermann Hesse im furchteinflößenden Schatten der väterlichen Macht, aber er erfuhr nicht nur die dunklen Seiten der Autorität. »Bei der Mutter war es einfacher und leichter, Trost zu finden; beim Vater aber war der Trost wertvoller, er bedeutete einen Frieden mit dem richtenden Gewissen, eine Versöhnung und ein neues Bündnis mit den guten Mächten. Nach schlimmen Auftritten, Untersuchungen, Geständnissen und Strafen war ich oft aus des Vaters Zimmer gut und rein hervorgegangen, bestraft und ermahnt zwar, aber voll neuer Vorsätze, durch die Bundesgenossenschaft des Mächtigen gestärkt gegen das feindliche Böse.«

Der einfühlsame Vater des 21. Jahrhunderts spricht nur noch in seinem eigenen Namen, aber nicht mehr im Namen einer Macht, die größer ist als er selbst. Das »richtende Gewissen« hat er als totalitär durchschaut und entsorgt, ohne dabei auf nennenswerte Gegenwehr zu treffen. Von »guten Mächten« entkoppelt stiftet er kein Bündnis mehr mit ihnen, das weiterzugeben er in der Lage wäre. Er repräsentiert nicht mehr die Autorität des symbolischen Vaters. Er spricht nicht mehr, wie der Therapeut Polednitschek sagt, »im Namen des toten Vaters«, der für den Psychologen »das ethische Gedächtnis unserer Kultur« repräsentiert, in dem sich die kollektive Erinnerung an ihr geistiges Erbe manifestiert. Nur verschwindet dieses Erbe zusehends im Vergessen, wegplaniert wie die Gräber auf einem Friedhof. »Wir leben in einer Gesellschaft, die immer mehr ihr eigenes Gedächtnis verliert und deshalb ihren Kindern immer weniger das Feuer zur Verfügung stellt, das sie nicht selbst entzündet haben.« Wo gemeinschaftsstiftende Erinnerungen keinen Wert mehr besitzen, begegnet Polednitschek einer Generation, gezeichnet von Erschöpfung und Müdigkeit, »ausgeglüht, ohne je gebrannt zu haben«.

Die symbolische Autorität des Vaters beschützt, ermutigt und befähigt Kinder für das Leben. An dieser und in dieser Beziehung wächst die Kinderseele. Als Erzähler wusste

Hermann Hesse, dass der schlaglochfreie Weg durch die glatte Biographie keine selbstbewussten Persönlichkeiten hervorbringt. Ebendieses Bewusstsein hat dem zwölfjährigen Hermann erlaubt, gegen Gott zu rebellieren. Den Weg der eigenen Bewusstwerdung konnte er gehen, weil sein Vater ihm nicht ein netter Kumpel war, sondern ein starkes und liebendes Gegenüber. Um dieses Gegenüber werden Kinder heute allzu oft betrogen. Wer den Begriff *Kinderseele* in eine Internetsuchmaschine eingibt, erhält Tausende von Ergebnissen. Das Gros der Treffer führt zu Schicksalen von Kindern, bei denen die Grenzen und Tabus von Erwachsenen gebrochen wurden. Es sind Zeugnisse von Mädchen und jungen Frauen, die versuchen, mit dem Trauma des sexuellen Missbrauchs fertig zu werden. »Ich lieg im Bett, ruhig und verschreckt. Ich hätte mich so gern versteckt ... Ganz langsam öffnet sich die Tür. Oh Gott, – zaub're mich weg von hier!«

Zaubere mich weg. So klingt das letzte Gebet vor dem Verstummen, das Gebet zu einem Gott, dem nur noch die verzweifelte Bitte gilt, er möge die Kinderseele verschwinden lassen. Wo das Weggezaubertwerden als Rettung erscheint, ist Frank McCourts selbstsicheres Bekenntnis, eine glückliche Kindheit lohne sich ja kaum, obsolet geworden.

Betrachtet man sein Leben unter dem McCourt'schen Aspekt des Lohnenden, dann war es mir lediglich vergönnt, an einer unglücklichen Kindheit zu schnuppern. Die Erinnerung daran verblasst nicht, da sie nicht vollends begraben wurde. Denn nicht alle Gräber in meiner Heimatgemeinde werden eingeebnet. Nur die der Mitglieder der Herde. Die Gräber der Hirten bleiben den Nachkommen erhalten, am Kopfende des Friedhofes, zu Füßen eines mächtigen Holzkreuzes.

»Sacerdos in aeternam«, Priester in Ewigkeit, steht auf dem
Granitstein von Josef Schneider, geboren 1867. Der Stein seines Nachfolgers Franz Henneke weist das Geburtsjahr 1891
aus. Gedacht wird auch der Gemeindepfarrer Paul Habbel
und Josef Vogt, die mich beide auf höchst unterschiedli-
che Weise in jungen Jahren geprägt haben. Wobei ich nicht
exakt zu trennen vermag, wer mehr für den rebellisch-anar-
chistischen Anteil oder das mehr konservativ-bewahrende
Moment zuständig war. Jedenfalls haben beide im Hintergrund für die Figur des Pfarrers Johannes Baptiste in meinem
Roman *Wie die Madonna auf den Mond kam* Pate gestanden.

Paul Habbel, der 1936 seinen Pfarrdienst in Lenhausen aufnahm und 1966 im Alter von siebenundfünfzig Jahren starb,
sorgte dafür, dass meine Einführung in die deftige Variante
des Katholizismus kurz und handfest ausfiel. Im Religionsunterricht hatte ihm eine Klassenkameradin fingerschnip-
pend gesteckt, der damals neunjährige Autor dieser Bekenntnisse habe ihr in der Kirche während der Messfeier die Zunge
herausgestreckt. Habbel beorderte mich nach vorn zur Tafel
und knallte mir ansatzlos links und rechts eine runter, dass
sich das Hinhalten der anderen Wange quasi erübrigte. Das
Bild des jähzornigen Priesters wurde später von einem anderen Bild überlagert. Aus dem Choleriker war ein hinfälli-
ger Mann geworden, vom Lungenkrebs ausgezehrt. Wenige
Wochen vor seinem Tod reichte er mir auf einem Stuhl sit-
zend mit mildem Blick und mit zitternder Hand am Altar
noch die erste heilige Kommunion. Sein müdes Gesicht hat
sich in die Festplatte meines Gedächtnisses eingeschrieben,
ebenso wie die schallenden Ohrfeigen. Sie legten die Basis
für eine gewisse Skepsis. Weniger gegenüber dem Glauben
an Gott, nur hatte meine Achtung vor der klerikalen Reprä-

sentationskompetenz einen Knacks abgekriegt. Durch Paul Habbel hatten die alten Glaubenskräfte mit einem mächtigen Glockenschlag noch einmal ihre Autorität demonstriert und zugleich ihre Demontage eingeläutet. Möge der *Priester in Ewigkeit* ruhen in ebensolchem Frieden.

»Manche Sünden sind so groß, daß sie den Menschen von Gott trennen. Wer zum Beispiel einen Mord begeht, ist nicht mehr Gottes Kind. Er ist tot für Gott und kann nicht mehr in den Himmel kommen. Darum nennt man solche Sünden Todsünden. Wer mit einer Todsünde stirbt, kommt in die Hölle. Wer mit einer Wundsünde stirbt, kommt ins Fegfeuer.« Mit solchen Prognosen rüstete das Erzbistum Paderborn mit dem *Glaubensbuch für das 3. und 4. Schuljahr* in den sechziger Jahren Jungen und Mädchen für das Jüngste Gericht. Dass sich ehemalige Mitschüler und Mitschülerinnen seitdem mit unbewältigten Traumatisierungen abmühen, ist mir nicht bekannt. Aber ich will das nicht ausschließen. Ich entsinne mich nicht, dass mich als Kind die Furcht vor ewigen Höllenqualen geplagt hätte, zumal ich mich perspektivisch schon früh auf das Fegefeuer einstellte. Die Vorstellung eines reinigenden Purgatoriums erschreckte mich nicht, sie dünkte mir plausibel. Wie geschaffen für jemanden, der verpönte Fix-und-Foxi-Hefte unter der Bettdecke las, heimlich sein Sparschwein schlachtete und seine Hausaufgaben morgens im Schulbus erledigte. An der Seite der Seligen, denen beim Jüngsten Tag der Platz zur Rechten des Auferstandenen verheißen war, würde mich der Weltenrichter nicht platzieren. Andererseits sah ich mich nach realistischer Einschätzung der göttlichen Güte aber auch nicht zähneknirschend zwischen den Verdammten. Unter endzeitlichem Gesichtspunkt schien mir die Idee des Fegefeuers tröstlich und beruhigend.

Sie schürte keine Furcht, sie eliminierte sie. Sie machte den Menschen menschlich in all seiner Unzulänglichkeit. Das Fegefeuer eröffnete die Aussicht auf eine läuternde Zwischenwelt, in der es sich zeitlich befristet ausharren ließ. Diese Zwischenzone dümpelte nicht im trüben Mittelmaß, sondern hielt die Grenze zwischen Erlaubtem und Verbotenem in einer erträglichen Balance, diesseits der Verpflichtung, auf Erden bereits die volle Tauglichkeit für das Himmelreich erwerben zu müssen, und jenseits der erniedrigenden Furcht, vor den Augen Gottes keine Gnade zu finden.

Nach zwei, drei Jahren Volksschule des Lesens mächtig führte uns das katholische Gesangbuch *Sursum corda* »Erhebet eure Herzen« an die Phänomenologie der Sünde heran. Der ungeliebte Beichtspiegel listete ihre mannigfaltigen Erscheinungsformen auf, die sich auszumalen die kindliche Vorstellungskraft überschritt. Im Allgemeinen frönten Acht- oder Neunjährige keinen verbotenen Begierden. Sie sangen keine schamlosen Lieder, verbreiteten keine unsittlichen Schriften und taten auch nichts wirklich Unkeusches, weder allein noch mit anderen. Allerdings diente die Frage: »Hast du dich durch unerlaubte Blicke versündigt?«, nicht nur der Erforschung des Gewissens, sondern auch der Anregung der Neugier. Wer bekannte, gegen Eltern und Lehrer ungehorsam, frech und trotzig gewesen zu sein, genascht, geflucht und gezankt, die täglichen Gebete unterlassen und während der heiligen Messe geschwatzt zu haben, rutschte vergebungsmäßig glatt durch und ging mit zwei, drei Vaterunser und Ave-Maria geläutert nach Hause. Die schlimmste Buße bestand in der Aufgabe, der Mutter beim Abwasch zu helfen. Man geriet in eine Zwickmühle. Nicht weil man der Mutter nicht gern geholfen hätte. Aber musste sie die Anwandlung von Hilfsbereitschaft nach der Beichte nicht durchschauen und missverstehen: nicht als aufrichtiges Zeugnis guten Willens, denn als unfreiwilligen Akt einer klerikal verordneten Wiedergutmachung?

Dem Beichtstuhl haftete ein Paradoxon an. Die Pflicht zur Beichte sollte der Freiheit des Wollens erwachsen. Nur schlossen sich der Zwangscharakter der Ohrenbeichte und die Intimität eines freien Bekenntnisses gegenseitig aus. Den Ausweg aus diesem Dilemma erlaubte ausgerechnet der Beichtspiegel. Von außen betrachtet war er ein akribischer Sündenkatalog, ersonnen von Menschen, für die der Glaube mehr der Erfüllung von Gesetzen diente als der Liebe zu Gott und dem Leben. Nur verwandelte sich der Index der Missetaten gegen seine eigene Intention in einen blinden Spiegel, zu trüb, um etwas zu reflektieren und zu enthüllen. Als Instrumentarium der Gewissenserforschung war der Beichtspiegel kein Medium der Selbstoffenbarung und Entblößung, sondern der Verhüllung. Die vorformulierten Bekenntnisse verliehen jeder Sünde etwas Überindividuelles und Allgemeines, hinter dem die persönliche Intimität gewahrt blieb. Man warf den Beichtspiegel über wie einen unsichtbaren Schutzmantel, unter dem man alles sagen konnte, ohne etwas von sich preiszugeben. Freilich um den Preis, dass die Beichte förderte, was sie eigentlich abzuschaffen gedachte, eine strukturelle Unaufrichtigkeit, aus der es für mich als junger Katholik nur ein Entrinnen gab. Die Flucht nach vorn.

Ich war siebzehn, hörte Pink Floyd und zupfte die Bassgitarre in einer Rockband. Die Konflikte mit den Eltern hielten sich in Grenzen und beschränkten sich auf zwei Felder: die Länge der Haare und der regelmäßige Besuch der Messe am Sonntag. Daran gekoppelt war der Gang zur Beichte. Darüber

207

ließ mein Vater nicht mit sich diskutieren. Einmal im Jahr war der Bußgang Christenpflicht. Am besten vor Ostern, am allerbesten am Karfreitag. Am Tag der Kreuzigung des Herrn beichtete das halbe Dorf. Wenn man als Pönitent die Tür des Beichtstuhls hinter sich schloss und niederkniete, grüßte der Priester mit den Worten »Gelobt sei Jesus Christus«. Die Antwort lautete stets: »In Ewigkeit. Amen. Meine letzte Beichte war vor ...« Sodann gab man dann die Zahl der Wochen, Monate oder Jahre an und listete seine Sünden auf. Bis ich gegen das Ritual rebellierte. Statt der obligatorischen Einleitungsformel »In Demut und Reue bekenne ich meine Sünden« bekannte ich mit zittrigen Knien: »Ich bin hier, weil meine Eltern mich geschickt haben.« Der Priester Josef Vogt, damals Jugendseelsorger der Diözese, erkannte mich an der Stimme, zumal ich als Mitarbeiter der Katholischen Jungen Gemeinde oft mit ihm zu tun hatte. Vogt reagierte verständnisvoll und schlug für den Karsamstag einen gemeinsamen Spaziergang vor. Obwohl sein Dienst- und Beichtplan ihm vor dem Osterfest kaum Luft ließ, kutschierten wir mit seinem Auto durch die Gegend, schlenderten durchs Sauerländer Tann, sprachen über Gott, die Welt und das Leben und natürlich auch über das Bußsakrament. Am Ende unserer Wanderung bat ich erstmals in meinem Leben darum, beichten zu dürfen. In seinen grauen VW Käfer legte Josef Vogt seine violette priesterliche Stola um und entsprach meiner Bitte.

Vier Jahrzehnte später schreibt der Autor Georg Diez im *Spiegel*, die christliche Kultur sei »eine Schuldkultur, eine Opferkultur und damit eine Täterkultur«. Der »christliche Trick« bestehe darin, Schuld zu verringern, »indem man sie beschwört oder beichtet«, zumal Gottes Sohn, für uns geopfert, unsere Schuld trage. Der beichtende Christ, ein kungelnder Spekulant? Abgesehen davon, dass Diez das Vergeben von Schuld mit dem Schwund derselben verwechselt, taugt der Trick nicht. Ein Katholik weiß, dass Schummeleien bei der Schuldentilgung unter eschatologischem Aspekt nicht zielführend sind. Andererseits, aus hedonistischer Perspektive, erweist sich eine Schuldkultur als Lustbremse. Und die will Diez enthemmen. »Aber wenn es gar keine Sünden gibt? Wäre Jesus dann umsonst gestorben? Mussten die Christen also die Sünde erfinden, damit ihr Glaube funktioniert?« Es ist natürlich umgekehrt. Wenn überhaupt etwas erfunden wurde, dann erfanden die Christen nicht die Sünde, sondern die Sünde die Christen.

Nach antireligiöser Logik müsste die Verwandlung von Beichtstühlen in Besenkammern ein Indiz für eine zunehmend schuldbefreite und zu wahrer Freiheit befähigte Gesellschaft sein. Nur ist dem nicht so. Unter der Rubrik »Sinn und Unsinn« publizierte die *Süddeutsche Zeitung* 2015 einen Beitrag über die Beichte. Titel: »Von der Seele reden.« Der Erfurter Dompropst Gregor Arndt erzählte darin, pro Jahr nur noch rund 150 Beichten abzuhalten, widersprach aber der gängigen Ansicht, die Menschen hätten heute kein Schuldbewusstsein mehr. Im Gegenteil. »Sie fühlen sich schuldiger als je zuvor.«

Die Beobachtung überrascht nicht. Gerade dort, wo Religionskritiker vehement gegen das Schuldbewusstsein agieren, werden neue Gerichte etabliert, vor denen zu bestehen schwerlich möglich ist. Autoritäre Über-Ich-Instanzen und selbstgerechte Moraltribunale kommen heute gnadenloser daher als die Erbsündenlehre. Der Vorstellung der Erbsünde liegt keineswegs, wie häufig angenommen, die Idee einer geerbten persönlichen Schuld zugrunde, sondern die Einsicht,

dass der Mensch ein Freiheitswesen ist. Der Begriff der Erbsünde gilt unter Theologen als umstritten und untauglich,
nicht aber das, was Karl Rahner die »Universalität der Schuld-
bestimmtheit der Freiheitssituation *jedes* Menschen« nennt.
Niemand bestreitet, dass die Tatsache, im wohlhabenden
Europa geboren zu sein und zu leben, Auswirkungen auf
Menschen in den entlegensten Teilen der Welt hat. Nur verurteilt eine im abendländischen Kulturkreis grassierende
Hypermoral die Folgen der globalen Vernetztheit als kollek-
tives und persönlich zu verantwortendes Versagen; als Schuld,
die ständig erinnert, benannt und bekannt werden muss, und
sei es auch nur, um den abstrakten Willen zur Läuterung zu
bekunden. Johannes Röser, Chefredakteur der Zeitschrift
Christ in der Gegenwart, benennt die heimliche Hybris mora-
lischer Überlegenheit, die sich hinter dem permanenten Mea
culpa verbirgt. »Seht, wie kräftig wir uns an die eigene Brust
schlagen, wie vorbildlich wir sind!«

Unser Reichtum verschuldet Armut, unsere Sattheit Hunger. Unsere Wirtschaft bewirkt Ausbeutung, unsere Poli-
tik fördert Vertreibung und Flucht, während wir mit unseren Grenzen das Mittelmeer zum Grab machen. Weil wir
Kleider in Billigmärkten kaufen, stürzen Textilfabriken ein.
Und weil wir Treibhausgase in die Luft jagen, verheizen wir
die Erde. Unsere Waffen verursachen Kriege, unsere Mili-
tärs schüren Konflikte, und unsere Interventionen machen
den Terrorismus stark, für den nicht etwa skrupellose Mörder verantwortlich sind, sondern wir. Nachdem am Freitag,
dem 13. November 2015, islamistische Massenmörder in Paris
einhundertdreißig Konzertbesucher und Restaurantgäste
massakrierten, erklärten die Redakteure der Kindernach-
richtensendung *logo!* im Zweiten Deutschen Fernsehen den

Gewaltexzess der Terroristen mit den Schrecknissen des französischen Kolonialismus. Radikalisierte Muslime, so lernten die jüngsten TV-Zuschauer, »sind arbeitslos und wissen nicht, was sie tun sollen. Das macht sie wütend.«

Als Folge der Verbrechensgeschichte des Nationalsozialismus macht Rüdiger Safranski unter den Deutschen einen Hang zur moralisierenden Gesinnungsethik aus. »Es gibt in der deutschen Öffentlichkeit eine große Bereitschaft, sich schuldig zu fühlen«, sagte Safranski 2015 der *Neuen Zürcher Zeitung*. In demselben Jahr beschwor Georg Diez im *Spiegel*, »die Schuld, die alles überwölbt: der Holocaust, die Existenzgrundlage des heutigen Deutschlands«.

Immer engmaschiger wird das Netz der Schuldverstrickung. Nur braucht es, um die Messlatte des Schuldigseins immer niedriger zu hängen, kein Christentum, keine Kirche und keinen Katholizismus mehr. Als Ironie des Schicksals erfüllt sich in der neuen Schuldkultur das Vermächtnis Karlheinz Deschners. Auch nach seinem Tod 2014 lesen wir auf seiner Webseite noch das Bekenntnis: »Ich bin Kritiker, auch meiner selbst. Ich habe ein Schafott in mir.« Deschners Metapher benennt den Zustand der Gnadenlosigkeit. Die radikalen Aufklärer haben die Kultur der Schuld nicht aufgelöst. Sie haben sie verinnerlicht. Sie glauben, mit dem Beichtstuhl ein Instrument der seelischen Folter entsorgt zu haben. Abgeschafft aber haben sie das Sakrament der Vergebung.

IX

Die Wurzel des Bösen

Die Hexe: Sinn und Verstand verlier ich schier,
Seh ich den Junker Satan wieder hier!
Mephistopheles: Den Namen, Weib, verbitt ich mir!
Die Hexe: Warum? Was hat er Euch getan?
Mephistopheles: Er ist schon lang ins Fabelbuch
geschrieben;
Allein die Menschen sind nichts besser dran,
Den Bösen sind sie los, die Bösen sind geblieben.
Johann Wolfgang von Goethe, *Faust I*, Hexenküche

Um den Zumutungen der Gegenwart zu entfliehen, setze ich mich bisweilen ins Auto und fahre in die Vergangenheit. Nach Rumänien. In der Gewissheit, vom Regen in die Traufe zu geraten, steuere ich Regionen an, die wie verlorene Sterne durch die Zeit irren, ohne absehbare Aussicht, sich irgendwann im Hier und Jetzt der Modernität zu verankern. Stets nehme ich meine Fotokameras mit. Zur Selbstvergewisserung und um belegen zu können, dass im dritten Jahrtausend im Herzen Europas Inseln der Ungleichzeitigkeit existieren, wo die Grenzen sich auflösen, von Glaube und Aberglaube, von Wahrheit und Wahn. Das fiktive Karpatendorf Baia Luna, Schauplatz meines Romans *Wie die Madonna auf den Mond kam*, ist das literarische Konzentrat jener realen Orte, die ich über Jahre hinweg besucht habe und deren Bewohner ich schätze, ohne sie in letzter Instanz zu verstehen. Ob in Corneşti, Moisei, Nicola, Nadasel, Vişeu de Jos oder Valea Scradei, überall traf ich Menschen, deren Weltsicht mich erstaunte, nicht selten amüsierte und mir regelmäßig die Sprache verschlug. Meistens dann, wenn der »Diavol« ins Spiel kam: der Teufel.

Rüdiger Safranski leitet seine Studie *Das Böse oder das Drama der Freiheit* mit dem programmatischen Satz ein: »Man muss nicht den Teufel bemühen, um das Böse zu verstehen.« Dem kann man zustimmen. Gleichwohl nicht aus der Perspektive von Bruder Cassian. Er dürfte vehement widersprechen. Wie auch József Selymes, Zai Gligor, Vasile Luţaj und all die anderen Männer des Glaubens, die sich in Rumänien dem Kampf gegen das Böse verschrieben haben und schon von Berufs wegen mit dem Teufel über Kreuz sind. Ich traf den orthodoxen Mönch Cassian in der Monastaria von Nicola. Das Kloster zieht eine beachtliche Schar von Pilgern an, seit eine Madonnenikone, wie fromme Chronisten berichten, im Jahr 1699 erstmals echte Tränen vergossen hat. Zuletzt habe sie 1940 geweint, erzählte Cassian, nun warte man wieder auf ein Wunder. Aber das himmlische Zeichen blieb aus, obwohl die Gottesmutter allen Grund zum Heulen gehabt hätte. Drei Wochen vor unserer Begegnung damals, am 11. September 2001, hatten Terroristen die Anschläge auf das World Trade Center verübt. Bruder Cassian sah darin das Wirken Satans auf klassische Weise bestätigt. »Das Böse verbreitet Angst und Schrecken. Nistet sich der Teufel im Denken ein, wird man ihn mit klugen Gedanken wieder los. Besetzt er aber das Herz, dann ist er nur schwer zu besiegen. Ich kenne Leute, die kämpfen seit dreißig Jahren gegen das Böse, doch die Dämonen wollen nicht aus ihnen heraus.« Und warum nicht? »Legionen von Dämonen können in einer Seele wohnen. Das steht in der Bibel. Schlägst du einem Teufel den Kopf ab, wächst ein neuer nach.« Und was ist zu tun? »Wir müssen aufhören, das Böse zu fürchten. Wen wir fürchten müssen, ist Gott.«

Die Abkehr von der Gottesfurcht beklagt auch Vasile Luṭaj. Der orthodoxe Priester lebt in Valea Scradei, im entlegenen Wassertal in den Maramuresch-Bergen unweit der Grenze zur Ukraine. »Er ist ein Heiliger, der sich um die Armen sorgt«, sagen seine Anhänger. Er handele mit Gebrauchtwagen, argwöhnen weniger Gewogene. Wer den Popen kennenlernt, findet beide Sichten bestätigt. Vasile Luṭaj ist ein ausgesprochen freundlicher Gastgeber, der mich einlädt, einige Tage bei ihm und seiner Frau zu wohnen, um mir Einblicke in sein dreißigjähriges priesterliches Wirken zu gewähren, im Zuge dessen es ihm gelang, »einige Tausend Sünder von den Ketten des Satans zu erlösen und zum Guten zu führen«.

Ein persönliches Schlüsselerlebnis ereilte ihn noch zur Zeit der kommunistischen Diktatur. Damals hatte Vasile eine Vision. Sieben Wochen, erzählt er, habe er gebetet, gefastet und enthaltsam gelebt. »Dann sah ich plötzlich einen großen hölzernen Rahmen. Aus ihm heraus trat eine bärtige Gestalt mit wehendem Gewand aus purpurner Seide. Es war Jesus selbst. Er lächelte mich an und segnete mich. Drei Mal. Danach wusste ich: Ich muss eine Kirche bauen.« Und Vasile Luṭaj baute eine Holzkirche, im idyllischen Wassertal, dem glaubensfeindlichen Ceauşescu-Terror zum Trotz und ohne von der Securitate behelligt zu werden. Als während der Einweihung seiner Kirche, just bei der Verwandlung des Brotes in den Leib des Herrn, eine weiße Taube groß wie ein Truthahn vom Altar aufflatterte, wurde Vasile Luṭaj klar, dass niemand anderes mit ihm war als der Heilige Geist. Nun, er selbst habe die Taube zwar nicht bemerkt, aber sein Namensvetter, der 14-jährige Vasile Ciolpan, habe ihm versichert, sie mit eigenen Augen und ganz genau gesehen zu haben.

Um keinen falschen Eindruck zu erwecken: Vasile Luţaj ist ein gebildeter Mann. Nächtelang lässt es sich mit ihm über Bücher diskutieren. Auf Deutsch. Etwa über *Das Heilige und das Profane* des Religionsphilosophen Mircea Eliade. 6600 Bände stapeln sich allerorts in dem bescheidenen Pfarrhaus. Seine Studien unterscheiden Vasile von den Bewohnern des Wassertals, die ihm Respekt abnötigen, »weil sie ihr karges Leben meistern, ohne je ein Buch gelesen zu haben«. Andererseits, wiegelt er ab, brächten die Gedanken von Cicero, Horaz, Balzac und Jules Verne, ja selbst die Goethe-Gesamtausgabe »kein wahres Wissen« hervor. »Echte Weisheit beginnt mit der Furcht vor dem Schöpfer.« In deren Mangel liegt für Vasile die Wurzel allen Übels: »Der Mensch verhöhnt Gott stattdessen!« Der Grund? »Weil Satan die Menschen verführt, sich selbst zu schaden.« Sie versaufen ihren Verstand, richten sich mit Drogen zugrunde und sind zerfressen von der Gier nach Macht, Reichtum und Sex. Sie verblöden am Fernseher, rennen zu Zauberhexen und werfen ihr Geld für magischen Hokuspokus aus dem Fenster. Sie vergiften die Flüsse, verdrecken die Meere und verpesten die Luft. Sie schwören einander ewige Liebe und lassen sich beim ersten Sturm im Stich. Sie berauschen sich an ihrer Leidenschaft und hassen abgrundtief, sobald die Gefühle schwinden. Sie lügen und betrügen, meucheln und morden, ohne Rücksicht auf andere und gegen sich selbst. So wie jene Frau, die man oben im Wassertal am Strick fand und deren Sohn danach seinen Onkel abschlachtete, dem man nachsagte, er habe für den Geheimdienst Securitate gearbeitet. Vasile erläuterte mir den satanischen Hintergrund der Geschichte, die sehr grauenvoll, aber auch sehr verworren war, sodass es mir leichtfiel, zu versprechen, sie nicht im Detail zu erzählen.

Die gute Nachricht: Achtzig Prozent der Sünder, die regelmäßig Vasile Luţajs nächtlichen Exorzismusmessen beiwohnen, werden gerettet. Auf vergleichsweise unspektakuläre Art in einer vierstündigen Zeremonie mit Gebeten, Segnungen und Handauflegen unter Anrufung von Vater, Sohn, Heiligem Geist sowie sämtlichen Schutzmächten und Heerscharen, die im Himmel zur Verfügung stehen. Zügellosen Männern, in denen der Dämon der Wollust wütet, sind Gebete zum heiligen Antonius von Ägypten angeraten. Unverheirateten Frauen, die unter ungestillter Begierde leiden, empfiehlt der Priester innige Zwiesprache mit der Jungfrau Maria, »weil sie einen Sohn gebar, ohne der Leidenschaft des Körpers zu frönen«. Und ansonsten: »Fasten, fasten, fasten. Beten und zur Messe gehen. Je nach Besessenheitsgrad sind ein, drei, sieben, zwölf oder vierzig Messen nötig.« Die Anzahl erklärte Vasile mit dem einen Gott, der Dreifaltigkeit, den sieben Sakramenten und den zwölf Aposteln. Und die vierzig? »Weil Jesu der Versuchung widerstand, dem Satan zu dienen, als er vierzig Tage fastete.«

József Selymes steckt eine Videokassette in den Rekorder und spielt mir Szenen vor, die den Kampf gegen das Böse dokumentieren. Die Aufnahmen vermeintlich besessener Frauen, manche noch halbe Kinder, könnten aus dem Horrorfilm *Der Exorzist* oder aus Roman Polanskis *Rosemaries Baby* stammen. Aber sie entstanden in Rom, wo der katholische Priester Selymes in den neunziger Jahren unweit der Paulus-Basilika zwei Mal wöchentlich an Teufelsaustreibungen teilnahm. Exorzistisch geschult kehrte er nach Rumänien zurück, wo er bei seinem Kreuzzug gegen den Satan reichlich mediales Aufsehen erregte. Bis sein Vorgesetzter, der Bischof der Diözese Oradea, dem Treiben seines übereifrigen Priesters einen Riegel vorschob.

Pfarrer Selymes will den Psychiatern, Psychologen und Therapeuten nicht ihr Terrain streitig machen, zumal sein eigenes sich ausdehnt, leider aber brachliegt und unbeackert bleibt. Selymes ist nicht unbedarft. Er weiß um die Nachtseiten der Psyche, um Neurosen und Schizophrenien, um die Folgen kindlicher Traumatisierungen, um die Ursachen von Depressionen und die Macht des Unterbewusstseins. Die Freud'sche Erkenntnis, das Ich sei nicht Herr im eigenen Haus, ist für ihn eine banale Gewissheit. Natürlich empfange das Bewusstsein nicht durchschaute maliziöse Botschaften, nur sei der Absender dieser Botschaften der Satan höchstpersönlich.

József Selymes ist sich sicher, dass mindestens zwanzig Prozent aller psychisch Kranken in Wahrheit vom Teufel besessen sind. Verdächtige Indizien sind: »Epileptische Zuckungen, unkontrollierte Hassattacken, Zerstörungswut oder ständiges Kopfschütteln bei gebeugtem Haupt verbunden mit unverständlicher Brabbelei. Hinzukommen muss jedoch unbedingt«, darauf legt der Priester äußersten Wert, »eine heftige Abwehrreaktion gegen heilige Utensilien. Kruzifixe, die priesterliche Stola, Hostien und Weihwasser.« Als untrüglicher Beweis der Besessenheit gilt: »Sofortiges Ausspeien von heiligem Brot.«

Allein in dem westrumänischen Landkreis Bihor dürften nach seiner Schätzung mehrere Hundert Besessene leben. Weswegen »viel mehr exorziert werden müsste«. Doch József

Selymes darf nicht mehr exorzieren. Sein Bischof hat es ihm nicht nur verboten, er verbannte seinen Priester auch von der Großstadt Oradea in die Provinz nach Tăşnad. »Ich musste gehen. Leider«, kommentiert Selymes seine Zwangsversetzung. »Denn die Anfragen von den Verwandten der Besessenen werden immer drängender.« Doch heimlich ohne bischöfliche Erlaubnis Dämonen austreiben, das will Selymes auf gar keinen Fall. »Bei solchem Ungehorsam käme der Satan geradewegs zu mir.« Zu schaffen macht ihm jedoch, dass er nicht mehr im Fernsehen auftreten darf. Das ist ihm kirchenrechtlich verboten. Zudem ist ihm untersagt, weiterhin Artikel für Zeitungen zu schreiben und im Rundfunk gegen das Böse zu predigen. »Wie sollen die Menschen nun über das Wirken des Teufels aufgeklärt werden«, fragt der verhinderte Exorzist. »Das ist doch gerade der Trick des Teufels. Er lässt die Menschen glauben, dass es ihn nicht gibt.«

Den Beweis, dass es den Teufel doch gibt, bezahlte Daniel Corogeanu mit einem Leben. Nicht mit seinem eigenen, sondern mit dem Leben von Irina Cornici. Sie war dreiundzwanzig, als sie 2005 als Novizin im Osten Rumäniens in das Moldaukloster zur Heiligen Dreifaltigkeit in Tanacu eintrat. Dort ereilte sie nach einer Abendmahlsfeier ein psychotischer Anfall. Zu Rate gezogene Ärzte sahen darin Indizien einer Erkrankung an Schizophrenie. Da sie Irina mit Medikamenten und Psychopharmaka nicht helfen konnten, deutete der orthodoxe Klosterprior Corogeanu ihr Verhalten damit, Irina habe den Leib des Herrn empfangen, ohne zuvor ihre Sünden vollständig gebeichtet zu haben, woraufhin der Satan sich ihrer bemächtigt habe. Der 29-jährige Corogeanu und vier willfährige Nonnen ketteten Irina an ein Kreuz, schlugen und knebelten sie und verweigerten ihr Nahrung und Wasser.

Weil sie Irinas verzweifelte und wohl auch unflätige Schreie aus Schmerz, Wut und Todesangst für das Agieren des lüsternen Satans hielten, verschlossen sie ihrem Opfer mit Klebeband den Mund. Am 17. Juni 2005, nach drei Tagen qualvollen Martyriums, hatten der Mönch und seine Gehilfinnen Irina zu Tode exorziert. Wegen Mordes wurden der Prior und die Peinigerinnen von der staatlichen Justiz zu langen Haftstrafen verurteilt. Corogeanu erhielt vierzehn Jahre Gefängnis und wurde von der rumänisch-orthodoxen Kirchenleitung aus dem geistlichen Stand entlassen. Die Ordensfrauen wurden exkommuniziert. »Wir haben Irinas Seele gerettet«, sagte der Folterpriester. Sie habe für den Sieg über den Teufel »den Preis ihres Körpers bezahlt«.

Irina Cornici, das muss erwähnt werden, wurde 1982 in Perieni geboren, einem Dorf in Moldova, der ärmsten und rückständigsten Region im Osten Rumäniens. Irina war ein Jahr alt, als ihr Vater sich aufhängte und ihre trinkende Mutter sie und ihren Bruder weggab und der staatlichen Fürsorge überließ. Wobei der Begriff Fürsorge irrige Vorstellungen hervorruft. Irina wuchs im westrumänischen Arad auf, in einem der furchtbaren Kinderheime, Horroranstalten der Verrohung, Lieblosigkeit und Indoktrination, die der Diktator Nicolae Ceauşescu dazu benutzte, folgsame Untertanen und gefügige Handlanger heranzuzüchten. Nicht im Wirken des Teufels dürfte Irinas psychische Erkrankung gründen, wohl aber in einer Hölle auf Erden, die noch immer einen Schatten wirft, hinein in die Jetztzeit.

Anders als bei den friedlichen Revolutionen in der DDR, Ungarn oder der Tschechoslowakei stand der Tod an der Wiege des neuen Rumänien. Die Demokratie kam zwar in der heiligen Weihnacht '89, aber sie war begleitet von entfesselter

Wut. Ein verstörendes Bild hat sich in das kollektive Gedächtnis eingebrannt, ein Bild des Ehepaars Ceaușescu in einer surreal wirkenden Szenerie. Zwei Alte liegen in ihrem Blut, bekleidet und doch in beschämender Nacktheit. Nichts ist übrig vom Titan der Titanen, der selbst der Sonne trotzte. Der Conducător, die viel besungene Schatzkammer der Weisheit, ist mutiert zu dem, was er im Kern seiner Persönlichkeit immer war, ein Schustergeselle, der mit bunten Phantasieschärpen und goldenem Zepter auf der weltpolitischen Bühne herumgockelte, während seine Gattin mit vier Jahren Volksschule zu einer hochdekorierten Wissenschaftlerin aufgeplustert wurde. Die ungezählten Hofschranzen, die das tyrannische Paar viel zu lange beklatscht hatten, sahen in Ceaușescu nun den Dracula, den Diavol, verführt von der machtgeilen Schlange an seiner Seite. Doch wer hinschaute, sah an der Exekutionswand nicht das personifizierte Böse niedergestreckt, sondern zwei Menschen in ihrer unendlichen Verlorenheit. »Die Geschichte wird mich rächen«, sollen Ceaușescus letzte Worte gewesen sein, während Elena empört und in Todesfurcht stammelte: »Ihr seid doch meine Kinder.«

Nur machten neunzig Patronen aus drei Kalaschnikows, abgefeuert in Sekunden, aus den Untertanen einer Diktatur keine Helden der Freiheit und aus den Revolutionsgewinnern keine Sieger der Geschichte. Die Salven erledigten das verhasste Paar, aber sie vertrieben nicht die Gespenster der Vergangenheit. Eine Leerstelle tat sich auf, ein geistiges und geistliches Loch. Doch dieses Loch füllt sich und quillt allmählich über, vom Aberglauben der Teufelsfürchtigen, der geschürt wird von Geistlichen, Wahrsagerinnen und Schwarzmagierinnen. »Hexen« nennt sie der Volksmund.

20 000 sollen es sein, Frauen, die derart einträgliche Umsätze tätigen, dass der rumänische Staat ihre Dienstleistungen für steuerpflichtig erklärte. Sie geben vor zu helfen, bei Krankheit und Geldnot, bei Liebesleid und Einsamkeit. Sie füllen das spirituelle Vakuum mit jenem Wahn, der Irina Cornici das Leben kostete.

»Frag, was du willst«, sagt Simona. Sie legt ihr Strickzeug beiseite und nippt an ihrem Kaffee. »Ich werde antworten. Aber glaub nicht, dass du mich verstehen wirst.« Sie sagt das freundlich. Doch auch etwas spöttisch, mit dem Tonfall einer Überlegenen. Wie eine Wissende, die in Abgründe geschaut hat, die erkannt hat, wo der Schlüssel zum Rätsel ihres Lebens liegt. Die ein Geheimnis kennt. Ihr Geheimnis, zu dem sie dem Berichterstatter ein Türchen öffnen wird. Nicht ganz freilich, aber doch einen Spalt.

Vor ein paar Jahren noch, so erzählt sie freimütig, während sie an einem Pullover strickt, stand sie vor den Trümmern ihres Lebens, verzweifelt und ratlos. Erdrückt von Müdigkeit, bleischwer und ständig gequält von hämmernden Schmerzen im Kopf. Damals glaubte Simona noch an ärztliche Diagnosen, setzte auf Rezepte aus der Apotheke. Die Mediziner untersuchten sie von Kopf bis Fuß, doch sie fanden nichts. Nur einen gesunden Körper, der keine Erklärungen preisgeben wollte für ihren Verlust an Lebensfreude, für die innere Leere, die sich in den Alltag der Kindergärtnerin eingeschlichen hatte. Simona schluckte Tabletten, doch die halfen nicht. »Die Ärzte konnten nichts für mich tun«, sagt die 30-jährige. »Jeden Tag ging es mir schlechter. Es kostete viel Kraft, meinen Zustand zu verbergen, vor den Kindern und den Kolleginnen.«

Schließlich suchte Simona Rat bei den Geistlichen. Und davon gibt es viele in der Region Cluj, der Metropole im Karpatenbecken im Zentrum Transsilvaniens. Sie ging in die Kirchen, beichtete und betete, besuchte Klöster, erhoffte Beistand von studierten Theologen, geweihten Priestern und asketischen Mönchen, von denen sie annehmen durfte, sie würden etwas von den Schattenseiten der menschlichen Seele verstehen. Vergeblich. »Die hatten alle keine Ahnung, was mit mir los ist.« Verachtung schwingt mit, wenn Simona so spricht, aber auch Stolz. »Etwas ist in mir, dem sind diese Männer nicht gewachsen.« Und weshalb nicht? »Weil sie alle zu schwach sind. Sie besitzen keine wirkliche Macht.«

Außer einem. Nachbarn erzählten Simona von einem orthodoxen Popen, der gänzlich unorthodoxe Gottesdienste abhält. Jeden Sonntag in dem Weiler Corneşti eine Autostunde von Cluj. Messen für reuige Sünder und verlorene Seelen, für Haltlose, für Trinker, Geschiedene und Gescheiterte, für Menschen, denen sich andernorts keine rettende Hand entgegenstreckt. »Nur aus Neugier« fuhr Simona hin, und der Mann, den sie immer nur *Er* nennt, trat in ihr Leben. Wenn Simona von *Ihm* spricht, von seiner beruhigenden Stimme, dem festen Druck seiner Hände und seinem sanften Blick, dann leuchten ihre Augen.

»Er braucht mich nur anschauen und mir wird ganz heiß«, sagt sie, und es klingt, als träume sich eine Frau in kindlicher Unschuld zurück zum schwärmenden Mädchen. Wäre da nicht dieser Abgrund. Wäre da nicht die Furcht. »Wenn er mit seinem Kruzifix auf mich zukommt, das halte ich gerade noch aus. Wenn er mir jedoch das geweihte Wasser ins Gesicht spritzt, zittere ich am ganzen Leib und könnte sterben vor Angst.« Und warum bleibt sie nicht weg? Weshalb geht sie immer wieder in die Kirche von Corneşti? Seit fünf Jahren, jedes Wochenende, samstags und sonntags? »Ich sag ja, du verstehst nicht. Du hast keine Ahnung von der Kraft seiner Ausstrahlung.«

Das stimmt. Aber meine Neugierde ist geweckt. Als Reporter, als Fotograf und als Mann. Ich muss *Ihn* kennenlernen. Begleiten wird mich meine Übersetzerin, die Journalistenkollegin Cora Sevianu, eine ehemalige Redakteurin des *Clujeanul*, einer lokalen Wochenzeitung in Klausenburg.

Von Cluj aus fahren wir in Richtung Nordwesten, bis hinter Aghireşu eine planierte Piste in eine unwirtliche, von Baggerschaufeln zerfressene Mondlandschaft führt. Wo der Abbau von weißer Porzellanerde marode Fabrikruinen und rostende Förderanlagen hinterlassen hat, tut sich ein nicht enden wollender Schotterweg auf. Er führt nach Corneşti. Cora hat dort angerufen und einen Termin vereinbart, mit dem Priester und Exorzisten Pintea Gheorghe.

Kruzifixe. Überall. Im ganzen Dorf. An jeder Ecke ragen sie in den Himmel. Mahnmale der Frömmigkeit, Grenzmarkierungen, die ein glaubensstrenges Terrain abstecken. Sein Terrain, seine Kirche, sein Reich. Pintea Gheorghe hat die Kreuze aufstellen lassen, von denen der leidende Christ mit Dornenkrone auf ein sterbendes Kaff herabschaut, in dem die Bewohner nicht einmal wissen, wie viele Leute hier leben. Fünfzig, vielleicht sechzig, sicher nicht mehr als achtzig. Ein Dorf ohne Zukunft. Zwei Kinder nur, ein Dutzend Pferdefuhrwerke, ein paar Ochsenkarren, ein Skoda Baujahr '70 ohne Sitze und ein verwaister Verkaufskiosk mit Coca-Cola-Werbung. An der ramponierten roten Blechbude blättert die Farbe ab, die Scheiben sind zerdeppert, und der weiße Schriftzug »Fifty-Fifty« zeugt von dem misslungenen Versuch, ein wenig weite Welt in einen der hintersten Winkel Transsilvaniens zu bringen.

Die Kirche ist nicht zu übersehen. Auf einem Hügel liegt sie. Heimelig, wie hingemalt. Als wir an dem schmiedeeisernen Tor zu dem Kirchgarten stehen, fragt sich Cora, wo um Himmels willen wir gelandet sind. Die Dreißigjährige ist eine weltoffene und moderne Rumänin. Sie trägt bequeme Bluejeans, doch die sind in der Kirche für Frauen verboten. Außerdem fällt Coras blondes Haar offen über ihre Schultern. Das ist auch untersagt. Ebenso wie das Auftragen von Make-up und der Kirchgang während der weiblichen Periode. Das verrät ein Schild mit Verboten und Geboten. Demgemäß müssen Frauen das Gotteshaus züchtig mit langem Rock und Kopftuch betreten, während die Männer nicht rauchen und nicht von einer Schnapsfahne umnebelt sein dürfen.

Gheorghes Haus fällt auf. Ein Anwesen mit ausladenden Stallungen, stattlich, gepflegt und mit neuem Mercedes-Transporter vor der Tür. »Alles seins«, erzählen die Tzigani, die am Rande des Dorfplatzes Selbstgedrehte rauchen und die Zeit totschlagen. Und sie haben viel Zeit. Auch im neuen Jahrtausend hat niemand in Corneşti Arbeit. Außer den Hirten, die für warme Mahlzeiten, einen Schoppen Wein und einen Schlafplatz das Vieh ihres Popen hüten. Die Enten und Gänse, die im Staub der Dorfstraße schnattern, gehören Pintea Gheorghe, ebenso die quiekenden Ferkel und die Milchkühe in den Ställen, die Pferde, die paar Hundert Schafe und das Land. »Er ist reich«, sagt Marcu Lingurar, »sehr reich. Die Leute kommen von weit her und geben ihm ihr Geld.« Und warum tun sie das? »Sie glauben, er kann sie vom Teufel befreien.« Marcus Kumpel Calin schüttelt den Kopf. »In die Kirche kriegt mich keiner mehr.« Früher ja, da habe er oft den

Gottesdienst besucht, bevor der Pope alle Stühle und Bänke aus der Kirche entfernen ließ. »Damit die besessenen Frauen besser toben können«, erklärt Calin. »Glaub mir, die sind alle verrückt. Einmal musste ich eine von ihnen festhalten. Ich sage dir, die war stark wie ein Pferd.«

Wir treffen Pintea Gheorghe vor seinem Haus. Er ist gerade erst aus Italien zurückgekehrt und bekundet das Glück, in Rumänien zu leben, wo die Menschen noch gottesfürchtig und folglich nicht verloren sind. »Ihr wollt also einer Exorzismusmesse beiwohnen und fotografieren.« Er spricht bedächtig und mustert mich. »Mit Ihrer Erlaubnis«, sage ich, weniger das Wirken des Bösen fürchtend als die Verweigerung der Zustimmung, es ablichten zu dürfen: »Wie Sie wissen, komme ich aus Deutschland, ein Land, in dem nicht mal mehr die Theologen an den Teufel glauben.«

»Ja«, nickt Pintea Gheorghe, »das ist mir bekannt.«

Er hat wirklich eine beruhigende Stimme. Wohlklingend und fest. Und schöne Hände, feingliedrige Finger, gepflegte Nägel. Hochgewachsen. Ein gestandener Mann, Mitte vierzig. Mit mächtigem Bart und früh ergrautem Haupthaar, im Nacken zum Zopf gebunden. Eine prophetische Gestalt. Ein bisschen Moses, ein bisschen Althippie. Ohne das goldbestickte Priestergewand könnte Pintea Gheorghe auch durch San Francisco schlendern. Love and Peace. Die Botschaft spricht aus hellen Augen. Strahlend blau schauen sie einen an, und wenn er leicht die Lider senkt, so glaubt man nicht, vor einem Exorzisten zu stehen, sondern vor der Personifikation menschlicher Güte. »Zu mir«, sagt er, »kommen Menschen, die unter dem Bann des Teufels stehen. Ich führe sie wieder auf den Weg zu Gott. Ihr werdet es sehen. Kommt am Sonntag um zehn. Fotos sind kein Problem.« Als wir uns verabschieden, gibt Pintea Gheorghe der zierlichen Kollegin noch den Rat: »Du brauchst keine Angst haben. Erschreck dich nicht, wenn die Dämonen aus den Frauen herausfahren.«

Sonntagmorgen, neun Uhr. Corneşti ist zugeparkt. Zwischen den Kruzifixen Autos aus dem Karpatenland, aus Braşov, Sibiu und Satu Mare. Selbst aus Maramuresch sind Gläubige die halbe Nacht durchgefahren, um pünktlich zu sein. Simona und ihre Freundinnen Livia und Dana aus dem Frauenchor sind wie stets schon am Vorabend in Cluj in den Bus gestiegen. Die Fahrt ging bis Aghireşu, danach liefen sie zwölf Kilometer zu Fuß bis Corneşti. Als Simona die Stufen zur Kirche hinaufsteigt, erinnert nichts mehr an die Kindergärtnerin aus der Großstadt, nichts an die selbstbewusste Frau, die nach Feierabend an der Universität von Klausenburg noch ein Studium der Sozialwissenschaften absolviert. Alt sieht sie aus, in dunklem Mantel, den schwarzen Rock bis zu den Knöcheln, das lange Haar versteckt unter einem Tuch. »Am liebsten trage ich Jeans.« Dieser Satz gilt in der Stadt, aber nicht in Corneşti.

Sonntagmittag, 14 Uhr: Über hundert Gläubige drängen sich in der Kirche. Knien, beten. Beten, knien. Seit vier Stunden predigt Gheorghe mit einem Gehilfen gegen die Mächte des Bösen an. Er betet zum heiligen Vasile dem Großen, erbittet den Beistand von den heiligen Cyprian und Johannes Goldenmund, preist die jungfräuliche Gottesmutter. Er segnet und salbt, küsst die Bibel und reckt sein silbernes Kruzifix empor. Ein erwachsener Messdiener versprenkelt geweihtes Wasser und nebelt das Kirchenschiff mit Weihrauch zu. Auf einem Tisch türmen sich mitgebrachte Brote, mit Hingabe gebacken und kunstvoll zu Zöpfen gedreht. Gheorghe segnet die Gaben. Dann taucht einer seiner halbwüchsigen

Söhne auf. Grinsend und mit verächtlicher Geste wirft er den Leuten Stückchen geweihten Brotes zu. Sie führen die Krumen zum Munde, kauen, beten und falten die Hände, schlagen Kreuzzeichen. Während Helfer mit Plastikeimern Geldscheine einsammeln, mache ich meine Fotos.

Hin und wieder zerreißen merkwürdige Geräusche die Szenerie. Würgelaute, Rülpser, kurze gellende Aufschreie. Niemand nimmt davon Notiz. Außer mir. Irritiert schaue ich mich um. »Satan kündigt sein Kommen an«, flüstert mir der Priestergehilfe zu. Dann tunkt er ein Wattestäbchen in geheiligtes Öl und macht sich daran, meine Kameras samt Objektiven, Blitz und Fototasche einer Segnung zu unterziehen. Ich stehe zugegeben unter einer gewissen Spannung und mache einen Fehler fototechnischer Natur. Ich benutze lichtempfindliche Schwarzweißfilme mit der ISO-Zahl 400, von denen ich ein halbes Dutzend verknipse. Zu meinem Entsetzen bemerke ich abends im Hotel, dass mein Blitzgerät manuell auf ISO 100 eingestellt ist. Das heißt, beim Auslösen der Kamera hat der Blitz vier Mal mehr Licht abgegeben, als es den Negativen guttut. Im ersten Moment fürchte ich magische Hexereien am Werk. Der Schrecken legt sich, als mein Fotolaborant in Deutschland mir versichert, mit einer speziellen Filmentwicklung seien die Aufnahmen zu retten. Dem ist tatsächlich so. Die Fotografien fallen zwar etwas flau und grobkörnig aus, aber die Dokumente der diabolischen Exzesse sind gesichert.

Oben auf einer Empore steht Simona. Mit einem Dutzend Frauen singt sie im Chor. Mit Firnta, Livia, Dana, Lenta und Daniela. Manche von ihnen blutjung. »Doamne miluieste, Doamne miluieste.« Herr erbarme dich, singen sie, stundenlang, voller Inbrunst, voller Hingabe. Nur Lavinia nicht.

Irgendwann beginnt sie zu stören. Das macht sie immer, wie ich noch erleben werde. Seit Jahren schon. Sie schimpft wie ein Rohrspatz, pöbelt schweinischen Kram, den Cora nicht übersetzen mag. Manchmal verdreht sie die Augen, grunzt und lächelt irre. »Einen schönen Freund, einen wunderschönen Freund werde ich finden«, keift sie, »der wird mich glücklich machen. Mich, nur mich allein.« Lavinia darf das. »Pintea hat es mir erlaubt«, erklärt sie mir später, »denn nicht ich bin es, die schreit. Es ist der Geist meines verhassten Ex-Mannes. Der fährt in mich und muss wieder heraus.« Ein übler Kerl sei das, ein Fiesling, ein Schwein.

Die Uhr zeigt fast drei. Pintea Gheorghe verschwindet in dem Altarraum, zu dem nur der Priester Zutritt hat. Und sein schnöselig auftretender Sohn. Demonstrativ zieht er die trennenden Vorhänge zu. Die Chorfrauen steigen herab von der Empore. Der Gottesdienst scheint beendet, doch niemand verlässt die Kirche. Wie auf ein stummes Kommando bilden die Gläubigen eine Gasse. Knien nieder. Warten. Die Häupter gesenkt. Bis *Er* wiederkommt. Der Exorzist. In der Rechten sein silbernes Kreuz. Doch der Mann, der da steht, ist nicht der Pope mit dem sanften Blick. Dieser Blick sticht, durchbohrt, seziert. Diese Augen sind eiskalt. Gemächlich schreitet Pintea Gheorghe auf die Knienden zu. Plötzlich ist in der Kirche der Teufel los.

Eine junge Chorsängerin windet sich unter heftigen Zuckungen, stöhnt, kreischt wie eine Furie, rauft sich die Haare. Frauen rülpsen in dunklem Männerbass, andere grunzen wie Schweine, kriechen durch das Kirchenschiff. Ein verschreckter Säugling schluchzt auf dem Arm seiner Mutter. Dann spielt Pintea Gheorghe seine Macht aus, seine Macht über Menschen. Sein Kreuz ist die Waffe. Er drückt es den

Frauen ins Gesicht. Manche erstarren, stumm vor Schreck. Wie furchtsame Kinder. Wie Statisten. Die *Er* dirigiert. Lächelnd und kühl presst er den Frauen das Kruzifix in die Augen, drückt sie nieder. Sofern sie jung sind. Die Alten kriegen nur ein Tätscheln. Kreuzeichen über der Stirn. Fertig. Aber die Jungen. Sie sollen jene Dämonen herausschreien, die der Exorzist Pintea Gheorghe ihnen eingeimpft hat. Selbst ein Kind traktiert er mit seinem Kreuz. Das Mädchen ist höchstens zwölf, seine Eltern schauen betreten weg. Dem Kind steht der kalte Schweiß auf der Stirn. Es zittert vor Angst. Tapfer beißt es die Zähne zusammen. Hält stand. Schreit nicht. Der Exorzist wendet sich ab.

Simona kauert beim Eingang im Vorraum der Kirche. Wie jeden Sonntag. Nicht um sich zu verstecken. Sie weiß genau, die Frauen, die hier hocken, sind als Letzte dran. Sie ist der Höhepunkt, der Schlussakkord eines irren zirzensischen Spektakels. Dann kommt *Er*. Simonas Gesicht verzerrt sich zu einer Grimasse. Sie wird eine Andere, wirft sich zu Boden, schlägt um sich, lässt sich hinabreißen in einen Abgrund, den nur sie selber sieht. Vier kräftige Männer stürzen sich auf sie, doch Simona lässt sich nicht bändigen. Bis Gheorghe vor ihr steht, herrisch, wie ein Dompteur vor seinem Raubtier. Mit seinem Kreuz. Er drückt es ihr in die Augen. Simona brüllt sich die Lunge aus dem Leib, zornesrot vor Wut mit geballten Fäusten. »Nein, nein, nein!« Dann das Kreuz auf den Kehlkopf. Der Pope stößt und presst. Immer wieder. Simona ringt nach Atem, würgt. Sie reißt sich los, wird wieder von Männerarmen gepackt, wird niedergedrückt. Gheorghe murmelt Litaneien herunter, lässt sich von einem Messdiener eine Plastikpulle mit Weihwasser reichen und kippt den Inhalt über Simona aus. Sie schreit sich an die Grenze ihrer Kraft. Und darüber hinaus. Irgendwann sackt sie in sich zusammen, ringt keuchend nach Atemluft. Pintea Gheorghe legt ihr die Hand aufs Haupt. Simona kommt langsam wieder zu sich. Er schaut sie an. Sie lächelt.

Sonntagnachmittag, 16 Uhr: Die ersten Autos verlassen Cornești, doch Pintea Gheorghe hält in seiner Kirche noch Privataudienz. Lang ist die Schlange der Ratsuchenden, fast ausnahmslos Frauen. Sie knien und küssen seine Hand, er sitzt im Sessel und schenkt Gehör. Zwei Minuten, manchmal drei. Lenta wird erfahren, weshalb sie keinen Mann findet. Denn sie ist verhext. Eine Schwarzmagierin soll unbemerkt ein paar Tropfen Wasser auf ihre Kleider gespritzt haben. Wasser, mit dem ein Toter gewaschen wurde. Ein böser Fluch, der aber zu lösen ist. »Durch Gebete«, sagt Gheorghe. »Durch viele Gebete.«

Eine Frau um die vierzig reicht ihm ein Passfoto. Mit Tränen in den Augen. »Mein Mann«, sagt sie. »Er trinkt.« Gheorghe wirft einen Blick auf das Bild. »Verlass ihn. Er ist des Teufels, für die Kirche und für Gott verloren.« Die Frau schaut verwirrt, steht auf, überreicht den Kirchendienern ihren Briefumschlag mit Geldscheinen. Dann geht sie. Die Nächste.

Maria hört, sie faste zu wenig, um ihren Trinkdämon zu besiegen. Regelmäßig betäubt sie sich mit Fusel. Immer wieder geschwängert von einem gewalttätigen Ehemann kommt sie mit ihren heimlichen Abtreibungen nicht klar.

Veronica hört zum weiß Gott wievielten Mal, ihr Vertrauen in den Herrn sei noch zu schwach. Die attraktive Lehrerin hofft darauf, dass ihr der Priester kraft des Heiligen Geistes den Gatten zurückholt, der mit seiner Geliebten abhaute und sie mit zwei Kindern sitzen ließ. »Schwierig, aber nicht unmöglich«, meint Gheorghe. Er ist sich sicher: »Veronica ist besessen vom Teufel der Hoffnungslosigkeit. Bei ihr ist ein sehr, sehr machtvoller Hexenzauber im Spiel.« Denn die Rivalin kam an Veronicas Mann nur heran, »weil sie den Rat einer Hexe befolgte und ihm von ihrem Menstruationsblut in den Kaffee geträufelt hat«.

Anfangs lege ich bei meinen Aufzeichnungen immer wieder fassungslos den Stift nieder, höre aber so viele bizarre Geschichten, dass ich nicht mehr mitschreibe. Bevorzugt empfehlen die Zauberinnen ihrer Klientel offenbar, zum Schaden missliebiger Mitmenschen einen persönlichen Gegenstand von ihnen in ein offenes Grab zu werfen. Eine Fotografie oder ein Feuerzeug, besser noch eine Armbanduhr, um die Lebenszeit zu begraben. Cora Sevianu nahm die Absurditäten gelassen zur Kenntnis. Nicht weil sie dem Irrsinn des Aberglaubens etwas abgewinnen konnte, sondern weil sie ihn als Zeitungsreporterin des *Clujeanul* gewohnt war. »Wenn wir eine Reportage über eine dieser Hexen drucken, klingelt wochenlang das Telefon. Die Leute wollen dann wissen, was ein Zauberritual oder ein Liebesfetisch kosten.«

»Ich fühle mich erleichtert«, sagt Simona, als wir gemeinsam zurück nach Cluj fahren. »Da ist etwas in mir, das drängt heraus.« Was dieses Etwas ist, da fehlen ihr die Worte. Doch da sie keine Sprache für ihr Geheimnis findet, bleibt sie sich selbst ein Rätsel. Sie ahnt nur, dass die Woche wieder schwierig wird, die Querelen als alleinerziehende Mutter, die Arbeit im Kindergarten, das Studium. Und die Abende und Nächte, in denen niemand da ist. Ihren Kolleginnen im Kindergarten hat Simona nicht erzählt, was sie am Wochenende macht. Auch nicht den Kommilitonen an der Uni. »Sie würden mich sowieso nicht verstehen.« Dann spricht sie von ihrer überstürzten Heirat mit achtzehn. Mit neunzehn gebar sie eine

Tochter, mit zwanzig wurde sie geschieden. Ihr um Jahre älterer Ehemann entpuppte sich als Berserker, jähzornig, zerfressen von Eifersucht. Die Ehe geriet zu einer Tortur aus Erniedrigung, Schlägen und Angst. »Anfangs war es nicht so schlimm. Er verbot mir, kurze Röcke zu tragen, und schlug nur, wenn er getrunken hatte. Dann auch, wenn er nüchtern war.« Sie ging weg, ohne Geld, allein mit einem Kind, »das dauernd schrie und mit dem ich überfordert war«.

Einen neuen Lebenspartner hat Simona nicht. »Es ist nicht gut, allein zu sein«, sagt sie. »Sicher wünsche ich mir einen anständigen Mann, jemanden, der nicht trinkt. Der an Gott glaubt und mich versteht. Aber den finde ich nicht in der Stadt.« Ihre Freundinnen Livia und Dana nicken. Auch sie leben allein, wie fast alle Frauen, die es sonntags nach Corneşti zieht. Auch die beiden Chorfrauen haben Wahrsagerinnen aufgesucht, die ihnen Fetische aus Erde, Salz und Pferdehaaren andrehten und für ihren Zauber viel Geld verlangten. Aber der Spuk half nicht gegen ihre Not und Verzweiflung, für die sie nun einen Grund und einen Namen haben: der Diavol. Solange sich für sie keine Tür öffnet, die herausführt aus dem Wahn, werden Simona, Dana und Livia an den Wochenenden weiter nach Corneşti fahren. Mir schien, als würden sie in ihrem Hunger und in ihrer Sehnsucht zu lieben und geliebt zu werden eher einen Pakt mit dem Teufel eingehen, als auf den Moment zu verzichten, in denen Pintea Gheorghe ihnen die Hand aufs Haupt legt, sein geweihtes Wasser verspritzt und lächelt.

Zu berichten ist noch, dass die Sonntage damit endeten, dass die Helfer des Popen die Geldscheine zählten und Körbe voller Brote wegschleppten. Sie sollten den Armen und Bedürftigen der Region zukommen, hatte man mir gesagt, doch ein junger Bursche, ein Viehhirte mit einer riesigen Zahnlücke, plauderte unbefangen aus, er habe noch nie gesehen, dass ein Auto die Brote abgeholt hätte. Sie würden an die Schweine verfüttert.

In Gilbert Keith Chestertons Essay »Der Besessene« aus seinem Buch *Orthodoxie* fand ich erhellende Einsichten, die mir halfen, die Erlebnisse meiner Rumänienreisen zu verstehen. Er schreibt darin, das »stärkste und unmissverständlichste *Symptom* für Verrücktheit« bestehe in der »Kombination aus logischer Vollständigkeit und spiritueller Enge«. Genau diese Symptomatik ließ sich in Corneşti studieren. Auch das in Intellektuellenkreisen totzitierte Wort Adornos, demnach es kein wahres Leben im falschen gibt, entfaltete in der Kirche des Pintea Gheorghe seinen Sinn. Hier war der Wahn in sich gefangen, nährte sich selbst und kannte kein Außen mehr, das ihn hätte sprengen können. Simonas Behauptung, ich würde sie nie verstehen, traf zu. Entweder man war drinnen oder draußen. Drei Mal war ich sonntags der Zuschauer eines absurden Dramas, bei dem die Beteiligten nach festgelegten Rollen immer gleich agierten. Nur dass sie diese Rollen nicht spielten, sondern mit tragischem Ernst lebten. Sie verwechselten sich mit dem Zerrbild, das Pintea Gheorghe ihnen spiegelte. Niemanden machte stutzig, dass der Exorzist die vorgeblichen Symptome der Besessenheit überhaupt erst hervorrief, um sie zu bekämpfen, indem er einem Irrsinn einen noch größeren entgegensetzte.

Die Meister im Schüren der Gottesfurcht kreisten mit ihrer Gefolgschaft in einem hermetischen Sinnkosmos, der keine Frage offen ließ und jeden Zweifel eliminierte. Alle Welterklärungen entsprangen der Logik geschlossener Systeme

und erzeugten Deutungsmuster von vollkommener Widerspruchsfreiheit. Widersprüche nicht aushalten zu können
ist ein elementares Merkmal von Sektierertum und Fundamentalismus. Auf das in hohen Auflagen verbreitete Traktat
des Schweizer Theologen Herbert Haag (1915–2001) *Abschied
vom Teufel* kontern die Fundamentalisten noch heute, zwar
habe der Mensch sich vom Teufel verabschiedet, der Teufel
sich aber nicht vom Menschen. Wer rumänische Exorzisten
fragt, weshalb in ihren Kirchen nur Frauen von Dämonen
heimgesucht werden, obwohl das männliche Geschlecht in
der Verbrechensgeschichte der Menschheit weitaus diaboli-
schere Züge entwickelt hat, erhält willkürliche Antworten
von haarsträubender Stringenz. Mal attackiert der Diavol
bevorzugt die Frauen, weil sie frommer, mal weil sie weniger fromm sind als die Männer. Letzte Variante begründete
Zai Gligor, der Priester in Nadasel, damit: »Frauen sündigen
mehr, weil sie so viele Kinder abtreiben. Dann verwandeln
sich die Seelen der Ungeborenen in kleine Dämonen und fahren in die Frauen hinein.« »Frauen glauben und beten mehr
als Männer. Deshalb wütet der Teufel umso stärker in ihnen«,
meinte Pintea Gheorghe. Zudem sei die Frau schon seit dem
biblischen Sündenfall »die Verführte und die Verführerin«.

Gheorghe berief sich auf die Genesis, die Übertretung
des göttlichen Verbotes, vom Baum der Erkenntnis zu essen,
und die Strafe der Vertreibung aus dem Paradies. »Eva wurde
durch die Schlange versucht und wurde selbst zur Versuche-
rin an Adam. So kam das Böse in die Welt.« Abgesehen davon,
dass Adam der Versuchung durch Eva auch hätte widerstehen können, kam mit dem Biss in die verbotene Frucht nicht
das Böse in die Welt, sondern die Freiheit. »In der Sünden-
fallgeschichte werden wir Zeugen der Geburt des Neins, des

Geistes der Verneinung«, sagt Rüdiger Safranski. Gottes Verbot, von den Früchten jenes Baum zu kosten, der die Unterscheidung von Gut und Böse erlaubte, so Safranski, »war das erste Nein in der Geschichte der Welt. Die Geburt des Neins und die der Freiheit gehören zusammen.« Dazu ist kein personifizierter Teufel als Widersacher Gottes nötig, den man erst in der neutestamentlichen Offenbarung des Johannes mit der Schlange im Garten Eden identifizierte. Großartig am Paradiesmythos ist, dass die Schlange, laut Genesis, »schlauer als alle anderen von Gott geschaffenen Tiere«, dem Menschen den letzten Impuls liefert, sein Menschsein zu realisieren. Erst die Fähigkeit, zwischen Gut und Böse unterscheiden zu können, trennt ihn vom Tier.

»Mensch sein heißt versucht werden, und versucht werden heißt Mensch sein«, sagt Herbert Haag. Seine These, der Teufel sei »reine Erfindung«, ist in der akademischen Theologie heute unstrittig, allerdings irrt Haag bei der Interpretation des Paradiesmythos: »Das Merkwürdige an der Sündenfallerzählung ist, dass der Mensch der verbotenen Frucht gar nicht bedurfte. Er hatte im Wonnegarten alles, was nötig war zu seinem Glück.« Nein, er hatte eben nicht alles. Ihm fehlte jenes Konstitutivum, das den Menschen zum Menschen macht. Er war nicht frei. Anders gesprochen: Gerade weil er sich um sein Glück nicht zu sorgen brauchte, konnte er nicht frei sein. Er musste die Möglichkeit haben, Nein sagen zu können, zum paradiesischen goldenen Käfig, in dem er gefangen war, wo es kein Gestern gab und kein Morgen, wo Zeit und Raum sich immer gleich bleiben. »Von allen Bäumen des Gartens darfst du essen«, sagt Jahwe in Genesis 2.17 f, »doch vom Baum der Erkenntnis von Gut und Böse darfst du nicht essen; denn sobald du davon isst, wirst du sterben.«

Auf dem Wonnegarten lastete der Fluch der Ewigkeit. Und nur ein Weg führte heraus. Der Mensch musste in die Geschichte eintreten und sterblich werden. Das gängige Bibelverständnis, mit dem Sündenfall sei eine ursprüngliche Harmonie zwischen Gott und Mensch zerstört, verkennt, dass diese Eintracht nie existierte. Mit dem Verbot, das am Baum der Erkenntnis haftete, hatte Gott die Versuchung bereits vorgesehen. Als eine Art evolutionsgeschichtliche Sollbruchstelle. Nur in der Übertretung des Verbotes, in dem der Mensch dem Nein Gottes sein eigenes Nein entgegnet, nimmt der Mensch seine Bestimmung an: als die Krone der Schöpfung, zwischen unwissendem Tier und allmächtigem Schöpfer. Nur nach dem Sündenfall, außerhalb des Paradieses, können Adam und Eva zu wahren Menschen werden. Mythologisch kommt die Vertreibung aus dem Garten als Strafe daher. Aber diese Strafe ist nicht als Vergeltungsmaßnahme eines Rachegottes zu verstehen, vielmehr als das Hineinwerfen des Menschen in die Selbstverantwortung. Deshalb büßt der Mensch jenseits des Paradieses auch nicht seine Gottesebenbildlichkeit ein. Er wird ihrer gewahr. Erst im Nein wird er zu dem Freiheitswesen, als das Gott ihn geschaffen hatte. Oder traditionell theologisch gesprochen: Die menschliche Freiheit zum Nein setzt das Ja Gottes zum Menschen voraus. Evident war und ist, dass die Freiheit nicht gratis zu haben ist. »Das Böse«, so Rüdiger Safranski, »ist der Preis der Freiheit.«

Auch Karl Rahner versteht das Böse aus dem Geist der Freiheit heraus. »Es gibt kein absolutes Böses. Alles Böse ist endlich; ist keine positive Wirklichkeit in sich selbst, sondern ein Mangel eines Guten in einem in seiner von Gott herkommenden und unzerstörbaren Substanz gutbleibenden Seiendem.« Daher kann es in einem metaphysischen Sinn, so der

Jesuit, auch »keinen Kampf zwischen Gott und dem Teufel geben, weil dieser von vornherein, immer und in jedem Augenblick in all seinen Kräften und in all seinem Tun restlos abhängig ist von Gott ... Auch in einer bösen Freiheitshandlung selbst radikalster Art wird das Gute als Bedingung der Möglichkeit von Freiheit und Güte bejaht.«

Wie auch immer das Böse in der Geschichte mythologisch begründet, theologisch erörtert oder philosophisch abgeleitet wurde, es bleibt das düstere Geheimnis. Um seinen Ort zu benennen, gibt es seit alters her kein treffenderes Wort als das der Hölle. Wen interessiert, welche Schreckensvisionen rund um Pech und Schwefel, Folter, Feuer und Torturen die menschliche Phantasie entfaltet hat, dem sei die umfassende *Geschichte der Hölle* Herbert Vorgrimlers empfohlen. Bemerkenswert ist, dass sich die höllischen Phantasmagorien keinen Deut um logische Widerspruchsfreiheit kümmern. Im Reich des Heulens und Zähneknirschens ist es höllisch heiß und eisig kalt zugleich. Die Hölle ist der dunkle Ort, wo ein Feuer brennt, dessen Flammen keine Wärme und kein Licht mehr spenden.

Jenseits scholastischer Spekulationen und mittelalterlicher Kunstdarstellungen ist und bleibt die Hölle eine Metapher, für das, was einst Verdammnis meinte. Heute taugt der Begriff der Verdammnis nur noch als Titel für Kriminalromane. Dennoch bleibt die Hölle ein Bild, ein Synonym für die Möglichkeit verwirkten Lebens. Sich jedoch das Urteil anzumaßen, ob jemand sein Leben auf ewig verwirkt hat, steht dem Menschen nicht zu.

Bevor eine langjährige Freundin ihre Ordensgelübde ablegte, hatte sie als Krankenschwester auch sterbende Patienten begleitet. Sie erzählte mir von einem älteren, ergrauten

Herrn. Er habe im Spital gelegen und sich in seinem Bett gewälzt, habe geschrien und gestöhnt und vor innerer Unruhe keinen Schlaf gefunden. Ohne körperlichen Schmerz zu leiden und ohne medizinischen Befund. Nach ihrer Beschreibung wies der Patient jene Symptome auf, die ein Exorzist ohne Umschweife als dämonische Besessenheit gedeutet hätte. Immer wieder hatte die Schwester den Alten nach dem Grund seines offenbar selbstquälerischen Verhaltens gefragt. Doch er verstummte, presste die Lippen zusammen und schwieg. Bis sie ihn anging, ihre Geduld sei erschöpft und er solle endlich mit der Sprache herausrücken. Mit den Worten »Ich habe so viele umgebracht« war der Mann in sich zusammengefallen. Er habe nicht mehr aufgehört zu weinen. In jungen Jahren war er mit der SS im Osten gewesen. Die Hölle, die er anderen Menschen bereitet hatte, war nun in ihm selbst. Um diesen Menschen zu verdammen, bedarf es keines Teufels, aber vielleicht bedarf es eines Gottes, um ihn zu erlösen.

X

Wie liest du? Wo stehst du? Wie lebst du?

»Die Welt des Glücklichen ist eine andere als die des Unglücklichen.«
Ludwig Wittgenstein, *Tractatus logico-philosophicus*

»Meister, was muss ich tun, um das ewige Leben zu gewinnen?« Die Erzählung vom barmherzigen Samariter, Lukas 10,25–37, wird eingeleitet durch den Auftritt und die Frage eines Gesetzeslehrers an Jesus. Das Gleichnis endet mit einer Aufforderung. Jesus sagt: »Geh und handele.« Zwischen dem Beginn und dem Ausgang der Geschichte vollzieht sich eine Transformation, ein Umwandlungsprozess, der zu den Schlüsselszenen des Neuen Testamentes zählt. Der Gesetzeslehrer will Jesu »auf die Probe stellen«, wie das griechische Verb »peirazein« in den meisten Bibelausgaben übersetzt wird. Richtiger müsste es lauten, er will Jesus hereinlegen. Denn die Frage nach den Voraussetzungen zum Erwerb des ewigen Lebens ist keineswegs so unschuldig, wie sie zunächst klingen mag.

Als schriftgelehrte Theologen genießen die jüdischen Gesetzeslehrer zur Zeit Jesu höchste Autorität. Im Detail vertraut mit der alttestamentarischen Überlieferung besitzen sie das Monopol über die Deutung und Kontrolle jener Gesetze, wie sie in der Thora, den fünf Büchern des Moses, niedergeschrieben sind. Viele der Gelehrten gehören der religiösen Partei der

Pharisäer an, die sich als die tapfersten und gesetzestreuesten Männer Israels verstehen. Die Besetzung ihres »Heiligen Landes« durch die Römer deuten sie als Strafe Gottes für die Sünden Israels, während sie selbst ihre Mission darin sehen, als Wächter über den Glauben und die Gebote ihr auserwähltes Volk auf die Ankunft des Messias vorzubereiten. Natürlich ist ein vermeintlich wunderwirkender Wanderprediger, der verkündet, das Reich Gottes sei nah, für jeden Gesetzeslehrer ein Konkurrent. Mehr noch. Jesus von Nazareth ist eine Herausforderung und Bedrohung, da seine Anhängerschaft unter den einfachen Leuten rapide zunimmt. Welch ungeheure Provokation muss es für den Gesetzeslehrer des Lukasevangeliums gewesen sein, dass sich Jesus in seiner Gegenwart anmaßt, die eigenen Jünger zu preisen? »Selig sind die, deren Augen sehen, was ihr seht. Ich sage euch: Viele Propheten und Könige wollten sehen, was ihr seht, und haben es nicht gesehen, und wollten hören, was ihr hört, und haben es nicht gehört.« Der Gesetzeslehrer muss den Verdacht hegen, dass Jesus sich und seine Gefolgsleute über Israels Könige und Propheten stellt. Womöglich sogar über Moses! Diese Hybris gilt es vor aller Öffentlichkeit zu entlarven. Eine Fangfrage nach dem ewigen Leben ist dazu bestens geeignet. Scheinheilig spricht der Gesetzeslehrer Jesus wie seinesgleichen an. Als Meister. »Rabbi, was muss ich tun?«

Jesu Reaktion auf die Frage ist nicht nur eine rhetorische Glanzleistung, sie markiert auch einen religionsgeschichtlichen Meilenstein. Mit seiner Antwort vollzieht er einen Bruch: die Abkehr vom Alten und die Hinwendung zur Programmatik des Neuen Testamentes.

Jesus ist klar, dass der Schriftgelehrte keine Handlungsanweisung erwartet. Er will ihn vor seinen Jüngern bloßstellen und seine Autorität als Gesetzeslehrer untergraben. Doch Jesus dreht den Spieß um. Mit den Gegenfragen: »Was steht im Gesetz? Was liest du?« (Luther übersetzt treffender: *Wie* liest du?, um auf die Kluft zwischen dem Wissen um die Gesetze und ihrer Befolgung im Alltag zu verweisen). Wie vorauszusehen, erwidert der Gelehrte mit Zitaten aus den Schriften Levitikus und Deuteronomium, dem dritten und fünften Buch des Moses. »Du sollst den Herrn, deinen Gott, lieben, mit ganzem Herzen und ganzer Seele, mit all deiner Kraft und all deinen Gedanken, und: Deinen Nächsten sollst du lieben wie dich selbst.«

»Du hast richtig geantwortet.« Jesus bestätigt den Lehrer wie einen Schulbuben. Gleichzeitig blamiert er ihn, indem er dessen versteckte Absicht offenlegt. Spannend ist dabei, was Jesus *nicht* sagt. Als Jude weiß er natürlich, dass die Gebote der Gottesliebe und der Nächstenliebe das Fundament des Bundes Jahwes mit dem Volk Israel bilden. Nur haben die Gebote bei Moses nicht das Geringste mit der Aussicht auf den Gewinn des ewigen Lebens zu tun. Sowohl mit seiner Frage wie auch mit seiner Antwort hat sich der Schriftgelehrte in seiner Vermessenheit entblößt. Hat er sich doch angemaßt, durch gesetzkonformes Verhalten ein Anrecht auf die Ewigkeit erwerben zu wollen. Ewigkeit aber steht allein Gott zu. Die Frage nach der Vorleistung für den Gewinn des ewigen Lebens treibt das Tauschprinzip der Profitmaximierung auf die äußerste Spitze. Deshalb sagt Jesu nicht: »Handele danach, und du wirst *ewig* leben.« Er verweist den Gesetzeslehrers zurück auf den Alltag im Diesseits: »Handele danach, und du wirst *leben*.«

Als der Lehrer merkt, dass sein Angriff ins Leere gelaufen ist, wechselt er die Strategie. Wiederum mit einer Spitzfindigkeit. »Und wer ist mein Nächster?« Jesus wirft den Ball zurück und antwortet mit einer Erzählung. Anstatt sich auf das Spielfeld seines Kontrahenten ziehen zu lassen, konfrontiert er ihn mit der Geschichte des Samariters.

»Ein Mann ging von Jerusalem nach Jericho hinab und wurde von Räubern überfallen. Sie plünderten ihn aus und schlugen ihn nieder; dann gingen sie weg und ließen ihn halbtot liegen. Zufällig kam ein Priester denselben Weg hinab; er sah ihn und ging weiter. Auch ein Levit kam zu der Stelle; er sah ihn und ging weiter. Dann kam ein Mann aus Samarien, der auf der Reise war. Als er ihn sah, hatte er Mitleid, ging zu ihm, goss Öl und Wein auf seine Wunden und verband sie. Dann hob er ihn auf sein Reittier, brachte ihn zu einer Herberge und sorgte für ihn. Am andern Morgen holte er zwei Denare hervor, gab sie dem Wirt und sagte: Sorge für ihn, und wenn du mehr für ihn brauchst, werde ich es dir bezahlen, wenn ich wiederkomme.«

Hiernach wendet sich Jesus wieder an den Gesetzeslehrer:

»Was meinst du: Wer von diesen dreien hat sich als der Nächste dessen erwiesen, der von den Räubern überfallen wurde? Der Gesetzeslehrer antwortete: Der, der barmherzig an ihm gehandelt hat. Da sagte Jesus zu ihm: Dann geh und handle genauso.«

Auch hier unterläuft Jesus die Logik des Gesetzeslehrers, indem er die Perspektive wechselt. Mit der vermeintlich harmlosen Frage des Gelehrten, wer denn sein Nächster sei, entschleiert dieser seinen gedanklichen Kosmos. Die Frage offenbart, dass er den Nächsten passivisch sieht, als jemanden, der Zuwendung verdient. Oder auch nicht. Der Nächste ist, grammatikalisch gesehen, als Objekt definiert. Objektive Eigenarten, etwa die Volks- oder Stammeszugehörigkeit, machen ihn zu jemandem, dem gegebenenfalls Nächstenliebe geschuldet ist. Innerhalb dieser Grammatik von Subjekt und Objekt bewegen sich in der Geschichte vom Samariter der Priester und der Levit. Als Vertreter der jüdischen Geistlichkeit sind sie unterwegs auf dem nicht ungefährlichen Weg von Jerusalem hinab in das tausend Meter tiefer gelegene Jericho. Dort wohnten die rangniedrigen Priester, die in dem Jerusalemer Tempel ihren Dienst verrichteten, sich das teure Leben in der Hauptstadt jedoch nicht leisten konnten. Historiker schätzen die Zahl der Angestellten zur Zeit Jesu, vom Hohepriester über die Oberpriester, die Schatzmeister, Opferzelebranten, Geldverwalter, Juristen und besoldete Aufseher, auf rund 18 000 Personen. Eine mächtige Priesterkaste mit zwei Dutzend hierarchischen Rängen machte den Tempel zur wirtschaftlichen, politischen aber auch religiös-ideologischen Schaltzentrale des Judentums, freilich in einem okkupierten Land unter römischer Prokuratur. »Der äußere Anblick des Tempels bot alles, was Auge und Herz entzücken konnte«, lesen wir bei dem Geschichtsschreiber Flavius Josephus »Auf allen Seiten mit schweren goldenen Platten bekleidet schimmerte er bei Sonnenaufgang im hellsten Glanz und blendete das Auge wie Sonnenstrahlen. Fremden, die nach Jerusalem pilgerten, erschien er von fern wie ein schneebedeckter Hügel; denn wo er nicht vergoldet war, leuchtete er in blendendem Weiß. Seine Spitze starrte vor scharfen goldenen Spießen, damit er nicht von Vögeln, die sich auf ihm niederließen, verunreinigt würde.«

Als Kultbeamte im Tempel waren die Leviten für die Einhaltung der Gesetze der Thora zuständig. Im sechsten Jahrhundert vor Christi Geburt wurde der erste Jerusalemer

Tempel auf dem Berg Zion von den Babyloniern zerstört und die judäische Oberschicht ins Exil verschleppt. In der Verbannung entstand das Buch des Propheten Ezechiel, der den Wiederaufbau des Heiligtums voraussagt und den Priestern und Leviten ihre Rolle zuweist. »Sie sollen mein Volk über den Unterschied zwischen heilig und nicht heilig belehren und ihnen den Unterschied zwischen unrein und rein deutlich machen«, verkündet Ezechiel als das Sprachrohr Gottes. Fortan wachte der Priesterstand über ein ausgeklügeltes und kaum überschaubares System an Geboten und Verboten, basierend auf dem Gegensatz von Reinheit und Unreinheit. Auf der einen Seite Leben und Segen, auf der anderen Fluch und Tod. Verunreinigend wirkten Kadaver, Fäkalien, Abfälle, Blut, Sperma, die Menstruation, die Geburt, Siechtum, Ehebruch, Prostitution, inzestuöse oder gleichgeschlechtliche Beziehungen, der Aussatz der Leprösen und der Wahn der Besessenen, kurzum alles, von dem man glaubte, es bedrohe die körperliche und geistige Gesundheit, die soziale Hierarchie und die Harmonie der religiösen Ordnung, die von Gott gegeben wurde, dem Heiligen und Reinen, dem Schöpfer und Garanten makelloser Vollkommenheit. Weit über die körperliche Hygiene hinausgehend war die Reinheit ein frommes und gottgefälliges Lebensprinzip, das dazu diente, Chaos und Zerstörung zu vermeiden sowie den Einbruch von Gewalt und Tod in den Alltag abzuwehren. Dazu bedurfte es des himmlischen Beistands, der nicht unmittelbar zu erlangen war. Er brauchte Opfer. In der biblischen Tradition der Propheten, etwa im Buch Amos, lässt Jahwe, der Gott der Israeliten, sein vom wahren Glauben abgefallenes Volk wissen, wie sehr er pompöse Opferfeste hasst und Brandopfer verabscheut. Anders in der Tradition der Priester. Sie propagieren einen Gott, dem sich ein unreiner Gläubiger unmöglich auf direktem Weg nähern konnte. Die Verbindung vollzog sich allein über den Kult, über Verehrungsrituale und Opferzeremonien sowie ein hochlukratives Steuer- und Abgaben- und Bankensystem, über dessen Verwaltung der Clan der Priester die Hoheitsrechte besaß.

Jesu Meinung zum Tempel ist bekannt. Er stellt die hierarchische Pyramide, mit der Masse des Volkes unten und dem Hohepriester an der Spitze, auf den Kopf. Der Oberste wird zum Diener aller, während die Gläubigen sich direkt an Gott wenden können. Daher auch Jesu revolutionäres Gebet: »Vater unser im Himmel. Geheiligt werde dein Name ...« Das Umwälzende an dieser Ansprache an Gott ist, dass sie persönlich und unmittelbar erfolgt, jenseits des Reinheitsprinzips. Das Vaterunser bedarf nicht der zwischengeschalteten Instanz der Tempelpriester. Der Tempel sollte eine Stätte des Gebetes für alle Völker sein. Für Jesus aber war das Haus Gottes zu einer Räuberhöhle verkommen, weshalb er die Händler mit den Opfertieren hinauswarf und die Tische der Geldwechsler umstieß. Womit er sich das Volk zum Freund, die Nutznießer des Tempels jedoch zu Todfeinden machte. Es bedurfte nur einer passenden Gelegenheit, ihn umzubringen oder, besser noch, ihn mittels eines legalen Befehls seitens der römischen Besatzer liquidieren zu lassen.

Dem Priester und dem Leviten begegneten Chaos und Gewalt in jenem Unbekannten, der zwischen Jerusalem und Jericho unter die Räuber geraten war. Als sie den Mann sahen und weitergingen, handelten sie nach damaligem Rechtsempfinden nicht asozial oder gefühlskalt, vielmehr gesetzestreu nach dem Buch Numeri, dem vierten Buch des mosaischen Pentateuchs. »Der Herr sprach zu Mose: Befiehl den Israeliten, jeden aus dem Lager zu schicken, der an Aussatz oder an einem Ausfluss leidet, und jeden, der sich an einer Leiche verunreinigt hat.« Wäre das Opfer des Überfalls bereits tot gewesen oder würde der Mann in ihrer Gegenwart seinen schweren Verletzungen erliegen, hätten der Priester und Levit bei einem Kontakt mit der Leiche gegen die Reinheitsvorschriften verstoßen. »Wer einen toten Menschen berührt, ist sieben Tage lang unrein«, heißt es im Buch Numeri. Die beiden Geistlichen mussten ihre Entweihung befürchten. Und damit den Verlust ihrer Kultfähigkeit. Offenbar schien dieser Verlust ein weitaus schwerwiegenderer Makel als die verweigerte Hilfeleistung.

Beide wähnen sich in ihrer Haltung am sicheren Ufer des Gesetzes und damit auf der Seite des Lebens. Ein Irrtum. Jesus erteilt dem Schriftgelehrten eine bittere Lehrstunde, als der zugeben muss, dass seine auf rituelle Reinheit bedachten Glaubensbrüder sich durch ihr Unterlassen auf die Seite des Todes geschlagen haben, wohingegen ausgerechnet ein verachteter Samariter mit seinem Mitleid für das Leben steht. Die Samariter gehörten in den Augen der Israeliten zu einem Stamm abtrünniger Sektierer, die auf dem Berg Garizim eine eigene Kultstätte betrieben. Weil man ihnen nachsagte, sich während der babylonischen Gefangenschaft durch den Kontakt mit fremden Götzen verunreinigt zu haben, hatte man sie nach der Rückkehr aus dem Exil vom Tempel in Jerusalem ausgeschlossen und den Umgang mit ihnen gemieden. Ihre Ächtung bildet den Hintergrund der Episode im Johannesevangelium 4,9 ff., als Jesus an einem Brunnen eine Frau bittet, ihm zu trinken zu geben, woraufhin sie überrascht entgegnet: »Wie kannst du als Jude mich, eine Samariterin, um

Wasser bitten. Die Juden verkehren nicht mit Samaritern.«

In der Erzählung im Lukasevangelium versteht Jesus den Nächsten nicht mehr vom Objekt her, er geht vom Subjekt aus. Konfrontiert mit existentieller Not wird die Barmherzigkeit zu einem Akt des Sehens, Wahrnehmens und Handelns. Jesus macht sich daher nicht die Frage des Gesetzeslehrers zu eigen: Wer ist mein Nächster? Er fragt stattdessen: Wie werde ich selbst zum Nächsten? Der Nächste ist folglich derjenige, der sich als Mitmensch erweist, indem er aktiv handelnd zum Nächsten wird. Wo jedoch die Mitmenschlichkeit von Gesetzen blockiert wird, die, statt dem Leben zu dienen, den Tod befördern, entscheidet sich Jesus gegen das Gesetz, freilich nur um einem höheren Gebot Geltung zu verschaffen: der Einheit von Gottesliebe und Nächstenliebe. So gesehen vollzieht die Erzählung vom Samariter einen Bruch mit dem Alten Testament. Jesus von Nazareth schafft *das* Gesetz nicht ab, indem er es bekämpft, sondern indem er es erfüllt.

Ich erinnere, irgendwann eine Bemerkung des Begründers der Politischen Theologie, Johann Baptist Metz, aufgeschnappt zu haben, der meinte, das Christentum sei eine Religion um der Logik des Lebens willen, während der Islam eine Religion des Gesetzes sei. Räsonierer werden einwenden, das Christentum schneide bei diesem Vergleich zu gut ab. Ihnen will ich nicht widersprechen. Zitieren möchte ich jedoch den muslimischen Religionspädagogen Mouhanad Khorchide. 1971 als Sohn palästinensischer Flüchtlinge im Libanon geboren wuchs er im glaubensstrengen Saudi-Arabien auf, wo er als Ausländer nicht studieren durfte. Heute ist er österreichischer Staatsbürger und Leiter des Zentrums für Islamische Theologie an der Universität im westfälischen Münster.

Im Ringen um die Deutungshoheit über den wahren Islam sitzt Khorchide zwischen allen Stühlen. Er muss einen Spagat halten zwischen der Starrköpfigkeit der Fundamentalisten, dem Terror der Extremisten und den aggressiven Vertretungsansprüchen zersplitterter Interessenverbände. Nicht zu vergessen die islamophoben Radikalkritiker, die der Lehre Mohammeds jegliche Modernisierungs- und Freiheitsfähigkeit absprechen.

Khorchide grenzt sich ab von der dominierenden Variante des Islam als einer Religion der Gebote und Verbote, deren Gottesbild dem patriarchalen Herrschertyp des 7. Jahrhunderts auf der arabischen Halbinsel entspricht. »Viele Muslime«, so der gefragte Interviewpartner in der *Zeit*, »gehen von einem Gott aus, der verherrlicht werden will, der Anordnungen schickt und der kontrolliert, wer sich daran hält. Wer gehorcht, wird belohnt, wer es nicht tut, bestraft. Das ist aber ein Verständnis von Gott, das dem eines Stammesvaters gleicht, dem man nicht widersprechen darf. Viele Muslime sehen den Koran entsprechend als ein Regelbuch.« Khorchide befreit die Gottesvorstellung vom Nimbus des archaischen Potentaten, der Höllenängste schürt und paradiesische Hoffnungen weckt. Stattdessen ringt er um einen universellen Glaubenskern, um die »ethische Dimension jenseits von Gesetzen«, um eine »Beziehung zu Gott, die auf Liebe und auf Warmherzigkeit basiert, die sich widerspiegeln im Handeln des Einzelnen seinen Mitmenschen gegenüber«. Nach diesen Grundsätzen werden in Münsters Zentrum für Islamische Theologie über 700 Studierende unterrichtet, die meisten angehende Religionslehrer. »Wir wollen den Studenten vermitteln, dass sie die Inhalte reflektieren. Sie sollen den Islam nicht als Quelle von Gesetzen verstehen, sondern von Spiritualität und allgemeinen ethischen Prinzipien.«

Es erschreckt, dass ein solches Bekenntnis in Deutschland Mut erfordert. Seine Synthese von Religion und Humanismus hat dem Autor von Büchern wie *Islam ist Barmherzigkeit* oder *Scharia – der missverstandene Gott* nicht nur Freunde beschert. Mouhanad Khorchide ist gehässigen, oft unsäglich dummen Anfeindungen ausgesetzt. Sogar Morddrohungen aus dem islamistischen Umfeld. Weil die in der Regel von tödlichem Ernst sind, steht der Pädagoge unter Polizeischutz. Dabei entspringt der Hass, wie grundsätzlich in gewalttätigen Religionsstreitigkeiten, nicht einem Streit um die Wahrheit, sondern um die Macht. Khorchide tastet nicht den Wahrheitsanspruch des muslimischen Gottesglaubens an, wohl aber jene, die beanspruchen, diese Wahrheit zu repräsentieren. Khorchide untergräbt den autoritären Islam deshalb, weil seine Theologie auf diese Macht verzichtet. So sagte er im Deutschlandfunk: »Wir sind alle nur Suchende nach der Wahrheit – mit dem Wissen, wir können uns der Wahrheit annähern, aber niemals im Besitze der Wahrheit sein. Somit bleibt unsere Haltung immer der kritischen Überprüfung unterlegen ... Das Problem von Reformverweigerern ist, dass sie von der Abgeschlossenheit des Islams ausgehen, im Sinne von: Es ist alles schon da, wir müssen nichts mehr neu reflektieren, wir müssen nichts neu denken oder überhaupt unser Verständnis aktualisieren. Aber genau diese Haltung ist eine Haltung der Bevormundung, eine Haltung des Sich-Verschließens, die alles andere ist als eine Haltung der Freiheit, zu der der Islam, der Koran vor allem, unmissverständlich mehrfach aufruft.«

Der Disput, ob der Islam in seinem Wesenskern eine Religion des Gesetzes ist oder nicht, ist reizvoll, wenngleich auch lebensfern. Phänomenologisch gesehen ist er es, selbst in seinen liberalen Varianten. Stets stehen die Worte des Korans im Zentrum. Unübersehbar wird die Gesetzesfixierung in Talkshow-Diskussionen, wenn moderate Muslime belegen, diese oder jene islamistische Gräuelaktion sei nicht durch die Schrift legitimiert und nicht vom Wort des Propheten gedeckt. Zum Beispiel müsse man Beleidigungen Mohammeds durch Karikaturisten ertragen und dürfe die Kalaschnikow nicht gegen den Bleistift einsetzen. Bedarf es wirklich eines Blicks in den Koran, um zu wissen, ob es gottgefällig oder nicht gottgefällig ist, eine untreue Ehefrau mit Steinen zu ermorden, einen Weintrinker zu züchtigen oder Dieben die Hände zu amputieren? Muss man heilige Schriften studieren, um zu der Einsicht zu gelangen, dass es pervers ist, einen Blogger wegen Gotteslästerung ins Gefängnis zu stecken und ihn zu tausend Peitschenhieben zu verurteilen?

Der Tiefpunkt wurde erreicht, als 2015 der 26-jährige jordanische Pilot Maas al-Kassasbeh, auch zum Entsetzen der muslimischen Welt, von den Folterknechten des »Islamischen Staates« bei lebendigem Leib in einem Käfig verbrannt wurde. Die öffentliche Hinrichtung wurde im syrischen Raqqa auf Großleinwände übertragen und anschließend online gestellt. Der saudische Geistliche Salman al-Odah verdammte die Aktion anschließend als abscheuliches Verbrechen und als Blasphemie. Die Strafe der Verbrennung sei im Islam streng verboten, zumal gemäß dem Propheten nur Allah das Recht habe, Sünder nach ihrem Tod mit Feuer zu quälen. Legitim jedoch war für al-Odah die Hinrichtungsorgie zum Jahresbeginn 2016, als die wahhabitischen Herrscher Saudi-Arabiens siebenundvierzig Menschen exekutieren ließen, denen man die Anstiftung zu Gewalt und eine kriminelle terroristische Verschwörung vorgeworfen hatte. Getötet wurde auch der schiitische Geistliche Nimr al-Nimr, dessen Verbrechen sich im Wesentlichen darin erschöpfte, das Herrschaftsmonopol des sunnitischen Königshauses in Riad infrage gestellt zu haben. Das rechtfertigte die staatlich verordneten Morde mit fairen Prozessen gemäß der Scharia, zumal die Täter »den Fußstapfen des Teufels« gefolgt seien.

»Das Gesetz ist der Embryo des Terrors.« Diese Einsicht teilt der Aphoristiker Nicolás Gómez Dávila mit Jesus von Nazareth. Jesus besaß weder Macht noch Mittel, die Gesetze seiner Zeit abzuschaffen. Doch er wählt die Waffe des klugen Wortes, um den Terror an seiner Entfaltung zu hindern. Er erkennt die Gesetze an und löst sie zugleich auf. Wie er das anstellt, erzählt die Geschichte von der Ehebrecherin im Johannesevangelium. (Die Frau dürfte eine Prostituierte gewesen sein. Nach damaligem Rechtsverständnis galt jeder außereheliche Geschlechtsakt als Bruch der Ehe.) An einem frühen Morgen, als Jesus im Jerusalemer Tempel das Volk lehrt, argwöhnisch beäugt von lauernden Pharisäern, führen die Glaubenshüter ihm eine Sünderin vor, in der Absicht, ihn wieder mit einer perfiden Fangfrage in Verruf zu bringen. »Meister, diese Frau wurde beim Ehebruch auf frischer Tat ertappt. Moses hat uns im Gesetz vorgeschrieben, solche Frauen zu steinigen. Nun, was sagst du?«

Die Pharisäer bringen Jesus in die Bredouille. Urteilt er mit Milde, stellt er sich gegen Moses, für jeden Juden ein Tabubruch, der Jesus diskreditieren würde. Bekräftigt Jesus das mosaische Gesetz und legitimiert die Todesstrafe der Frau, würde er nicht nur gegen das Recht der römischen Besatzer verstoßen, das die Steinigung bei Ehebruch nicht erlaubt, er würde vor allem den Rückhalt im Volk und seiner Jüngerschaft verlieren. Seine Anhänger rekrutierten sich bekanntermaßen aus Verfemten: Aussätzige, Bettler, Krüppel, Ganoven, Huren und Zöllnern, in den Augen der Tempelherren allesamt Unreine. »Was sagst du?« Auf die hartnäckig wiederholte Frage der Pharisäer reagiert Jesus zunächst mit Ignoranz. Ungerührt kritzelt er mit den Fingern etwas in den Sand. Was er schreibt, ist nicht überliefert, indes auch bedeutungslos. Mit seiner Geste der Missachtung bedeutet er den Glaubenswächtern, dass ihre Konflikte nicht die seinen sind. Schließlich überlässt er die Meute sich selbst: »Wer von euch ohne Sünde ist, werfe als Erster einen Stein auf sie.«

Mit dieser Aufforderung schafft Jesus nicht die Schuld ab. Schließlich rät er der Frau, nachdem ihre Ankläger sich kleinlaut verzogen haben: »Geh und sündige von jetzt an nicht mehr.« Jesus entlarvt die Hybris, wo der Mensch sich erhebt zum Richter über Gut und Böse und sich aufschwingt, gottgleich, zum Herrn über Leben und Tod. Totalitäre Staaten haben ein elementares Interesse daran, dass dieses jesuanische Menschenbild keine Verbreitung findet. Da ist es konsequent, dass sie den Besitz des Neuen Testamentes noch heute mit Gefängnis, Arbeitslager oder Todesstrafe ahnden. Nach dem Weltverfolgungsindex von Christen, der jährlich von der Organisation Open Doors zusammengestellt wird, lautet denn auch die Rangliste der Top Twelve der christenfeindlichsten Staaten 2015: Nordkorea, Somalia, Irak, Syrien, Afghanistan, Sudan, Iran, Pakistan, Eritrea, Nigeria, Malediven, Saudi-Arabien. Seinen Report über seine Reise durch Saudi-Arabien »Gott, Kommerz und Größenwahn« leitete der Autor und diplomatische Korrespondent des *Spiegel* Erich Follath mit dem Satz ein: »Es gibt wenige Freizeitmöglichkeiten und wenige Ausflugsziele in diesem Land, wenn man öffentliche Hinrichtungen und Auspeitschen nicht mag.«

Fundamentalisten erfüllen kein Gesetz, sie befolgen es. Dem christlichen Fundamentalisten ist das Wort Gottes die Autoritätsinstanz schlechthin. Ihr schuldet man Gehorsam. Bibeltreue Christen lesen das Alte und Neue Testament nicht als Manifestationen historischer Glaubenserfahrungen, vielmehr als unmittelbare Offenbarung des Allmächtigen selbst, nicht getrübt durch Geschichte und Gesellschaft mit ihren Antagonismen, Machtkriegen und Richtungskämpfen, nicht gefiltert durch Kultur und Sprache, nicht beschränkt durch die Grenzen des Sagbaren und des Unsagbaren. Man kann die Abneigung der Fundamentalisten gegen die universitäre Exegese als kognitives Defizit abtun, als Ignoranz gegenüber der Einsicht, dass heilige Schriften grundsätzlich der Kommentierung bedürfen, weil sie selber bereits Kommentare sind. Doch die Aversion gegen die historisch-kritische Exegese birgt auch einen Funken Wahrheit. Fundamentalisten besitzen ein ausgeprägtes Gespür für Verluste. Die Faktenforschung hat das Leben Jesu auf ein paar dürre Daten zusammengestrichen. Sie hat der Poesie, den Sprachbildern und Symbolwelten des Neuen Testamentes ihre universelle Kraft geraubt, womit die Heiligkeit der Schrift verblasste und schließlich verloren ging.

Paradigmatisch für eine Lektüre, die der Bibel jeden Offenbarungscharakter abspricht, steht der evangelische Theologe Gerd Lüdemann. Er liest das Neue Testament durch die Brille des Rechtsverständnisses der abendländischen Moderne und schreddert die Vita Jesu Christi in den Mühlen der Rationalität. Was unterm Strich übrig bleibt, ist *Der große Betrug*, so der Titel einer seiner umstrittenen Publikationen mit dem nicht unbescheidenen Zusatz *Was Jesus wirklich sagte und tat.*

Lüdemann bestreitet die leibliche Auferstehung Jesu, führt dessen Zeugung auf eine Vergewaltigung Marias zurück und lässt von den Worten und Wundertaten des Messias nicht viel übrig. Wobei er manch offene Tür einrennt. Selbstverständlich hat der Nazarener keine Naturgesetze ausgehebelt. Er ist nicht auf dem Wasser gewandelt, hat keinen Sturm auf dem Meer zum Erliegen gebracht, und er wird wohl auch nicht über die magische Potenz verfügt haben, mit einem Fingerschnippen Tote wieder lebendig zu machen. Der Evangelist Markus berichtet von einer Speisung von fünftausend Männern. Obwohl sie nur fünf Brote und zwei Fische besaßen, blieb niemand hungrig. »Die wunderbare Vermehrung von Brot und Fischen hat nicht stattgefunden«, sagt Lüdemann. »Die Berufung der frühen Christen auf diese und ähnliche Machttaten ihres ›Herrn‹ entsprang reinem Wunschdenken.« Lüdemann hat recht. Aber nur innerhalb seines Gedankengebäudes. Er will das Neue Testament erklären. Weil er aber den erzählenden und poetischen Charakter biblischer Texte nicht begreift, versteht er es nicht. Lüdemann verwechselt die Faktizität von realen Ereignissen mit der Wirklichkeit von Erfahrungen und Ideen. Als hänge die Wahrheit des Gleichnisses von der Barmherzigkeit davon ab, dass tatsächlich einst ein Samariter auf der Straße nach Jericho unterwegs war.

So will die Geschichte von der wundersamen Brotvermehrung Jesus nicht als Magier inszenieren, der aus dem Nichts heraus Brote zaubert. Jesus will das ökonomische Tauschprinzip, das vom Geldbesitz beherrscht wird, durch das Prinzip der Schenkung, also des Teilens, ersetzen. Angesichts der

vielen Menschen fragen ihn seine Jünger: »Sollen wir wegge-
hen, für zweihundert Denare Brot kaufen und es ihnen geben,
damit sie zu essen haben?« Jesus hätte nur zu nicken brauchen, aber er greift auf die vorhandenen Brote zurück und
segnet sie. Das gesegnete und geheiligte Brot unterscheidet
sich grundlegend vom gekauften. Es reicht für alle. Es vermittelt die Erfahrung: Wenn Menschen teilen, was sie besitzen, werden alle satt. Und das im Übermaß. Als die Jünger
nach dem Essen die Reste der Brote und Fische einsammeln,
zählen sie zwölf volle Körbe. Was für kritische Exegeten, weil
unmöglich, nicht wahr sein kann.

Als Kapitaldelikt biblischen Betrugs zerpflückt Lüdemann
die Erzählung von Jesu Auferstehung. »Das Märchen von
der leiblichen Auferstehung wurde erfunden, um nach dem
Schock des Karfreitags nicht zu verzweifeln und um den
Glauben an den neuen Herrn durchzusetzen.« Diese Ansicht
ist nicht neu. Die Bibel entmythologisiert zu haben ist ein
Charakteristikum des Protestantismus im 20. Jahrhundert.
»Ein Leichnam kann nicht wieder lebendig werden und aus
einem Grabe steigen«, meinte der Theologe Rudolf Bultmann.
»Christus, der Gekreuzigte und Auferstandene, begegnet uns
im Worte der Verkündigung, nirgends anders.« Für die Theologin Dorothee Sölle findet die Auferstehung in der Nachfolge
Jesu statt, im politischen Widerstand gegen Unrecht, Unterdrückung und die Mächte des Todes. In ihrem 1968 erschienenen Buch *Atheistisch an Gott glauben* hielt sie es nicht einmal mehr für diskussionswürdig, die Auferstehung Christi
als ein historisches Datum oder eine medizinisch-naturwis-
senschaftliche Aussage zu verstehen. Ob das Grab Jesu nun
voll und verschlossen oder leer und offen war, befand auch
Karl Barth, »es bleibt sich wirklich gleich«.

Für Gerd Lüdemann hingegen muss das Grab voll gewesen sein. Unbedingt! Weil Tote nun mal tot bleiben. Für ihn sind Lukas und Markus Märchenerzähler, wenn sie von den Frauen berichten, die in der Morgendämmerung das Felsengrab aufsuchten, um Jesu Leichnam einzubalsamieren. Natürlich trafen die Frauen keinen weiß gewandeten Jüngling, einen Engel, der zu ihnen sprach: »Erschreckt nicht! Ihr sucht Jesus von Nazareth, den Gekreuzigten. Er ist auferstanden; er ist nicht hier. Seht, da ist die Stelle, wo man ihn hingelegt hat. Nun aber geht und sagt seinen Jüngern, vor allem Petrus: Er geht euch voraus nach Galiläa; dort werdet ihr ihn sehen, wie er es euch gesagt hat.«

Wo die Frauen vor Entsetzen flüchten, die Leerstelle fürchtend, die sich durch die Abwesenheit Jesu auftut, vermag Lüdemann nichts anderes zu sehen als einen verfallenden toten Körper. »Jesus hat sein Grab niemals verlassen, sein Leichnam ist verwest«, lautet Lüdemanns Wahrheit, die er mit Verbissenheit verkündet. Übertroffen wird sein Eifer nur von der Empörung seiner innerkirchlichen Gegner, die sich dagegen verwahren, dass ein Professor für das Neue Testament die Fundamente ihres Credos zertrümmert. Das wiederum steht und fällt mit einer Prämisse, die der mächtigste Zeuge des Glaubens, der Apostel Paulus, in seinem ersten Brief an die Korinther auf den Punkt brachte: »Ist aber Christus nicht auferstanden, so ist unsere Predigt vergeblich, so ist auch euer Glaube vergeblich.«

Lüdemann seziert die Evangelien, aber er geht einen entscheidenden Schritt weiter. Er will die kirchliche Dogmenlehre zerlegen. Er will dem Apostolischen Bekenntnis zur Dreifaltigkeit von Vater, Sohn und Heiligem Geist die biblische Grundlage entziehen. Lüdemann zielt auf das vermeintlich schwächste und dogmatisch sperrigste Mitglied der Trinität, von dem es im Credo heißt: »Ich glaube an Jesus Christus, Gottes eingeborenen Sohn, empfangen durch den Heiligen Geist, geboren von der Jungfrau Maria, gelitten unter Pontius Pilatus, gekreuzigt, gestorben und begraben, hinabgestiegen in das Reich des Todes, am dritten Tage auferstanden von den Toten, aufgefahren in den Himmel ...«

Der Glaube an die Auferstehung ist für Lüdemann nur noch »ein unentbehrliches Requisit« in der dogmatischen Rumpelkammer der Theologie. Um es endgültig zu entsorgen, wird die Antwort auf die Frage wichtig: Hat der Gekreuzigte nun in seiner Gruft gelegen oder nicht? Für einen Dogmatiker muss das Grab leer sein, um es mit spekulativen Hypothesen über die Ressurektion füllen zu können. Umgekehrt bei Lüdemann. Für ihn muss das Grab gefüllt sein, weil verwesende Leichname nicht dazu taugen, in den Himmel aufzufahren.

Für Gerd Lüdemann ist Jesus ist nicht mehr der Menschensohn, in dem sich Gott offenbarte und der den Tod bezwang. Jesus ist vielmehr »ein Mensch wie du und ich«. Nur eben auf moralisch höchstem Level als vollendeter liberalgrünlinker Sozialdemokrat. Jesus wird zum Prototypen des netten Freundes, der sogar dann noch nett bleibt, wenn man ihm die Freundschaft kündigt. In seinem »Brief an Jesus«, nachzulesen in *Der große Betrug*, schreibt Lüdemann: »Falls Du aber wirklich auf den Wolken des Himmels wiederkommen solltest, freue ich mich schon jetzt darauf, Dich endlich kennenzulernen. Und ich bin überzeugt, auch wenn ich nicht mehr zu Dir bete und nicht mehr an Dich glaube, Deine Sympathie zu besitzen und von Dir wegen meines Unglaubens nicht vernichtet zu werden, wie es nach Bibel und Bekenntnis eigent-

lich geschehen müsste.« Anzunehmen ist jedoch, dass Jesus
nach der Lektüre pubertärer Briefe von Theologieprofesso-
ren auf einen Abstieg von seiner Himmelswolke verzichtet.

Einen textanalytischen, von idealistischer Verklärung freien
Blick wirft der Mathematiker und Theologe Kuno Füssel in
das leere Grab Jesu. Füssel enthält sich metaphysischer Mut-
maßungen über ein Weiterleben nach dem Tod und verzichtet auf abstrakte Spekulationen über die Himmelfahrt Jesu.
Als einer der versiertesten Vertreter einer materialistischen
Lektüre der Bibel, wie sie von den »Christen für den Sozialismus« in den siebziger und achtziger Jahren entwickelt wurde,
nimmt Füssel den Erzählcharakter der österlichen Auferste-
hungsgeschichten ernst und liest sie als das, was sie primär
sind: Texte, komplexe Gewebe aus sprachlichen Signifikanten,
die ihren Sinn in ihrer wechselseitigen Beziehung und Ver-
knüpfung entfalten. Und in ihrem Kontrast. Füssel führt die
Dynamik der Erzählung bei Markus zurück auf »den Gegensatz zwischen den Signifikanten des Todes und den Signifikanten des Lebens«. Zu den ersteren zählt Füssel das Dunkel
der Nacht, die Felsenhöhle und den Grabstein, den liegenden
Leichnam und die Salböle. Denen stellt Markus die Signifikanten des Lebens gegenüber: die Morgenröte, die aufgehende
Sonne, den Jüngling, die Botschaft, das Aufstehen, den Neu-
beginn. Füssel schreibt:

»Gegen die nekrophile Leidenschaft der antiken Welt,
gegen ihren Kult des Todes und des Einbalsamierens, gegen
ihre Verehrung von Mumien und ihr Bauen von Mausoleen,
mit denen sie sich gegen die Fäulnis des Kadavers ihrer Helden schützen wollte, setzt das leere Grab Jesu ein mächti-
ges Gegenzeichen. Es gibt kein Mausoleum Christi, so wie
es einen Petersdom in Rom und ein Lenin-Mausoleum in

Moskau gibt. Die Befreiung von der Faszination einer Religion der Symbole des Todes beginnt mit der Unmöglichkeit, das Grab des toten Helden, seinen Leichnam zu besuchen und zu verehren.«

Das leere Grab steht nicht für die Realität bloßer Absenz. Es verhält sich umgekehrt. Gerade die Abwesenheit des toten Körpers Jesu, so Füssel, »entfaltet eine unendliche Macht«. Diese Macht erwächst aus einer ganz und gar unmetaphysischen Metamorphose. In der Grabeshöhle findet ein Austausch statt, eine Ersetzung. An die Stelle des toten Körpers tritt die Frohe Botschaft, die besagt, dass die Geschichte des Gekreuzigten eben nicht im Reich des mumifizierten Todes endet. Füssel versteht den Signifikanten des leeren Grabes als Transmitter der Nachricht: »Wer Jesus wiederfinden will, muss ihn bei den Lebenden suchen.« Die Botschaft der Auferstehung markiert die Möglichkeit, eine zerrissene, gewaltsam am Kreuz beendete Geschichte fortzuschreiben. Unter denen, die Jesus folgen und seinen Weg weitergehen. Nur wie? Als zwei mutlose Jünger nach dem Tod ihres Herrn nach Emmaus unterwegs sind und dabei Jesus begegnen, sehen sie ihn zwar, aber sie erkennen ihn nicht. Erst als Jesus das Brot bricht und mit ihnen teilt, gehen ihnen die Augen auf. Laut Füssel eröffnet die Auferstehungsnachricht den Einstieg in eine neue Erzählung, sofern sich ihr Hörer auf ein »Leben jenseits der Todesgrenze« einlässt: »Jesus ist nicht von den Toten aufgestanden, wenn wir uns nicht aufmachen und in seine Geschichte eintreten.«

Zu Kuno Füssel möchte ich eine persönliche Geschichte erzählen. Ich lernte den »Genossen Kuno« kennen und schätzen, als ich Ende der siebziger Jahre in Münster als Student der Theologie zu den »Christen für den Sozialismus« stieß, die für viele Jahre meine politische, religiöse und soziale Heimat wurden. Kuno Füssel, Jahrgang 1941, war der charismatische Spiritus Rector der Bewegung; ein Christ und Sozialist mit Leib, Seele und Verstand und einem unkorrumpierbaren Klassenstandpunkt. Zudem ein Zeitdiagnostiker von bestechender Klarheit mit umwerfend schlagfertigem Humor und veritablem Weinverstand. Rotwein natürlich. Weil er an der Katholischen Fakultät der Westfälischen Wilhelms-Universität kein Blatt vor den Mund nahm und die Idealismen der Glaubenslehre aus der Perspektive des Proletariats vom Kopf auf die Füße stellte, blieb ihm eine akademische Karriere versagt. Die Venia legendi, die zur Habilitation erforderliche kirchenamtliche Lehrerlaubnis, wurde ihm verweigert. Dennoch wurde Kuno für mich zu einem Lehrer.

Wie unter Ökonomen, Juristen oder Soziologen gab es auch unter den Theologen Richtungskämpfe und ein Hauen und Stechen um Professorenstühle, Dozentenstellen und die wahrhaft wahre Lehre. Als ich 1976 mein Lehramtsstudium aufnahm, waren die Fronten abgesteckt. In Regensburg lehrte Joseph Ratzinger, den man als Reaktionär abkanzeln durfte, ohne eine Zeile von ihm gelesen zu haben. Um seine *Einführung in das Christentum* zu verfemen, reichte meinem Dozenten im Dogmatikkurs für Erstsemester das Etikett »Edelkitsch!«. Die Kirchenkritiker, die an eine Liberalisierung des Katholizismus glaubten, saßen in Tübingen in den Vorlesungen von Hans Küng, der die Unfehlbarkeit des päpstlichen Lehramtes attackierte, woraufhin ihm die Deutsche Bischofskonferenz die Missio canonica entzog. In Münster zog die Politische Theologie des eloquenten Johann Baptist Metz jene an, die an einer selbstgenügsamen Betreuungskirche litten, deren bürgerliche Sicherheitsideologie die Solidarität mit den Verlierern und den Opfern der Geschichte vermissen ließ. In die Lehrveranstaltungen des Dogmatikers Herbert Vorgrimler strömten die Aktivisten, die gegen Aufrüstung, Atomenergie und jegliche Form der Ausbeutung waren, darunter nicht wenige, die aus ihrer Gesinnung ableiteten, relativ anstrengungslos ihren Seminarschein zu erhalten. Bei Peter Hünermann studierten die Kandidaten für das Priesteramt. Die subversive Speerspitze der noch jungen »Kirche von unten« formierte sich bei den CfS, den besagten »Christen für den Sozialismus«.

Die CfS-Bewegung hat ihren Ursprung in Lateinamerika, in Chile, wo es galt, den 1970 demokratisch gewählten sozialistischen Präsidenten Salvador Allende zu unterstützen. Allende hatte die Kupferminen verstaatlicht und Reformen in der Landwirtschaft durchgeführt, ein Affront gegen Oligarchen, Großgrundeigner und die Imperialmacht USA, die ein zweites Kuba verhindern wollten. Als sich 1973 das rechte Militär an die Macht putschte und den Präsidentenpalast in Santiago stürmte, nahm sich Allende das Leben. Danach durchlebte Chile unter General Augusto Pinochet die schwärzesten Jahre seiner Geschichte. Zehntausende Oppositionelle wurden gefoltert, ermordet und endeten als Desaparecidos, als Verschwundene, deren letzte Lebensspuren von Killerkommandos und Todesschwadronen verwischt wurden.

Nicht nur in Chile, in fast allen Ländern Lateinamerikas herrschten unheilige Allianzen aus Macht und Militär, Kirche und Kapital. In Argentinien standen bis auf wenige Ausnahmen alle neunzig Mitglieder der nationalen Bischofskonferenz stramm hinter dem Junta-General Jorge Rafael Videla. Der raffgierige Somoza-Clan in Nicaragua war eng mit dem ranghohen Klerus verbandelt, vereint in der Ideologie eines militanten Antikommunismus. Bereits 1939 soll der amerikanische Präsident Franklin D. Roosevelt über Anastasio Somoza gesagt haben: »Er mag vielleicht ein Hurensohn sein, aber er ist unser Hurensohn.« Als einer der grausamsten Schlächter Mittelamerikas hinterließ der evangelikale Sektierer Efraín Ríos Montt, unterstützt von Ronald Reagan, unter aufständischen Maya-Indianern im Quiché-Hochland Guatemalas eine breite Spur aus Blut und Tränen. Paramilitärs und Schergen des Regimes verschleppten und massakrierten die Männer, schlugen Kinder tot und schnitten schwangeren Frauen die Föten aus dem Leib. In El Salvador wurde der Erzbischof Óscar Romero 1980 während der Feier der heiligen Messe in einer Krankenhauskapelle erschossen. Aus dem konservativ zurückhaltenden Kleriker war ein Fürsprecher notleidender Campesinos geworden, der den Machthabern gefährlich wurde, weil er die Augen vor den Massakern an der bäuerlichen Zivilbevölkerung nicht mehr verschloss. Es bedurfte erst eines Papstes aus Lateinamerika, um den jahrzehntelang verschleppten Prozess der Seligsprechung Romeros 2015 endlich abzuschließen.

»Wenn ich den Armen Brot gebe, bin ich ein Heiliger. Aber wenn ich erkläre, warum die Armen kein Brot haben, bin ich ein subversiver Kommunist.« Damit benannte der brasilianische Erzbischof Dom Hélder Câmara das feindliche Klima, dem die Theologie der Befreiung sich in den siebziger und achtziger Jahren ausgesetzt sah. Ihre exponiertesten Vertreter wie Leonardo und Clodovis Boff, Gustavo Guttiérez, Ernesto Cardenal, Franz Hinkelammert oder Paulo Suess interpretierten keine ewigen Dogmen mehr. Und sie ließen sich Glaubenswahrheiten auch nicht mehr vom Vatikan von oben nach unten vorschreiben. Sie kehrten die Richtung um. Ausgehend von den Befreiungskämpfen ihrer Völker im Widerstand gegen Unterdrückung und Ausbeutung stellten sie den Glauben in den Dienst einer »Option für die Armen«. In deren Licht änderte sich die Lesart der Bibel. Aus einem erbaulichen Buch wurde ein politisches. Bei seiner Lektüre fragten wir als europäische Christen für den Sozialismus nicht mehr: *Was* liest du? Wir fragten: *Wie* liest du? Der Glaube wurde zum Bekenntnis von Parteilichkeit, die Parteilichkeit wiederum geriet zu einem Kriterium zur Unterscheidung der Geister. »Der Christus von Abbé Pierre, dem Anwalt der Menschen aus der Vierten Welt, der Elenden in den reichen Ländern, ist ein anderer als derjenige von Giscard d'Estaing«, schrieb der Pariser Theologe George Casalis. »Und der Christus von Pinochet ist nicht der von Ernesto Cardenal.«

Ich war Anfang zwanzig, aufgewachsen mit einem zwar befragten, aber nie bezweifelten Gottesglauben. Nun schien mir das Bekenntnis zu dem *einen* Gott plötzlich unmöglich, ja nicht einmal mehr legitim. Wie konnten Christen unbefangen vom Schöpfer *aller* Menschen reden? Die Rede von den Brüdern und Schwestern der einen Mutter Kirche war eine Lüge. Die Kirche war gespalten. Es gab zwei Götter, den Gott der Mächtigen und den Gott der Ohnmächtigen, den Gott der Täter und den der Opfer. Letzterer war ein Gott der Befreiung, Ersterer ein Götze der Unterdrückung, der entthront und hinweggefegt gehörte. Die Auferstehung musste zum Aufstand werden. Ein Nächster war nur, wer zum Genossen wurde. So glaubten wir. Und so lebten wir.

Es war eine Zeit des Aufbruchs, aufregend, voller Pathos sicher, aber geboren aus dem Widerstand gegen miefige kirchliche Strukturen und grassierendes Unrecht. Ich war überzeugt, mit der Symbiose als Christ und Sozialist könne eine bessere Welt gelingen, freier, gerechter und menschlicher. Wir arbeiteten, debattierten und reflektierten, liebten, feierten und fühlten uns verbunden mit einer Religion, deren Stifter Wasser in Wein verwandelte. Wir brachen aus dem Gefängnis des geknebelten Denkens aus, wagten kühne Thesen und erlebten Blütejahre verwegener Theorien, von denen manche zugegeben bald verwelken sollten. Gemeinsam studierten wir *Das Kapital* und die Logik des Tauschprinzips und erweiterten unsere halbmarxistische Weltsicht mit Louis Althussers Analysen über die Funktion der ideologischen Staatsapparate sowie den Entgrenzungsphantasien aus Georges Batailles *Der heilige Eros*. Um auf den Schlachtfeldern der idealistischen Weltanschauungen gerüstet zu sein, verquickten wir Jesus mit Versatzstücken von Lenin, Lacan und Julia Kristeva, wähnten uns gewappnet gegen den geschichtsgleichgültigen Theozentrismus, den vernunftgläubigen Logozentrismus und die Verblendung durch den totalitären Warenfetischismus. Der bekannteste Satz Adornos durfte damals in keiner Diplomarbeit fehlen. Paradoxerweise ist das Diktum »Es gibt kein wahres Leben im falschen« mit der fortschreitenden Kapitalisierung aller Lebensbereiche aus der Mode geraten.

Ein leuchtender Gedanke im Dunkel des Falschen blieb. Eine Idee, die verlangte, gelebt zu werden. Sie kristallisierte sich heraus, nachdem der Portugiese Fernando Belo eine Methode der materialistischen Bibelexegese entwickelt hatte, mit der er das Markusevangelium las. Belos spröde Terminologie und das überfrachtete theoretische Instrumentarium mögen die Gründe sein, dass der exegetische Autodidakt im Wissenschaftsbetrieb kaum wahrgenommen wurde. Bedenkens- und bewahrenswert aber ist die von ihm entdeckte, ebenso sinnige wie sinnliche Metapher, mit der er das Wirken Jesu benannte. Belo spricht von der »messianischen Praxis der Hände, Füße und Augen«, in deren Vollzug sich die drei göttlichen Tugenden des Glaubens, der Liebe und der Hoffnung überhaupt erst entfalten. Es ist tatsächlich auffällig, wie die Begriffe der Hände, Füße und Augen den ganzen Markustext durchwirken. Stets sind sie verwoben mit den Dimensionen des Religiösen, Politischen und Ökonomischen, die in den Erzählungen über Jesus immer mitschwingen. Die Praxis der Hände, für Belo die wirtschaftliche Dimension der Liebe, steht für das Prinzip des Teilens; die Füße, die aufeinander zugehen und Grenzen überschreiten, markieren die politische Dimension der Hoffnung, während das Realsymbol der Augen auf die Macht des Gläubigen vertraut, den Anderen zu sehen, Wahrheiten zu erkennen und sich vom falschen Schein nicht blenden zu lassen.

»Auf welcher Seite stehst Du?« Der Refrain eines Protestsongs prägte das damalige gesellschaftliche Klima. Der Liedermacher Walter Mossmann hatte mit *Die andre Wacht am Rhein* eine Hymne der Antiatomkraftbewegung geschaffen. Aber weit mehr noch. Der Kehrvers verselbständigte sich und kippte irgendwann um ins Inquisitorische. Die Frage ließ nur eine Scheinalternative zu. Stehst du auf der Seite des Widerstands? Wenn nicht, stehst du auf der falschen Seite. Und wer dort stand, war ein Handlanger des Systems, ein Komplize der Herrschenden, der Atommafia, der Rüstungslobby, der Kriegstreiber, vorneweg die imperiale Ausbeutermacht der USA. Wer wollte sich schon einsam auf die Seite Ronald Reagans schlagen? Wer auf der richtigen

Seite stand, stand nicht allein. Er war vernetzt in unüberschaubaren Bündnissen, in denen Solidarität erwartet und freigebig gewährt wurde.

Als Sozialisten ergriffen wir Partei für Indigenas in Guatemala, Landlose in Brasilien und die Comunidades Cristianas Populares in Chile. Wir solidarisierten uns mit Befreiungskämpfern in El Salvador, Angola oder auf den Philippinen. Und aus Verbundenheit mit der Frente Sandinista de Liberación Nacional tranken wir Nicaragua-Kaffee, um in Managua Alphabetisierungskampagnen zu unterstützen. Die Ausweitung der Kampfzone auf das heimische Terrain erforderte multiple nationale und regionale Allianzen: Widerstand gegen Atomkraft in Brockdorf und den Schnellen Brüter in Kalkar, Protest gegen die Startbahn West in Frankfurt und bundesweit gegen Volkszählung und Überwachungsstaat. Außerdem stoppten wir noch Strauß und propagierten »Petting statt Pershing« gegen den historischen Nato-Doppelbeschluss, als dessen Erfinder Helmut Schmidt galt. Im Bonner Hofgarten demonstrierten wir mit einer halben Million Friedensaktivisten gegen die Apokalypse eines bevorstehendes »Euroshima«, wobei uns die Stationierung amerikanischer Cruise Missiles bedrohlicher dünkte als die SS-20-Atomraketen der Sowjetunion. Ich bekenne, bei einer Friedensdemo in Hannover mitskandiert zu haben: »Albrecht, von der Leine, an die Leine, in die Leine! Schmidt muss mit!« Als im November 2015 der wahrscheinlich souveränste und weitsichtigste Staatsmann der Bundesrepublik seine letzte Zigarette rauchte, hatte die Front der Pazifisten längst vergessen, den Hanseaten als Kriegshetzer und Verräter sozialdemokratischer Ideale diffamiert zu haben. Schmidt hatte sich als der Klügere erwiesen. Dafür waren wir als radikale Christen die Guten. So glaubten wir.

Aber wir hatten die Praxis der Augen nicht wirklich verstanden. Nur halb. Denn auf einem Auge waren wir blind. Dass wir die Menschheit in Opfer und Täter teilten, mag verzeihlich sein. Nicht aber unser Zwei-Klassen-System für die Opfer. Die einen, die Opfer des Kapitalismus, verdienten unsere Solidarität; die anderen nahmen wir nicht einmal wahr. Während wir vom Sozialismus träumten, litten und starben sie als die Kollateralschäden der real existierenden Volksrepubliken. Aus kleingeistigen Bedenken, dem Imperialismus in die Hände zu spielen, schwiegen wir, wenn die DDR-Grenzer ihrem Schießbefehl folgten und Menschen liquidierten, die es nicht ertrugen, in einem antifaschistischen Schutzwall eingemauert zu sein. Wir nannten uns Sozialisten, aber wir erhoben nicht Einspruch gegen die Gulags in Sibirien, gegen die Killing Fields in Kambodscha und die Exekutionskommandos in Nordkorea. Wir waren blind für die Wahnsysteme, in denen Enver Hoxha, Todor Schiwkow und Nicolae Ceaușescu ihre Völker knechteten. Als bekennende Christen fanden wir kein Wort der Trauer für den tapferen Priester Jerzy Popiełuszko, den die Genossen der polnischen Staatssicherheit halb totprügelten, bevor sie ihn gefesselt in der Weichsel ertränkten. Und als sein Landsmann Lech Wałęsa die Arbeiter der Danziger Lenin-Werft zum Streik aufrief, verachteten wir insgeheim die Naivität eines Frömmlers, der am Revers seines Jacketts einen Button der Madonna von Tschenstochau trug. Und trotzdem glaubten wir, auf der richtigen Seite der Geschichte zu stehen.

Irgendwann fiel mir ein Buch in die Hände. Es ist längst vergriffen, nur noch schwer aufzutreiben (zu teils horrenden Antiquariatspreisen) und trägt den etwas unglücklichen Titel *Vom Scheitern der deutschen Arbeiterbewegung*. Erschienen ist es in dem linken Verlag Roter Stern, verfasst hat es der 1993 verstorbene Historiker Erhard Lucas, der an der Carl von Ossietzky Universität in Oldenburg neuzeitliche Sozialgeschichte lehrte. In dem Kapitel »Die Wiederkehr der Mörder« berichtet Lucas von einer Begegnung mit dem Seniorchef eines Metzgerladens zum Jahresbeginn 1982. Auf die unverfängliche Frage, wie er Silvester verbracht habe, erzählt der Alte vom leckeren Abendessen mit seiner Frau bei einer guten Flasche Wein und leichter Fernsehunterhaltung. Aus irgendeinem Grund kommt der Mann auf Russland zu sprechen. Neun Jahre sei er dort gewesen, erst im Krieg, dann in der Gefangenschaft. Er spricht plötzlich vom Hunger. Und vom Heimweh. »Jeden Abend ging die Sonne dort unter, wohin ich hätte laufen müssen, um nach Hause zu kommen.« Zwischendurch im Laden ruft die Schwiegertochter nach ihm, er solle bei der Bedienung der Kunden helfen. Aber der alte Mann erzählt weiter, redet von seinen Albträumen, die in manchen Nächten hochkommen. Besonders an Silvester. Seiner Frau habe er vom Inhalt der Träume nie erzählt, aber sie seien so schlimm, dass sie immer um sein Leben fürchte. Sie schütte dann eine stets bereitstehende Flasche hochprozentigen Rum in ihn hinein. Er brauche nach diesen Nächten zwei volle Tage, um wieder auf die Beine zu kommen.

Was der Mann erlebt hat, was er getan oder auch unterlassen hat, bleibt offen. Fest steht nur, er hat nie darüber gesprochen. Ob es Schuld war oder Scham, es gab in Deutschland keinen Ort, wo er hätte reden können. »Dieses Land steckt bis zum Rand voll solcher Geschichten«, schrieb Erhard Lucas 1983. Doch wer wollte sie hören? Und wer soll sie mehr als drei Jahrzehnte später noch erzählen? »Das Wichtigste wäre die Utopie einer Gesellschaft gewesen, in der dauerhaft öffentlich über das Geschehene geredet wird«, sagt Lucas. »Nicht über das Geschehene als abscheuliches System, mit dem man nichts zu tun hat, so wie die Bolschewiki nach der Oktoberrevolution über den Zarismus geredet haben, sondern über die persönliche Teilhabe am Verbrechen, über das, was nicht mehr gutzumachen ist und nie mehr vergessen werden kann, und auch über die Albträume.«

Aber die Deutschen wollten keine Albträume hören. Nicht die von Tätern. Empathie für das grenzenlose Leid der Opfer zu entwickeln war Bürde genug. Nach dem Dritten Reich, nach einem Krieg mit Abermillionen Toten und überquellenden Gräbern brauchte das Land des Wirtschaftswunders keine alternden Männer, die den Preis für eine verpfuschte Vergangenheit zahlten, die nicht die Vergangenheit der Nachgeborenen war. Die Schuldgeschichte der Väter und Großväter war das große Thema, aber nur als eine Geschichte der Verdrängung und Verleugnung, nie als eine Geschichte, an der Menschen wahnsinnig wurden und an der sie innerlich zerbrachen. Wenn die Täter sich besinnungslos soffen und an ihrer Schuld erstickten, dann erstickten sie allein. Und wenn nachts die Dämonen kamen, dann waren das ihre Dämonen. Nicht mal den Beichtstuhl ließ man ihnen. Der Praxis der Augen waren sie eines Blickes nicht würdig. Vielleicht wäre dieser Blick ein anderer gewesen, hätten wir in dem Auferstandenen weniger den Genossen als den Heiland gesehen.

Wir hatten bei Markus die Trennung von rein und unrein analysiert, aber wir hatten sie nicht überwunden. Wir wollten der Samariter sein, aber wir waren der Priester und der Levit. Die Berührung mit den Tätern der Geschichte hätte uns verunreinigt. Aber wir mussten sauber bleiben. Nach dem Fluch von Auschwitz durften wir uns nie wieder schmutzig machen.

Wir wollten von den Opfern lernen, nie wieder Täter zu werden. Zu Recht! Aber wir wollten nicht von den Tätern lernen, was sie zu Tätern gemacht hatte.

Diese Einsicht fiel zusammen mit dem Ende meiner Zeit bei den Christen für den Sozialismus in den späten achtziger Jahren. Der Abschied fiel mir nicht leicht. Im Gegensatz zu der Entsorgung eines Manuskripts. Meine vor dem Abschluss stehende theologische Doktorarbeit würde Gott nicht brauchen und die Welt nicht vermissen. Autor und Fotograf, das war mein Berufswunsch. So stand denn auf meiner ersten Visitenkarte nicht »Dr. theol.«, sondern der ungeschützte Titel »Wort- und Bildjournalist«.

Eine meiner ersten Reportagereisen führte mich in die Pyrenäen in den Marienwallfahrtort Lourdes. Allein der Umstand, dass aufgeklärte Mitmenschen einen Bogen um die Madonnenstadt machten, ließ sich als Indiz deuten, dass es in Lourdes etwas zu entdecken gab. Das haben No-go-Areas, so meine Erfahrung nach dreißig Reporterjahren, prinzipiell so an sich.

An einem strahlenden Augustnachmittag stand ich auf der Esplanade vor der mächtigen Rosenkranz-Basilika, doch die Fotokamera um meinen Hals konnte nicht darüber hinwegtäuschen, dass ich mir trotz der vielen Leute verloren vorkam. Ein französischer Pater, sein Name war Gérard, muss mir diese Verlorenheit angesehen haben. Er trat auf mich zu, schüttelte mir die Hand und sagte unvermittelt: »Sie haben auch aus vielen Quellen getrunken, aber auch nicht aus der richtigen.« Dieser Satz traf mich wie ein Schock, der ein wenig dadurch gemildert wurde, dass Gérard das Wort »auch« benutzte. Er sah selber ziemlich geschafft aus. Mit müdem Gesicht erzählte er, am nächsten Tag werde er Lourdes verlassen, um in das Stammhaus seines Ordens zurückzukehren. Wir sprachen noch über Gott und die Welt, und als wir uns verabschiedeten, prophezeite er mir, ich würde noch einmal nach Lourdes zurückkehren. Irgendwann bestimmt. Père Gérard behielt recht. Ich sollte zurückkommen, um einen Zugang zu dem Ort finden und um zu fotografieren. Erwähnen möchte ich, dass ich die erste professionelle Kamera meines Lebens an meinem dreißigsten Geburtstag auspackte. Als generöses Geschenk von ehemaligen Genossen, aus denen einfach nur Freunde geworden waren.

XI

Das Lächeln der weißen Dame

*Père Negré: »Mein armes Kind, denk nicht, die Mutter
Gottes gesehen zu haben, es war der Teufel, den du
gesehen hast.«
Bernadette: »Der Teufel ist nicht so schön.«*
René Laurentin, *Das Leben der Bernadette*

Wo sich die Alte Brücke über den Gave-Fluss spannt, um die
Rue de la Grotte mit der Avenue Bernadette Soubirous zu
verbinden, springt das Neonlicht des Café Jeanne d'Arc ins
Auge. Dank seiner Lage reißt der Zustrom der Gäste nicht
ab. Unermüdlich jonglieren die Kellner ihre Tabletts. Ban-
nerträger von der Legio Mariä aus dem irischen Ballymore
ordern schwarzes Guinness, italienische Pfadfinder rufen
nach Limonade. Bière pression für die Pilger aus Belgien,
Törtchen für die Damen aus Köln. Ordensfrauen in Tracht
nippen ihren Kaffee neben Touristen in Bermudashorts. Bet-
telnde rumänische Romakinder werden mit einem Wischer
aus dem Handgelenk verscheucht. Und draußen auf der Pont
vieux stockt wie immer der Verkehr. Pilgerbusse quetschen
sich durch. Autos hupen sich den Weg frei, während Scharen
von Wallfahrern zum heiligen Bezirk von Massabielle drängen, jenen Ort, den man in Lourdes kurz »la grotte« nennt.
Hier erschien im Jahr 1858 der Müllertochter Bernadette Soubirous achtzehn Mal eine schöne weiße Dame.

Ich sitze gern im Jeanne d'Arc, trotz des Rummels und der fürstlichen Preise. Die Mittagsmüdigkeit lässt sich mit einem doppelten Café noir vertreiben, die langen Tage und späten Nächte mit einem Formidable beschließen, einem großen Bier vom Fass. Und zwischendurch ein üppiges Vanilleeis mit einer Haube aus Schlagsahne und obendrauf Schokoladensauce, genannt *La Dame blanche*. Einen knappen Kilometer stromabwärts steht in einer Felsnische eine ganz andere weiße Dame. Sie ist etwa 1,70 Meter groß und aus weißem Marmor gemeißelt, der im italienischen Carrara gebrochen wurde. In Abermillionen Kopien ist sie über den Erdball verbreitet, als das Bildnis der Muttergottes schlechthin, mehr noch als die Madonna im portugiesischen Fátima oder die Jungfrau von Guadaloupe in Mexiko-Stadt. Vor der Madonna von Lourdes erreichen jedes Jahr viele Millionen Wallfahrer, darunter Zehntausende von Schwerkranken, das Ziel ihrer Pilgerreise. Und wenn man zu ihr aufschaut, liest man auf ihrem Felssockel die Worte: »Que soy era Immaculada Councepciou« – Ich bin die Unbefleckte Empfängnis.

Die weiße Dame von Massabielle und die weiße Dame im Eisbecher repräsentieren die zwei Realitäten von Lourdes. Auf der einen Seite »la grotte« mit ihren Basiliken und Priesterhäusern, Krankenasylen, Bädern, Prozessions- und Kreuzwegen, auf der anderen Seite »la ville«, die Stadt der Hotels und Restaurants, der Geschäfte, Banken und Devotionalienläden. Ein meterhoher Zaun trennt beide Wirklichkeiten. Er scheidet zwischen drinnen und draußen, zwischen Pietät und Profit. Der Zaun ist das Ergebnis der Furcht, die Macht des Profanen könnte sich ausbreiten, könnte herüberschwappen über das Heilige, über die Unbefleckte, die ihren Namen der von Papst Pius IX. erlassenen Bulle *Ineffabilis Deus* (Der

unbegreifliche Gott) verdankt. Darin wird der Jesusmutter
Maria ein Status verliehen, der ihre Einzigartigkeit hervor-
hebt. Nach dem Dogma der *conceptio immaculata* wurde sie
bereits im Moment ihrer Zeugung durch die Gnade Gottes
von der Erbschuld befreit.

Seit dem 4. April 1864 steht die weiße Dame am Gave-Fluss,
mit blauer Schärpe, das Antlitz leicht nach oben geneigt, die
Hände gefaltet. Die Rosen auf ihren Füßen sind mit Gold-
bronze bestrichen, vom rechten Handgelenk hängt ein
Rosenkranz herunter. Der Bildhauer Joseph Fabisch, mit 7000
Goldfranken von zwei Adelsdamen fürstlich entlohnt, hat sie
gefertigt. »Kunst ist Eloquenz«, pflegte er zu sagen. Als Mitglied der Akademie der Wissenschaften und Schönen Künste
in Lyon war Fabisch ein Mann von Reputation. Für den Auftrag einer Madonnenfigur war er eigens nach Lourdes gereist,
hatte Dutzende von Skizzenblätter gezeichnet, Modelle ent-
worfen, Prototypen gefertigt. Vor allem hatte er das Mädchen
Bernadette Soubirous befragt. Wie groß war die Dame? Stand
sie aufrecht oder gebeugt? War der Kopf zur Seite geneigt
oder nach vorn? Trug sie einen Heiligenschein? Was machten ihre Hände, als sie sagte: Ich bin die Unbefleckte Empfängnis? Bei dieser Frage, so ist überliefert, soll Bernadette
von ihrem Stuhl aufgestanden sein, ihre Hände gefaltet und
ihre Augen zum Himmel erhoben haben, schlicht und unge-
künstelt. Fabisch war von diesem Anblick tief berührt. Jahre
später schrieb er: »Niemals habe ich etwas Schöneres gesehen. Weder Fiesole noch Perugino, noch Raffael haben jemals
etwas so Anmutiges und zugleich Ergreifendes geschaffen
wie den Blick dieses naiven, jungen Mädchens.«

Für den Bildhauer war der 4. April 1864 ein Triumph. Der
ihm allerdings vergällt wurde. Hofdamen, Bürgerinnen, Bau-

ersfrauen und Abbé Peyramale, als Pfarrer von Lourdes ein gemütvoller aber nicht gerade feinsinniger Mensch, sie alle waren voll des Lobes für die Statue. Nur eine nicht. Die Hauptperson des Dramas mochte die Verzückung nicht teilen. Die Seherin sagte nur knapp: »Das ist sie nicht.« Fabisch gestand später ein, an der Grotte von Massabielle den größten Kummer seines Künstlerlebens verspürt zu haben. Der Bildhauer war einem Irrtum erlegen. Er hatte geglaubt, eine Figur des inneren Auges in einer realen Skulptur materialisieren zu können.

Bei der Einweihung der Madonnenfigur fehlte Bernadette. Asthmakrank hatte man sie im Hospiz untergebracht, weniger aus Fürsorge, denn um missliebige Kommentare fernzuhalten. Doch auch ohne sie hatte die Geschichte von Lourdes längst ihren Lauf genommen, eine Geschichte, die zu groß war für das Kind der Familie Soubirous. Bernadettes Vater François war ein gutmütiger, aber geschäftsuntauglicher Müller, der geldknappen Kunden freizügig Kredit gewährte und seine Mühle in den Bankrott wirtschaftete. Zudem schaute er gern ins Glas. Ruiniert, gepfändet und verarmt blieb seiner Familie als Behausung nur das Cachot, die Zelle eines verfallenen Gefängnisses, ein feuchtes, muffiges Rattenloch. Die Soubirous waren ganz unten. In Lourdes gab es niemanden, der zu ihnen hätte aufschauen können. Das erste von neun Kindern, das 1844 in diese Familie hineingeboren wurde, war Bernadette.

Vielleicht wäre ihr Lebensweg geradlinig verlaufen, in jenen vorgezeichneten Bahnen, welche die Armut gemeinhin vorsieht. Aber wer hätte sie schon als Frau genommen, die Analphabetin, das schwindsüchtige, tuberkulöse Mädchen, das jederzeit an seinen asthmatischen Anfällen zu ersticken drohte. Vermutlich hätte sie bis an ihr Lebensende Lumpen und Alteisen für ihre Familie gesammelt oder den Männern im Wirtshaus Wein eingeschenkt. Doch dann rief ihre Stimme. Beim Holzsammeln an den Ufern des Gave trat dieses »Das da« in das Leben der Vierzehnjährigen, dieses »Aquerò«, wie Bernadette ihre wundersame Erscheinung im Pyrenäendialekt nannte. Jahre später schrieb sie: »Vierzehn Tage lang kam ich zur Grotte zurück. Die Vision erschien alle Tage, mit Ausnahme eines Montags und eines Freitags. Sie wiederholte, ich solle den Priestern sagen, dass dort eine Kapelle erbaut werden müsse. Ich solle an die Quelle gehen, um zu trinken und mich zu waschen, und ich solle beten für die Bekehrung der Sünder. Mehrere Male fragte ich sie, wer sie sei. Sie lächelte nur. Sie ließ ihre beiden Arme herabhängen.«

Bescheiden spricht Bernadette von der Lichtgestalt nur als Aquerò. Das Volk ist weniger zurückhaltend. Es ist sich sicher: Die selige Jungfrau hat sich gezeigt. Marienerscheinungen waren einst nicht außergewöhnlich. Mit fünfzig dokumentierten Visionen im 19. Jahrhundert liegt Frankreich an der Spitze. Ursula Bernauer macht in ihrer tiefenpsychologischen Studie *Die schöne Dame von Lourdes* darauf aufmerksam, dass die Stadt von vielen Orten umgeben ist, in denen die Jungfrau Maria verehrt wird. Eine Parallele zu Lourdes entdeckt Bernauer in der Geschichte der Notre-Dame de Garaison bei Tarbes. Nur zwanzig Kilometer von Lourdes entfernt ergeht dort bereits 1520 an ein Hirtenmädchen ein Auftrag. Sie soll ihren Vater und die Dorfobrigkeit davon unterrichten, eine Kapelle bauen zu lassen, in der fortan »Unsere Liebe Frau von der Genesung« verehrt wird. 1652 erscheint die Gottesmutter in La Prénessaye, heilt ein taubstummes zwölfjähriges Mädchen und bittet um eine Kapelle. Zwölf Jahre später erhält wiederum ein Hirtenmädchen in Le Laus die Botschaft zur Errichtung einer Kirche. 1820 wünscht Maria von dem siebzehnjährigen Jean Poull in Lescout-Gouarec einen Gang zum Pfarrer. Die Bitte: der Bau einer Kapelle.

Obschon in den Pyrenäen die Volksfrömmigkeit ungebrochen schien, konnte sie schwerlich darüber hinwegtäuschen, dass die alten Fundamente des Glaubens Risse hatten. Das Gebäude der Kirche war baufällig, konnte dem Druck des menschlichen Freiheitsdrangs, den Ideen von Aufklärung, Liberalismus und Materialismus kaum mehr standhalten. Dem französischen Klerus dämmerte das »siècle de lumières« als der zweite Sündenfall. Nach dem Sturm auf die Bastille 1789 und der zweiten bürgerlichen Revolution von 1848 trat er die restaurative Flucht in die royalistische Vergangenheit an und klammerte sich an glaubensfestere vorrevolutionäre Epochen. Doch das Denken hatte längst gegen das Dogma revoltiert. Zu der Zeit, als sich François Soubirous als Tagelöhner verdingt, veröffentlicht Karl Marx sein *Kommunistisches Manifest* und proklamiert die Vereinigung der Proletarier aller Länder. Als in Massabielle die ersten Kerzen brennen und hunderttausend Pilger mit dem Bischof von Tarbes das Tedeum singen, gilt in aufgeklärten Zirkeln die Marx'sche Diktion von der Religion als »Opium für das Volk« längst als ausgemachte Sache.

Am Sonntag, dem 21. Februar 1858, dem Tag der sechsten Erscheinung, steht Bernadette vor dem Polizeikommissar Jacomet. Es ist ihr erstes Verhör, dem eine endlose Kette von Vernehmungen, Einschüchterungen und Drohungen folgen sollte. René Laurentin zitiert aus den Gesprächsprotokollen mit Jacomet:

– Man sagt, du würdest die Muttergottes sehen.

277

– Ich sage nicht, dass ich die Muttergottes gesehen habe.

– Ach so! Du hast also nichts gesehen.

– Doch, etwas habe ich gesehen.

– Was hast du denn gesehen?

– Etwas Weißes.

– Etwas oder jemanden?

– Dieses Etwas (Aquerò) hat die Form einer Damiselle.

– Die kleine Dame, war sie bekleidet?

– Sie trug ein weißes Kleid, einen blauen Gürtel, einen weißen Schleier auf dem Kopf und eine gelbe Rose auf jedem Fuß, wie die Farbe der Kette ihres Rosenkranzes.

– War sie schön?

– Oh ja, mein Herr, sehr schön.

– Schön wie wer? Wie Frau Pailhasson? Wie Fräulein Dufo?

– Die können ihr nicht das Wasser reichen.

Kommissar Jacomet, zunächst noch kühl und nüchtern in seinen Fragen, stürzt am Ende des stundenlangen Verhörs von einem Tobsuchtsanfall in den nächsten. Er verdreht die Worte des Mädchens, will es in Widersprüche verwickeln. Ständig redet er von der Jungfrau, wo Bernadette von Aquerò spricht. Als sie sich mit kindlicher Aufrichtigkeit gegen die Unterstellungen verwahrt und nicht verspricht, nie wieder zur Grotte zu gehen, will Jacomet sie ins Gefängnis stecken. Die Stadtoberen beordern eine Riege Ärzte. Sie sollen das Kind für geisteskrank erklären und in eine Anstalt einweisen. Doch Bernadette erhält Beistand, ausgerechnet von einem agnostischen Freidenker. Der Lourder Mediziner Douzous ist Naturforscher, ein Mann der Wissenschaft. Er ist interessiert an dem »seltenen pathologischen Fall«, der sich jedoch als gänzlich unpathologisch erweist. Douzous' Untersuchungen erlauben ihm das Fazit: Bernadette gelangt in ekstatische Zustände und in eine geistige Verfassung, in der visionäre Phänomene durchaus möglich sind. Von Geisteskrankheit keine Spur.

Abbé Peyramale, der Pfarrer von Lourdes, ist wenig erbaut von der Vorstellung, eine schwindsüchtige Göre aus einer Hungerleiderfamilie könne außerhalb der kirchlich verordneten Wege einer schönen weißen Dame begegnen. Doch der Mann ist lebensklug und keineswegs hartherzig und wohl auch ein wenig vom Geist jenes Materialismus angehaucht, der den Glauben bestätigt wissen will. Deshalb muss ein untrügliches Zeichen her, ein sicherer Beweis. So wie 1531 der mexikanische Bischof Zumárraga von dem getauften Azteken Juan Diego einen Beweis forderte. Der Bischof sollte ihn damals bekommen, so ist überliefert. Auf dem Gipfel des Tepeyac ließ die Jungfrau von Guadaloupe mitten im Winter eine Blumenwiese erblühen. »Wenn die Dame ihre Kapelle haben will«, so der Abbé zu Bernadette, »sag ihr, sie soll ihren Namen nennen und den Rosenstrauch an der Grotte zum Blühen bringen.« Das wär's natürlich gewesen. Rosen in voller Pracht und das zur kalten Jahreszeit vor Tausenden von Leuten, da hätte man diesen ungläubigen Materialisten in den Salons von Paris schon etwas entgegensetzen können. Aber der Strauch hat nicht geblüht.

Am Dienstag, dem 2. März 1858, dem Tag ihrer dreizehnten Erscheinung, vernahm Bernadette die Worte: »Gehe zu den Priestern und sage ihnen, man solle in Prozessionen hierherkommen und eine Kapelle errichten.« Das Pyrenäenmädchen hätte hundert Mal zu den Pfarrern gehen können, für die Kirche seiner Damiselle hätte es keinen einzigen Stein bekommen. Geschweige denn für eine Basilika, deren neugotischer

Turm immerhin dreiundneunzig Meter hoch in den Himmel ragt. Dann kam der Tag der sechzehnten, einer äußerst rätselhaften Erscheinung. Bis dato hatte sich Bernadette beharrlich gehütet, ihr Aquerò mit der Gottesmutter zu identifizieren. Und darf man den Chronisten glauben, so verspürte Bernadette auch kein Bedürfnis, den Namen ihres geheimnisvollen Gegenübers zu erfragen. Abbé Peyramale war weitaus wissbegieriger. Was verständlich ist. Als erster Ansprechpartner geriet er in die unangenehme Rolle des Vermittlers zwischen Bernadette, der weißen Dame und seinem Bischof. Gegenüber seinen Vorgesetzten stand er vor der Aufgabe, die Äußerungen des mysteriösen Aquerò in theologischen und kirchenamtlichen Klartext zu übersetzen. Daher bedrängte er Bernadette immer wieder, sie möge Aquerò veranlassen, endlich ihren Namen preiszugeben. Seinem Drängen wurde nachgegeben, am Fest Mariä Verkündigung. Man schrieb den 25. März 1858.

In aller Frühe morgens um fünf eilt Bernadette zur Grotte. Sie kniet nieder und betet den Rosenkranz. Ihre weiße Dame erscheint. Dreimal fragt Bernadette höflich: »Mademoiselle, hätten Sie die Güte, mir zu sagen, wer Sie sind?« Dreimal lächelt Aquerò, ohne zu antworten. Beim vierten Mal, so schrieb Bernadette später im Kloster der Barmherzigen Schwestern von Nevers auf, »hob sie die Augen und betrachtete den Himmel, dann sagte sie mir: ›Que soy era Immaculada Councepciou.‹«

Mit diesen Worten rennt Bernadette zu Pfarrer Peyramale. »Que soy era Immaculada Councepciou.« Ständig wiederholt sie den Satz. Sie darf ihn nicht vergessen. Bernadette ahnt, dieser Satz ist wichtig. Wichtig für den Priester. Bernadette wird der Satz im Gedächtnis bleiben. Schließlich ist ihr die Methode des stumpfsinnigen Wiederholens geläufig. Vor allem solcher Sätze, deren Sinn ihr fremd blieb. »Wiederhol das, wiederhol das, wiederhol das!« Nach dieser Methode, so erzählt ihr Biograph René Laurentin, hatte man ihr den katholischen Katechismus eingebläut.

Und nun fängt der theologische Streit an. Que soy era Immaculada Councepciou. Hat Bernadette diese Worte gekannt oder nicht? Diese Frage beschäftigt ernsthaft die Gemüter. Das ist schon Kurt Tucholsky aufgefallen, der für sein *Pyrenäenbuch* nach dem Ersten Weltkrieg einige Wochen in Lourdes weilte. In der Literatur, schreibt Tucholsky, werde »der allergrößte Wert« darauf gelegt, dass Bernadette die Worte von der *conceptio immaculata* auf keinen Fall gekannt haben darf. Warum eigentlich nicht?

Der Grund ist einfach. »Que soy era Immaculada Councepciou.« Dieser Satz erlaubt eine Verbindung, die ein leuchtendes, aber namenloses Aquerò nicht gestattet. Dieser Satz gestattet eine Beziehung zu dem 1854 von Papst Pius IX. verkündeten Dogma der Unbefleckten Empfängnis. Erst mit der Beziehung zum Dogma gewinnt Bernadette Bedeutung. Das Mädchen aus dem Cachot wird wichtig, als die Glaubwürdigkeit des kirchlichen Lehramtes ins Spiel kommt. Wenn Bernadette das Dogma unbekannt war, dann erhalten ihre Erscheinungen den Charakter einer marianischen Offenbarung. Und diese Offenbarung wiederum gilt als Bestätigung der kirchlichen Lehre.

Wahrscheinlich indes ist: Die Vierzehnjährige hat die Worte von der Unbefleckten Empfängnis irgendwo aufgeschnappt. Während der Gottesdienste, bei den Kaplänen oder beim Pfarrer. Als Pyrenäenkind wuchs Bernadette in einer marienfrommen Gegend auf, wo Visionen, Wunderquellen und die

Erscheinung weißer Frauen vielfach belegt sind. Bernadette war selber eine glühende Marienverehrerin. Im Mai errichtete sie Altäre zur Ehre der Gottesmutter. Ständig betete sie den Rosenkranz und trug ihn sogar beim Holzsammeln am Gave in der Tasche. Katechetische Lehrsätze hatte man ihr eingehämmert. Und ein solches Kind, dem, wie Laurentin schreibt, die Anrufung aus dem Abendgebet »Oh Maria, ohne Sünde empfangen« vertraut war, soll das Wort von der Unbefleckten Empfängnis niemals gehört haben?

Ob Bernadette das Dogma kannte oder nicht, ist unmaßgeblich. Spannender ist die Frage, welche Bedeutung die Rede von der *conceptio immaculata* für sie besaß. Es sind Worte in Latein, Worte des Klerus, geheimnisumwittert, mit der Autorität eines unergründlichen Mysteriums. Es sind Worte wie von höherer Macht, in einer Sprache jedoch, die Bernadette nicht versteht. Für das Kind sind sie leere Hülsen. Que soy era Immaculada Councepciou. Dieser Satz besitzt für Bernadette Soubirous keinen Erkenntniswert, obwohl er für sie sehr wertvoll ist. Der unschätzbare Tauschwert dieses Satzes besteht für sie darin, dass sie dem Pfarrer eine Antwort bringen kann. Bernadette wusste ganz genau, ohne diese Antwort werden die Wünsche der weißen Dame niemals erfüllt werden: keine Kirche also und keine Prozessionen.

»Que soy era Immaculada Councepciou.« Damit war alles gesagt. Bernadette Soubirous wurde nicht mehr gebraucht.

Unversehrt, an Schneewittchen erinnernd, liegt sie in ihrem gläsernen Sarg. Als habe ihr das Leben nie zugesetzt, als hätten ihre fünfunddreißig Lebensjahre sie nicht restlos verschlissen, ruht sie aufgebahrt in ihrem Schrein in der Klosterkirche von Saint Gildard im französischen Nevers. Zu Beginn des 20. Jahrhunderts wurde Bernadette mehrere Male exhumiert. Erstmals 1908, dann 1919, ein Jahr nach der Eröffnung der langjährigen Prozedur der Heiligsprechung. Stets soll der Leichnam ein wenig mumifiziert, aber nicht verwest gewesen sein. Er wurde nach einer dritten Exhumierung 1925, dem Jahr, als Bernadette in Rom seliggesprochen wurde, mit einer Wachsschicht überzogen und in einem Sarkophag aus Bronze und Kristall ausgestellt. Weggeglättet sind die Furchen und Wunden eines Lebens, die aus dem aufblühenden Kind Bernadette die verwelkte Ordensfrau Marie-Bernard machten, wie sie sich im Kloster nennen sollte.

»Für mich wäre es das größte Glück meines Lebens, die Augen zu sehen, die die Heilige Jungfrau geschaut haben.« Den Wunsch äußerte die Novizenmeisterin Marie-Thérèse Vauzou, bevor Bernadette in den Orden der Barmherzigen Schwestern in Nevers eintrat. Das Glück wurde ihr gewährt. Nur ahnte Mutter Vauzou nicht, dass sie den Blick dieser Augen nicht ertragen konnte. 1866 trat die tuberkulosekranke Bernadette ihr Noviziat im Kloster von Saint Gildard an. Sie litt an Heimweh, die Trennung von ihrer Familie schmerzte. Zudem quälten sie heftige Erstickungsanfälle. Und ihre Vorgesetzte. Ließe sich das Leben der Marie Thérèse Vauzou in einem Satz verdichten, so dürfte der lauten: »Der Rosenstrauch hat nicht geblüht.« Die Herrin über 300 Ordensfrauen war vergiftet von Neid und Misstrauen gegen jene Mitschwester, die unter ihre Obhut geraten war. Vauzous anfängliche Schwärmerei, so die Psychologin Ursula Bernauer, verwandelt sich in Hass und Enttäuschung, als sie gewahr wird, dass die schlichte Bernadette den »Glanz der idealisierenden Projektion nicht zurückspiegelt«. »Mir scheint«, schreibt Bernauer, »dass Bernadettes Klosterleben im wahrsten Sinn des Wortes eine Marienkind-Geschichte ist und dass ihr im irdischen Leben – tiefenpsychologisch gesprochen – als Gegenbild zu Aqueròs Lichtgestalt fast unvermeidlich die archetypisch dunkle Mutter begegnen musste.«

»Eine Spannung«, diagnostiziert René Laurentin, »zwischen der etablierten Macht der Novizenmeisterin und der charismatischen Ausstrahlung, die von der Person Bernadettes ausging.« Das ist milde formuliert. Vielmehr tat sich ein unüberwindlicher Graben auf, entspann sich ein ungleicher Kampf zwischen Ohnmacht und Autorität, den Bernadette nicht kämpfen und Marie-Bernard nicht gewinnen konnte. Warum zeigt sich die Jungfrau ausgerechnet einem verhärmten Kellerkind, anstatt eine der tugendhaften und gebildeten Ordensfrauen zu erwählen? Diese Frage hat an Marie-Thérèse Vauzou genagt. Darunter hat sie bis an ihr Lebensende gelitten, verzehrt von Gram, den sie unter Selbstkasteiungen in ihrer Klosterzelle zu beherrschen versuchte. Mutter Vauzou fürchtete Gott, doch sie liebte die Menschen nicht.

Auch nach Ansicht der Äbtissin Mutter Joséphine ist Marie-Bernard eine »unnütze Person, die zu nichts taugt«, außer Kartoffeln zu schälen und zu beten. »In Saint Gildard«, so der Biograf Laurentin, »gab es nichts Absurdes, nichts Abstoßendes, nichts Brutales, sondern die Haltung war darauf ausgerichtet, den Willen zu brechen, um zum Gehorsam zu erziehen.« Doch gibt es etwas Zerstörenderes für einen jungen Menschen, als seinen Willen zu brechen? Anstatt ihn zu schulen?

Erst in den letzten Klosterjahren wird Bernadette in der Krankenstation eingesetzt. Selber von schleichendem Knochenfraß aufgezehrt, pflegt sie die Siechen mit unsentimentaler Hingabe. Doch sie ist nicht mehr das Mädchen, das mit stillem Selbstbewusstsein in sich hineinlächelt. Ein Dutzend Jahre hinter Klostermauern haben das kranke, aber unbeschwerte Kind in die todgeweihte, von schwersten Gewissensbissen gepeinigte Schwester Marie-Bernard verwandelt, zerrieben zwischen den Mahlsteinen einer Glaubensmühle, deren Räderwerk sich drehte nach dem Mechanismus von Schuld, Schuld und nochmals Schuld. Schuldig vor der eigenen Mutter, vor den Mitschwestern, vor sich selbst und vor dem Herrn. Nach noch so viel Reue und Buße folgte niemals eine wirkliche Vergebung. Am Ende steht eine gemarterte Frau von fünfunddreißig Jahren, die unablässig das Sakrament der Beichte sucht. Auf dem Sterbebett bereut Marie-Bernard unter Tränen, ihre Mutter einmal lieblos ausgeschimpft zu haben, weil sie ihre Zwiebelsuppe nicht mehr riechen konnte, und bittet zutiefst um Vergebung dafür, als Kind aus Zorn ein paar Blätter aus dem Katechismus gerissen zu haben. Am letzten Abend vor ihrem Tod vertraute sie ihrer Freundin und Mitschwester Nathalie an: »Ich habe Angst. Ich habe so viel Gnade erhalten und sie so wenig genutzt.«

Gegen die Gnadenlosigkeit immerwährender Schuldigkeit steht das Werk eines Zeitgenossen, der wie Bernadette Soubirous im Jahr 1844 geboren wurde. Friedrich Nietzsche. In seinen Schriften aus dem Nachlass, die er nur wenige Jahre nach Bernadettes Tod verfasste, philosophiert er gegen den »Gewissensbiss als Mittel, die seelische Harmonie zu zerstören«. Genau jene Fehler, die man Bernadette vorgeworfen hat, wirft Nietzsche auf die Ankläger zurück. Für ihn bedienen sich diese Vorwürfe der »Verdächtigungen der Schönheit, des Stolzes, der Freude«, verbunden mit der Maxime: »Es gibt kein Verdienst.« Nietzsche sieht in diesen Verdächtigungen nichts anderes als einen »Aufstand der hässlichen, missratenen

Seelen«. Den sich selbst nährenden Kreislauf von Schuld, Opfer und Versöhnung will er durchbrechen, zugunsten einer Unschuld des Werdens.

Die Mahnung, die Jesus von Nazareth im Evangelium des Matthäus ausspricht, »Wenn ihr nicht umkehrt und werdet wie die Kinder, werdet ihr nicht in das Reich der Himmel eingehen«, galt für Bernadette Soubirous nicht. Sie brauchte nicht umkehren. Sie könnte vielmehr Patin gewesen sein, als Karl Rahner das Jesus-Wort auslegte, »dass wir wie die Kinder die sorglos Empfangenden Gott gegenüber sein können, diejenigen, die wissen, dass sie in sich nichts haben, worauf sie einen Anspruch gründen könnten, und dennoch vertrauen auf die schenkende Güte und Geborgenheit, die ihnen entgegenkommen«. An der Grotte war Bernadette die sorglos Empfangende, die unbefangen das Empfangene weitergeben konnte. Bis die Novizenmeisterin Vauzou und die Oberin Mutter Joséphine ihr jenes Gefühl einimpften, das dem Müllerskind fremd war: Furcht. Mit der Furcht aber starb das Kindwesen Bernadette.

»Ich werde gemahlen wie ein Getreidekorn«, sagte sie kurz vor ihrem Tod. »Sie lebte nicht mehr von Erleuchtungen und Anziehendem«, so Laurentin, »sondern vom Festhalten am Wort des verborgenen, des schweigenden Gottes.« Vor dem Schweigen rettet sich Bernadette in den Gehorsam gegenüber der Mutter Kirche, dem Papst und seinen dogmatischen Lehren. Am Ende ist nichts mehr übrig von dem vertrauenden Kind, das sich getragen weiß von seinem höheren Selbst im Spiegel seiner Damiselle. Zurück bleibt ein einsamer Mensch, der sich nicht mehr erinnern kann. Als Monseigneur Bourret, der Bischof von Rodez, Bernadette auf die Erscheinungen in ihrer Jugend ansprach, sagte sie nur: »Das ist schon weit weg ... sehr weit ... all diese Dinge. Ich erinnere mich nicht mehr. Ich spreche nicht gern davon, denn, mein Gott, wenn ich mich getäuscht hätte.«

Wenn ich mich getäuscht hätte ... Das ist die verdorbene Frucht der klösterlichen Erziehung. Als am Nachmittag des 16. April 1879 um 15.15 Uhr das Martyrium der Bernadette Soubirous endet, stirbt nicht der klare und aufrechte Mensch, dem sich die Makellose zeigte. Da stirbt eine gehorsame Ordensfrau, eine Frau mit zerstörtem Willen, folgsam nicht dem Anruf der inneren Stimme, sondern gottergeben aus der letzten Anstrengung einer tapferen Gläubigkeit.

Der Publizist Kurt Tucholsky schildert in seinem 1927 erschienenen *Pyrenäenbuch* eine Szene, in der er die nächtliche Lichterprozession in das Lourder Asyl Notre Dame begleitet. »In den hohen hallenartigen Krankenzimmern ist helles Licht angezündet. Kerzen aller Art, kleine Tische sind aufgebaut mit beleuchtetem Kirchenschmuck. In den Betten liegen die Kranken und sehen mit glänzenden Augen auf den Zug, der da heransingt. Wir ziehen durch alle Gänge, durch die Korridore, in den Höfen sind wir, wir gehen durch alle Zimmer, durch alle, es soll keiner ausgelassen werden. Ave – Ave – Ave Maria ... Ein Kind streckt die Hände nach den bunten Lichtern aus. Eine alte Frau schluchzt und kann gar nichts sehen vor Tränen. Ein Alter liegt mit gekreuzten Händen, ich weiß zufällig, wie sein Körper aussieht – er leidet Schmerzen. Wir steigen die Treppen hinauf zum ersten Stock, zum zweiten ... Die Mauern hallen wider vom Chorgesang. Wachsbleiche Frauengesichter sehen uns an, es ist so viel Zärtlichkeit in diesen Augen, kraftlose Hände liegen auf Decken, einmal weint ein ganzer Saal. Mir steigt etwas in der Kehle auf.«

Bei aller Skepsis gegen die Religion und allem Spott gegen
den Wunderglauben besaß Tucholsky die Gabe des Mitemp-
findens. Und die in reichem Maß. Aber er teilte auch eine
nicht seltene Eigenart intellektscharfer Menschen. Manchmal verstellt ihnen ihr Verstand den Weg zum befreienden
Wort. Zumeist dann, wenn sie eine Wirklichkeit berührt, die
mit bloßen Vernunftkräften nicht zu begreifen ist. »Mir steigt
etwas in der Kehle auf.« Dieses *Etwas* bleibt im Nebel. Es findet nicht heraus, gelangt nicht zur Klarheit. Es bleibt, bei
allem Mitgefühl für die Leidenden, Tucholskys unerkanntes
Aquerò. Dieses anonyme Etwas streift auch heute noch die
Pyrenäenreisenden, die einen Abstecher in die Madonnenstadt machen. Sie kaufen ein Andenken, knipsen ein Selfie
vor der Basilika und sagen, das hört man wirklich sehr häufig,
irgendwie beeindruckend sei das alles schon. Die Atmosphäre
und alles und so. Aber eben nur irgendwie. Ein Wort, das enthüllt, dass die Worte fehlen. So wie der sprachmächtige Kurt
Tucholsky keine Worte fand für die Substanz, die ihm in diesem Etwas in seiner Kehle begegnet ist.

Mitte der achtziger Jahre konzipierte der Jesuit Friedhelm
Mennekes in Frankfurt eine Ausstellung zu dem Thema »Menschenbild – Christusbild«, zu der er ein intensives Gespräch
mit Joseph Beuys führte. Dessen Gedanken zu Leiden, Tod
und Auferstehung Jesu Christi erwachsen eher einer anthro-
posophischen Weltdeutung als einer katholischen Dogmatik,
erweisen sich aber als ausgesprochen hilfreich, sich dem wundersamen Lourdes zu nähern.

»Das Leiden«, sagt Beuys, »ist ein bestimmter Ton in der
Welt. Er ist hörbar. Man sieht ihn wohl auch. Wer sich einmal
anstrengt, solches wahrzunehmen, der sieht im Leiden ständig

eine Quelle der Erneuerung. Es ist eine Quelle von kostbarer Substanz, die das Leiden in die Welt entlässt. Da sieht man: Es ist eine wohl unsichtbar-sichtbare sakramentale Substanz.«

Diese Substanz drängt darauf, gesehen, gehört und gespürt zu werden. Und dafür sind auch Menschen empfänglich, die den Lehren der Kirche nichts mehr abgewinnen können. Im Kraftfeld dieser Substanz ist vieles möglich. Sogar Wunder, alltägliche und manchmal auch außergewöhnliche, wie jene äußerst seltenen Heilungen, die mitunter die Mediziner vor Rätsel stellen. Das eigentliche Wunder von Lourdes aber ist von anderer Art. Es ist verknüpft mit der Geschichte derer, denen überhaupt nichts Spektakuläres widerfährt. Auf den ersten Blick geschieht ja nichts Weltbewegendes, wenn Menschen in blauen dreirädrigen Handkarren morgens zur Madonna an der Grotte und nachmittags zur Krankensegnung auf den Platz vor der Basilika geschoben werden. So wie der gelähmte Sergio aus dem süditalienischen Torre d'Annunziata. Stolz trägt er ein T-Shirt vom Fußballklub SSC Neapel. Er wird auch nach seinem Besuch in Lourdes nicht mit Spielkameraden auf dem Fußballplatz herumtoben können. Oder die fünfzehnjährige Anna. Nur unter Schmerzen und mit staksigen Verrenkungen schleppt sich das Mädchen vorwärts. Wenn sie nach einer Woche Wallfahrt mit ihren Eltern nach Spanien zurückkehrt, werden die Leute wieder genauso verstohlen zur Seite schauen, wie sie es immer tun. Die große Geschichte von Lourdes ist verknüpft mit der kleinen Geschichte des Spastikers an der Grotte, der immer nur schreit und schreit und gar nicht aufhören will; mit der Frau, die seit Jahren auf dem Bauch liegen muss, weil ihr Rücken offen ist; mit dem taubstummen Autisten, der starr auf einen fernen Punkt blickt, den wir nicht sehen können. Oder mit der Geschichte des krebskranken Jungen mit der roten Kappe in seinem Rollstuhl, der während der Prozession geduldig in der zweiten Reihe wartet, bis der Bischof mit der Monstranz vorbeikommt und ihn segnet. Wie all die anderen kommen sie krank in die Madonnenstadt und kehren krank nach Hause zurück. Und dennoch ist jeder von ihnen ein kleines Stück gesund geworden. Und sei es auch nur für die paar Tage, an denen nichts anderes stattfand als der Aufstand der Herzen gegen die Herzlosigkeit.

»Ein krankgeborenes Kind zum Beispiel, das vielleicht sein ganzes Leben in liegender Haltung verbringen muss; ein Mensch, der stumm ist oder keine Arme mehr hat oder gar nicht bewegungsfähig ist, die alle völlig anonym unter uns leben – das sind die Leidenden. Da ist das Leiden real. Das Leiden ist niemals real bei denen, die kämpfen können«, sagt Beuys. »Wirklich leidend ist auch unsere heutige Jugend, obwohl sie das oftmals gar nicht erfährt, weil ihr die Möglichkeit genommen ist, irgendetwas von sich in die Funktion zu bringen, also gestalterisch, schöpferisch zu werden. Und das ist für mich das Leiden. Das Leiden ist das Ausgeliefertsein an die Passivität.«

Damit benennt Beuys exakt die Erfahrung der Bernadette Soubirous. Sie durchschreitet, wie René Laurentin bemerkt, das Dunkel, die Nacht des Glaubens. »Mein Gott, wenn ich mich getäuscht hätte.« Das sind ihre düstersten Worte. Sie sind nicht so sehr Ausdruck eines zweifelnden Unglaubens. Da stand ihr Gehorsam vor. Es sind Worte des Zweifels an ihrer Bestimmung, Zweifel am Anruf der inneren Stimme, die sie an der Grotte vernahm, und damit Zweifel an sich selbst. Bernadettes Ohnmacht entspricht der Erfahrung Jesu am Kreuz: »Gott, mein Gott, warum hast du mich verlassen!«

»Das ist das Leiden bei Christus«, behauptet Beuys und transformiert damit ein tradiertes Leidensverständnis. Demzufolge litt Jesu unter den falschen Anschuldigungen des Hohen Rates, unter dem Spott und der Folter, mit denen seine Feinde ihn quälten. Die Leiden Jesu, das waren die Feigheit seiner Jünger, seine Einsamkeit, die Tortur seines Kreuzweges, wie ihn die vierzehn Stationen am Kalvarienberg von Lourdes mit lebensgroßen Figurengruppen aus Bronze vor Augen führen. Dort sieht man, wie Jesus gesenkten Hauptes von Pilatus das Todesurteil vernimmt, wie er dreimal unter dem Kreuz stürzt und die mutige Veronika ihm das Schweißtuch reicht.

Der Kreuzweg zeigt ein Bild des Martyriums Jesu, ähnlich wie die fünf Geheimnisse des schmerzhaften Rosenkranzes. Er zeigt den, der Blut geschwitzt hat, der gegeißelt wurde, mit Dornen gekrönt und der sein Kreuz getragen hat, an das er schließlich geschlagen wurde. Nur setzt Beuys an die Stelle äußerer Qualen ein Innenbild des Leidens: »Alles was noch aktiv ist, kann Schmerzen haben, kann zum Schmerzensmann selber werden, aber wirkliches Leiden ist es dennoch nicht.« Erst in dem letzten Ausgeliefersein Christi am Kreuz, im Moment seiner Gottverlassenheit, will Beuys von wirklichem Leiden sprechen, »von Passion im Sinne der Verzweiflung, der Abhängigkeit. Wo auf einmal das Freiheitsprinzip nicht mehr real zu sein scheint. Das, wofür er selbst steht. *Ich werde euch frei machen.* Dass durch die Christuskraft der Mensch befreit wird, das scheint einen Augenblick infrage zu stehen. Und das ist die eigentliche Passion. Das ist das Leiden bei Christus.« (Bei allem Respekt vor Beuys und seinem tiefen Verständnis für das Leiden, glaube ich allerdings, dass er einem Irrtum erliegt. Wenn Jesus am Kreuz die Verzweiflung

der Verlassenheit herausschreit, stellt er nicht das Freiheitsprinzip infrage. In diesem Augenblick wird die Freiheit erst
real, da Gott seine Menschwerdung verwirklicht. Mehr im
letzten Kapitel XII.)

Bei vielen Menschen spitzt sich das Ausgeliefertsein an die
Passivität nicht erst am Ende ihres Lebens zu, schleichend,
oft unbemerkt vollzieht es sich im Alltag. Bei den Kranken,
den Alten, den Abgeschobenen, bei all denjenigen, die nicht,
wie man leichtfertig sagt, zu den Leistungsträgern der Gesellschaft zählen. Sie stehen ständig in ihrem Wert, ihrer Würde
und in sich selbst infrage. Wie Marie-Bernard. Sie schaute
sich nicht mehr mit dem gewogenen Blick der schönen Dame
an, sondern mit dem Blick der Schuld. Marie-Bernard bereute,
beichtete und büßte und fand doch keinen inneren Frieden.
Zumindest nicht in dieser Welt. Die Glorifizierung des Jenseits und die Entwertung des Diesseits ist mit der bekannte-
sten Verheißung an Bernadette auf verhängnisvolle Weise verknüpft worden. Bei ihrer dritten Erscheinung sagte Aquerò:
»Ich verspreche Ihnen nicht, Sie in dieser Welt, wohl aber, Sie
in der anderen glücklich zu machen.« Der zweite Teil dieses
Satzes gilt gemeinhin als Versprechen Marias für Bernadettes
Glück im Himmel. Das kann man so verstehen. Nur wird
der erste Teil meist missverstanden, als Vorausbestätigung
eines leidvollen Lebens. Als habe die Gottesmutter Bernadette dieses Leben prophezeit. Aber die Dame hat Bernadette
kein unglückliches Leben in dieser Welt vorausgesagt. Die
Unbefleckte sagt nur, dass sie in dieser Welt Glück nicht verspricht. Was zeigt, dass die lächelnde weiße Dame eine kluge
Frau war. Sie gibt keine himmlische Garantieerklärung ab für
irdisches Wohlbefinden.

Für ein geglücktes und erfülltes Leben, das letztlich ohne
Schmerz und Leid nicht zu haben ist, muss sich, wie Beuys
sagt, der Mensch schon selber aufraffen. Dazu ist der Zaun
zu überwinden, die Trennung der heiligen Substanz von
den profanen Freiheitskräften, die der Materialismus hervorgebracht hat. Durch den Schritt zurück zu vormodernen Glaubenskräften ist diese Spaltung nicht aufzuheben.
»Nach der Zuspitzung des menschlichen Intellektes muss
wieder eine Anknüpfung an das Spirituelle gefunden werden«, sagt Beuys, »aber jetzt nicht mehr aus tradierter Kraft,
d.h. geschenkter, sondern aus eigener Kraft, d.h. aus der
Kraft des Selbst, des Ich.«

Das war Bernadette Soubirous nicht möglich. Sie lebte in
einer überschaubaren vormaterialistischen Welt. Verwurzelt
im Marienglauben war sie immer schon im Spirituellen behei-
matet. Freilich aus tradierter Kraft, nicht aus der Kraft ihres
Selbst. Mit der Erfahrung ihres Aquerò hat sich Bernadette
nicht in der Welt entfalten können. Zumal ihr Umfeld ihr
den inneren Gehorsam austrieb. Und doch fand ein Moment
der Inkarnation statt. Jener Moment, in dem sich das Heilige
ins Profane eingräbt und die Materie durchdringt. Das ist in
Lourdes symbolisch geschehen, am Donnerstag, dem 25. Februar 1858, als die Dame Bernadette den Weg zu einer bis dahin
unbekannten Quelle wies, die bis heute als ein Ort der Kraft
eine mächtige Anziehung ausübt. »Trinke und wasche dich
dort«, sagte die Damiselle. »Bitte Gott für die Sünder und iss
das Gras, das du dort finden wirst.« Nur ist diese Quelle auf
den ersten Blick gar nicht sichtbar. Bernadette muss in der
Grotte im feuchten Schlamm danach suchen.

Wer zur Lichtgestalt will, der muss hindurch durch die
Materie. Bernadettes Weg zum Quellwasser des Lebens ist

kein vergeistigter Vorgang. Sie muss die Erde aufgraben, muss im Schlamm wühlen und dann auch noch die trübe Brühe trinken und Gras essen. Das sind Handlungen von großem Symbolgehalt, Rituale einer Erhebung, die nur über die Erdverbundenheit in die geistliche Dimension hineinführt. Durch die Materie hindurch führt der Weg zur Klarheit. Nach der Brühe kommt das reine Wasser. Wer zur Quelle will, der muss sich auch die Finger schmutzig machen. Das ist mit Widerwillen und Widerstand verbunden. So will Bernadette das verdreckte Wasser zuerst auch gar nicht trinken. Sie ekelt sich. Das wird ihr übrigens später im Kloster als Eigenwille und Mangel an Gehorsam gegenüber der Muttergottes ausgelegt.

An der Quelle hat sich das Göttliche im Menschlichen inkarniert. Bei der »Reinigung und Wiederbelebung durch das Wasser« handelt es sich, so Ursula Bernauer, »um ein archetypisches und universelles Symbol, das mit der Taufe verbunden ist«. Durch das Eintauchen ins Wasser stirbt der »alte Mensch«, sagt der Religionswissenschaftler Mircea Eliade (1907–1986), »und aus ihm wird ein neues, regeneriertes Wesen geboren.« Bei Bernadettes zweiter Geburt wird die Trennung von Heiligem und Profanem aufgehoben. Der Ort dieser Aufhebung ist sie selbst. Für Bernadette war diese Erfahrung so machtvoll, dass sie sich in den Fotografien manifestierte, die Lichtbildner einst von ihr machten. Da scheint sie auf, die Unschuld des Werdens.

Für den Gestus, der aus diesen Porträts spricht, findet Ursula Bernauer das schöne Wort von der »inneren und äußeren Aufgerichtetheit«. Bernadette »kniet vollendet aufgerichtet. Hätte ihr die Außenwelt erlaubt, in dieser inneren Haltung zu bleiben und sie als ihre eigene zu erkennen, so hätte sie vermutlich gesunden und heil werden können, von innen her aufgerichtet.«

Auf der Notwendigkeit des Aufrichtens der menschlichen Seelenkräfte insistiert zu haben ist das Vermächtnis von Joseph Beuys, durch das das Christentum der Gegenwart sich durcharbeiten muss, will es ein Christentum der Zukunft werden. »Denn diesmal geht es nicht mehr so, dass ein Gott dem Menschen hilft, wie das durch dieses Mysterium von Golgatha war, sondern diesmal muss die Auferstehung durch den Menschen selbst vollzogen werden ... Von diesem Standpunkt ist es ja wieder ganz interessant, sich den Spruch *Gott ist tot* vorzuhalten. Er ist tot, insofern als er nie mehr von selbst kommt und den Menschen da irgendwie unter die Arme greift. Das tut der nicht. Sondern das ist ja längst im Menschen drin. Der Mensch muss sich gewissermaßen selber mit seinem Gott aufraffen. Er muss Bewegungen vollziehen, Anstrengungen machen, um sich in Kontakt zu bringen mit sich selbst ... Sehr schwer fällt es dem Menschen, aus eigener Kraft die Selbstbestimmung auch wirklich in Anwendung zu bringen. Das fällt ihm ungeheuer schwer. Er möchte viel lieber noch mal was geschenkt bekommen. Er kriegt aber nichts mehr. Er kriegt nichts, gar nichts, von keinem Gott, von keinem Christus. Und dennoch bietet sich diese Kraft an und will mit Gewalt hinein. Aber unter der Voraussetzung, dass der Mensch sich aufrafft.«

Theologen werden einwenden, Beuys suspendiere den schuldfähigen Menschen von der Bedürftigkeit göttlicher Gnade und propagiere stattdessen die Selbsterlösung. Zudem schaffe er den personalen Gott ab, wie er im Vaterunser ansprechbar ist, um ihn durch eine Art universeller, kosmischer Sakralenergie zu ersetzen, zu der aufzuschwingen der

Mensch eingeladen sei. Um die Sache abzukürzen, alle Einwände treffen höchstwahrscheinlich zu.

Manchmal, in klaren Augenblicken, wenn sich in Lourdes das innere Auge vor das äußere schiebt, dann versteht der Pilger, was Beuys meinte, als er sagte: »Es ist eine Quelle kostbarer Substanz, die das Leiden in die Welt entlässt.« Jeden Nachmittag um 16 Uhr findet vor der Rosenkranz-Basilika die Segnung der Kranken statt. Mit dem Empfang des Segens, so der Glaube, haben sie Teil am Heilswirken Gottes. Da kauert der Junge im Rollstuhl. Seine Mutter, die hinter ihm steht, hat verschämt erzählt, ihr Sohn habe Leukämie. Geduldig harrt er aus zwischen den vielen Hundert Kranken. Alle erwarten die segnende Hand des Priesters, mit der Monstranz und der geweihten Hostie, dem Symbol der Präsenz Christi. Der Junge lächelt. Auf dem Kopf trägt er eine rote Basecap der amerikanischen Basketballmannschaft. »Dream Team« steht darauf. Die Kappe verhüllt, dass er kein Haar auf dem Kopf hat. Dann kommt der Geistliche. Er spendet dem Jungen den Segen. Doch für einen Augenblick will es scheinen, es ist nicht der Priester, der mit der Monstranz die Gegenwart Christi in die Welt trägt. Der Junge vergibt den Segen. Nicht nur für den Geistlichen, der wegen der vielen Kranken schon längst eine Reihe weiter ist. Der Junge mit der roten Kappe spendet den Segen, für den Priester, für die Mutter, für die Welt. Und für den zuschauenden Fotografen, der ein Bild von ihm macht.

XII

Pilger auf dem Königsweg

»Das Kreuz streckt seine Arme in alle vier
Himmelsrichtungen; es ist ein Wegweiser für Menschen,
die sich frei bewegen wollen.«
Gilbert Keith Chesterton, *Orthodoxie*

Fotografen sind allmächtig. Zumindest werden sie seit geraumer Zeit dafür gehalten. Nicht alle, aber doch erstaunlich viele. Dabei tun Fotografen heute nichts anderes, als was sie immer schon getan haben. Sie sehen, schauen durch den Sucher ihrer Kamera und drücken auf den Auslöser. In ihren Fotografien manifestiert sich ihr Blick auf die Welt, auf das Leben und auf die Menschen. Wenn sie ihr Handwerk beherrschen, spiegelt sich auf der Oberfläche ihrer Arbeiten etwas, das den Betrachter anspricht und vielleicht sogar bewegt. Gute Porträtfotografen vermitteln neben der Idee von der Unverwechselbarkeit einer Person immer auch das Gespür für die überindividuelle universelle menschliche Würde. Stets jedoch war sich der reflektierte Lichtbildner der Grenzen seiner Kunst bewusst. Er oder sie vermochte zu zeigen, wo die Würde sich entfaltet, wo sie verleugnet oder mit Füßen getreten wird. Niemals jedoch in der Geschichte der Fotografie konnte der Mensch hinter der Kamera Würde schaffen, verleihen oder auch nehmen. Das ist heute offenbar anders.

Vor einigen Jahren erregte das Porträt einer jungen Afghanin namens Aisha weltweite Aufmerksamkeit. Erstellt hatte es die südafrikanische Fotojournalistin Jodi Bieber. Aishas Blick ist stolz, eine Spur herausfordernd. Die internationale Presse befand, mit ihr habe Afghanistan ein neues Gesicht bekommen. Ein Gesicht, das bestürzt. Aisha hatte ihren Ehemann verlassen, einen Islamisten, der ihr gemäß dem Urteil eines Taliban-Gerichts Nase und Ohren abgeschnitten hatte. Jodi Bieber wurde für ihr Bild mit der höchsten Auszeichnung für Fotografen geehrt, dem World Press Award. Die Jury begründete ihre Entscheidung, das Porträt klage die Gewalt gegen Frauen an, »lasse aber dem Opfer seine Würde«. Tatsächlich? Hätte die Fotografin ihrem Gegenüber die Würde auch nehmen können? Besitzt der Blick durch den Kamerasucher solch eine Macht? Oder hat die einfühlsame Jodi Bieber nur sichtbar gemacht, dass barbarische Gewalt einen Mensch entstellen, ihm aber nicht die Würde rauben kann?

Zu den Ikonen der jüngsten Fotogeschichte zählen die exzellenten Arbeiten des Brasilianers Sebastião Salgado. In seinen Schwarzweißaufnahmen von Hungernden, Landlosen, von Kriegsopfern, Flüchtlingen, Bauern oder Industriearbeitern verschmelzen Archaik und Ästhetik zu existentieller symbolischer Wucht. Der Regisseur Wim Wenders hat Salgado ein cineastisches Denkmal gesetzt. Sein Film *Das Salz der Erde* wurde 2015 für den Oscar als bester Dokumentarfilm nominiert. So gelungen die Hommage ist, in einem Punkt täuscht sich Wenders. Wenn er meint, mit seinen starken, auch ästhetisch überzeugenden Bildern »verleihe« Salgado den abgebildeten Menschen Würde. Nein, das tut er nicht! Aber Salgado verfügt über die Gabe, die Würde des Menschen in seinen Bildern aufscheinen zu lassen.

Umgekehrt die Fotografien von Boris Mikhailov. Seine Aufnahmen von ukrainischen Obdachlosen werden in der Kunstszene gefeiert. Mikhailov zeigt die Entwurzelten mit ihren äußeren Gebrechen und ihren inneren Verwundungen, die sich in einem gnadenlosen postsozialistischen Verfallsmilieu verloren aneinanderklammern. Galeristen halten diese Bilder für aufrichtig, konsequent in ihrer Schonungslosigkeit. Mikhailov habe die Ärmsten fürs Posieren mit Geld entlohnt, degradiere sie zu Objekten und nehme ihnen auch noch ihre Würde, behaupten schockierte Kritiker. Sie vergessen in ihrer Empörung, dass der Ukrainer ein Fotograf ist und kein Zauberer, der mit einer optischen Apparatur Würde gibt oder nimmt. Trotzdem mag ich diese Bilder nicht. Für mich *zeigt* Mikhailov die Menschen nicht in ihrer Nacktheit, er entblößt sie, ungeschützt und bar jeder Intimität.

Nicht nur Fotografen entscheiden heutzutage darüber, wem Würde zukommt und wem nicht. Eine Stuttgarter Perückenmacherin zählt zu ihren Kundinnen an Krebs erkrankte Frauen, die nach einer Chemotherapie ihr Haar verloren haben. Über die Friseurin war zu lesen, sie wolle mit ihrem Kunsthaar den Frauen »ihre Würde zurückgeben«. Eine Modedesignerin aus Düsseldorf entwirft Roben für Richterinnen. Die Frauen, so die Schneiderin, würden in den unmodischen für Männer zugeschnittenen Talaren »komplett ihre Würde verlieren«. Über einen ehrenamtlichen Berliner Verein heißt es genderkorrekt, er bringe AnalphabetInnen Lesen und Schreiben bei und gebe ihnen damit ihre Würde wieder. Vom Bazillus der unbedarften Rede infiziert sind nunmehr auch der Vatikan und die katholischen Nachrichtendienste. Eine Meldung aus dem Jahr 2015 über die »Barberia di Papa Francesco« erweckt diesen Eindruck. Auf Initiative von Papst Franziskus können Obdachlose unter den Kolonnaden des Petersplatzes Waschräume nutzen und sich in einem eigenen Friseursalon von Coiffeuren kostenlos Haare und Bart schneiden lassen. Mit der Möglichkeit zur Körperpflege wolle man der Ausgrenzung der Armen entgegenwirken, erklärte der verantwortliche Almosenmeister des Papstes. »Unser wichtigstes Ziel ist es«, wurde Erzbischof Konrad Krajewski zitiert, »den Menschen ihre Würde zurückzugeben.« Damit dürfte jeder Barbier überfordert sein. Mitmenschlicher Respekt und der Einsatz von Schere, Shampoo und Rasierer mögen die Selbstachtung fördern, aber sie schaffen keine Würde.

Nun sollte ein wohlwollender Blick das Gesagte vom Gemeinten unterscheiden und missglückte Formulierungen nicht auf die Goldwaage legen. Nur ist der Begriff der Würde nicht bloß in die Mühlen umgangssprachlicher Nachlässigkeit geraten. Er wurde auch zum politischen Schlagwort, mit dessen inflationärem Gebrauch Vermessenheit und Anmaßung wachsen. Würde wird verliehen und beschworen, geleugnet, genommen, gestohlen und geraubt. Sie geht verloren und wird wiedergefunden, wird eingefordert und verweigert, verteidigt und erkämpft. Und weil man die Würde einander wechselseitig zusprechen und absprechen kann, eignet sie sich trefflich dazu, die Frontlinien zwischen Freund und Feind abzustecken. Nicht nur zwischen Individuen. Auch zwischen Gruppen und Vereinen, Fraktionen und Parteien, Völkern und Nationen. Die Würde ist zu einem ideologischen Kampfbegriff verkommen, der maßgeblich dazu dient, genehme von missliebigen Geistern zu scheiden: die Würdigen von den Unwürdigen.

»Die Würde des Menschen ist unantastbar. Sie zu achten und zu schützen ist Verpflichtung aller staatlichen Gewalt.«

Bei dem Bekenntnis im ersten Artikel des bundesdeutschen Grundgesetzes von 1949 stand der Wille Pate, den Gräueln des Zweiten Weltkriegs und der zivilisatorischen Verrohung während der Nazi-Barbarei im Nachhinein jede Legitimation zu entziehen. Seitdem galt und gilt die Menschenwürde als unverfügbar und nicht verhandelbar. Ungeachtet ihres Ursprungs rechtfertigt nichts und hat niemand das Recht, sie zur Disposition zu stellen.

In ihrer Unantastbarkeit gleicht die Würde einer weltlichen Variante dessen, was in prämoderner Zeit das Bleibende vom Vergänglichen und das Wesentliche vom Zufälligen schied: das Heilige. Der Religionswissenschaftler Mircea Eliade definiert das »Heilige« als »das *Reale* schlechthin«, als die »Quelle des Lebens«. Einst erhob es Anspruch auf unbedingte Anerkennung, stiftete Sinn, Identität und machte den Menschen überhaupt erst zum Menschen. »Das Verlangen des religiösen Menschen, ein Leben im Heiligen zu führen, ist das Verlangen, in der objektiven Realität zu leben, nicht in der endlosen Relativität subjektiver Erlebnisse gefangen zu bleiben«, schreibt Eliade in *Das Heilige und das Profane*. Die epochale Studie erschien 1957. Zwei Generationen später scheint das Begehren nach dem Heiligen im Kulturkreis des Abendlandes verkümmert. Die von Eliade diagnostizierte »Entsakralisierung der menschlichen Existenz« blieb nicht ohne Folgen für das Verständnis der Würde.

Als die Europäische Kommission den Erzbischof von Riga Zbigņevs Stankevičs wegen seiner Verdienste um die Integration Lettlands als »Europäer des Jahres 2011« auszeichnete, beklagte der Preisträger, durch den Materialismus und den Verlust an Spiritualität habe die menschliche Würde Schaden genommen. Stankevičs betonte, die Quelle dieser Würde

sei »die Einsicht in die Gottesebenbildlichkeit des Menschen«.
Stankevičs vertritt damit eine Meinung, die unter Europäern
nicht mehr konsensfähig ist. Pluralistische Gesellschaften
definieren sich säkular und verpflichten sich zu weltanschau-
licher Neutralität. Im dritten Jahrtausend verleiht kein Gott
mehr Würde, die niemand dem Menschen nehmen kann, was
auch immer er tut und was auch immer ihm angetan wird.

Legten die Väter und Mütter des bundesdeutschen Grundgesetzes in dessen Präambel noch ausdrücklich Wert auf das
Bewusstsein der »Verantwortung vor Gott und den Menschen«,
so findet sich der Gottesbezug in der Europäischen Verfassung von 2004 nicht mehr. Wo in unverbindlichem Minimal-
konsens nur noch schwammig vom »kulturellen, religiösen
und humanistischen Erbe Europas« die Rede ist, bewahrheitet sich die Analyse Mircea Eliades. Demnach nimmt der are-
ligiöse Mensch eine »neue existentielle Situation« auf sich. Er
betrachtet sich als Subjekt der Geschichte und verweigert
sich dem Transzendenten. Entließ der Gott der Genesis sein
Ebenbild nicht ohne Segen in die Welt, so bedarf der profane
Mensch des Segens nicht mehr. Er erschafft sich selbst und
erfindet sich selbst. »Das Sakrale steht zwischen ihm und seiner Freiheit. Er kann nicht er selbst werden, ehe er nicht von
Grund auf entmystifiziert ist. Er kann nicht wirklich frei sein,
ehe er den letzten Gott getötet hat.«

An Entwürfen, den Ursprung der Würde philosophisch
zu begründen, mangelt es nicht. Immanuel Kant bindet sie
an den Kategorischen Imperativ, die Menschheit sowohl
in der eigenen als auch in jeder anderen Person »jederzeit
zugleich als Zweck, niemals bloß als Mittel« zu gebrauchen.
Friedrich Schiller sieht in ihr den »Ausdruck einer erhabe-
nen Gesinnung«, die entwertet wird durch das Erleiden von

Gewalt. »Wer sie uns antut, macht uns nichts Geringeres als die Menschheit streitig; wer sie feigerweise erleidet, wirft seine Menschheit hinweg.« Anders nähert sich der Schweizer Peter Bieri der Würde an. Der Romancier (Pseudonym: Pascal Mercier) und Philosoph, der aus Protest gegen die Verbürokratisierung des akademischen Betriebes seinen Lehrstuhl an der Freien Universität Berlin aufgab, verzichtet bewusst auf jeden Versuch einer spekulativen Letztbegründung des Ursprungs der Würde. Er begreift sie nicht mehr als wesenhafte Eigenschaft des Menschen mit dem »Charakter eines Anrechts«. Stattdessen entwirft Bieri eine Phänomenologie ihrer Facetten, wobei er sich leiten lässt von drei Dimensionen der Erfahrung: Wie behandeln mich die anderen? Wie stehe ich zu den anderen? Wie stehe ich zu mir selbst? Bieris Verdienst ist es, elitäre Debatten ohne erkennbaren Nutzwert zu verabschieden und seine Fragen im alltäglichen Leben zu verorten. Nur dort verkümmert oder entfaltet sich die personale Würde, in der Selbstachtung und Selbstbestimmtheit, in den Begegnungen, in der Intimität und moralischen Integrität oder auch Anerkennung der Endlichkeit.

Bieris lebensphilosophisches Verständnis von Würde überzeugt, weil in seinem Gespür für die Fremdbedrohungen und Selbstgefährdungen eines würdigen Lebens der jüdischchristliche Hintergrund immer mitschwingt. Nicht thematisch zwar, doch präsent als geistige Kraft. An den Einfluss dieses Hintergrunds »für das normative Selbstverständnis der Moderne« erinnert auch Jürgen Habermas. »Der egalitäre Universalismus, aus dem die Ideen von Freiheit und solidarischem Zusammenleben, von autonomer Lebensführung und Emanzipation, von individueller Gewissensmoral, Menschenrechten und Demokratie entsprungen sind, ist unmittelbar ein Erbe der jüdischen Gerechtigkeit und der christlichen Liebesethik. In der Substanz unverändert, ist dieses Erbe immer wieder kritisch angeeignet und neu interpretiert worden. Dazu gibt es bis heute keine Alternative.«

»Der Geist der Würde ist die Würde des Geistes«, sagt Mathias Schreiber in seinem Buch *Würde – Was wir verlieren, wenn sie verloren geht.* Der langjährige Kulturchef des *Spiegel* schätzt das christliche Erbe, betont aber auch, dass die Unantastbarkeit der Würde heute nicht allein auf religiöse Voraussetzungen bauen kann und darf, sondern »innerweltlich begründet« werden muss. Zugleich sieht Schreiber die Gefahr einer fortschreitenden Banalisierung: »Im selben Maß, in dem dieses religiös-philosophische Fundament der menschlichen Würde fragil geworden ist, hat sich der Begriff der Würde zu einer scheinbar innerweltlich autonomen Quasi-Religion erhoben und verfestigt, die konsensfähig zu sein scheint für Atheisten und Gläubige, Christen und Moslems, Politiker und Schöngeister.« Solch eine Würde wird zum Accessoire. Der Anspruch universeller Gültigkeit wird zu einer Frage der individuellen Akzeptanz, des persönlichen Geschmacks und des interkulturellen Agreements.

Ein anschauliches Beispiel für die Willkür im politischen Würdediskurs lieferte die Debatte um die Schuldenkrise Griechenlands. Dabei gerieten im freien Flottieren des Gebens und Nehmens von Würde die Rollen von Subjekt und Objekt ziemlich durcheinander. Als Folge der Sparzwänge und Kontrollmaßnahmen, so hieß es im Magazin *Stern*, empfinde Premierminister Alexis Tsipras die Geldgeber als Aufpasser, »die den stolzen Griechen die Würde genommen haben«. Indessen attestierte die linke Tageszeitung *Neues Deutschland* der griechischen Regierung, sie habe »die Geltung Griechenlands und die Würde seiner Bewohner wiederhergestellt«. Kommentatoren in dem Finanzportal *Wallstreet-Online* sehen das ganz anders. Ihnen zufolge hat Griechenland seine Würde gar nicht verlieren können. Ein Land, das sich betrügerisch und mit falschen Zahlen in die Eurozone geschmuggelt habe, so war zu lesen, »habe keine Würde«.

Mitunter fällt es mir schwer, jenen geheimnisvollen Satz mitzusprechen, der in der römisch-katholischen Liturgie vor der heiligen Kommunion gebetet wird. »Herr, ich bin nicht würdig, dass Du eingehst unter mein Dach, aber sprich nur ein Wort, so wird meine Seele gesund.« Um den Atem der Freiheit in diesem Gebet zu spüren, hat mir das berührende *Tagebuch einer Krebserkrankung* geholfen. Geschrieben hat es der 2010 gestorbene Regisseur und Aktionskünstler Christoph Schlingensief. Es trägt den Titel: *So schön wie hier kanns im Himmel gar nicht sein!* Schlingensief erwähnt eher unsentimental, wie er während der Feier einer heiligen Messe bei dem Satz »Und sprich nur ein Wort, so wird meine Seele gesund« plötzlich weinen musste. Doch bedarf es wirklich erst der Nähe zur Schwelle des Todes, um diese Worte vollends zu verstehen? Ich hoffe nicht.

Das Wort geht zurück auf die Begegnung zwischen Jesus von Nazareth und dem Hauptmann von Kafarnaum. Der Mann ist ein Römer, der in der soldatischen Hierarchie weder ganz oben noch ganz unten steht. Er gehorcht Befehlen, er erteilt Befehle und vertritt als Soldat die fremde Besatzungsmacht im damaligen Palästina. In den Augen der Juden ist er ein Heide, ein Unreiner. Der Hauptmann weiß, dass er an religiöse Tabus und kulturelle Beschränkungen rührt, als er Jesus bittet, seinen gelähmten und in Schmerzen liegenden

Diener zu heilen. Schwerlich wird ein Rabbi, ein geistlicher Lehrer, das Haus eines Unwürdigen betreten. Dem Hauptmann ist bewusst, dass in der Begegnung zwischen ihm und Jesus nicht nur zwei Individuen aufeinandertreffen. Beide sind zugleich auch Chiffren. Der eine ist Repräsentant des Profanen, der andere Repräsentant des Heiligen. Doch als sie einander begegnen, geschieht etwas Außerordentliches, etwas, das alle sozialen und religiösen Zuschreibungen aufhebt. Der Hauptmann glaubt.

»Herr, ich bin es nicht wert, dass du mein Haus betrittst; sprich nur ein Wort, dann wird mein Diener gesund.« In dem Moment, als der Hauptmann sich in seiner Sorge um jemanden anderes in seiner Bedürftigkeit der Macht des Geistes anvertraut, verblasst nicht bloß das Selbstbild, nicht wert und würdig zu sein. Die Trennlinie zwischen dem Heiligen und dem Profanen selber verschwindet. Und damit die Scheidung zwischen den Würdigen und den Unwürdigen.

»Herr, ich bin nicht würdig ...« Zunehmend mehr Christen, die Religionskritiker sowieso, sehen in dem Bekenntnis eine Unterwerfungsformel. Das Zeugnis einer devoten Selbsterniedrigung, die den autonomen Menschen am aufrechten Gang hindert. Aber es verhält sich umgekehrt. Das Wort lädt ein zu menschenwürdiger Aufrichtung. Und es befreit von der erdrückenden Last, diese Aufrichtung einzig und allein nur dem eigenen autonomen Ego verdanken zu dürfen. Das unbedingte Vertrauen in das Wort, das die Seele gesunden lässt und das der Mensch nicht selber zu sich spricht, ist ein Bekenntnis zur Würde des Geistes und dem Geist der Würde. Und zu dem großen Anderen, der die Einheit von beidem stiftet, weil er nicht nur den Menschen nach seinem Bild schuf, sondern selbst Mensch wurde. Früher nannte man diesen großen Anderen Gott. Doch was, wenn dieser Gott verschwindet, wenn das Erbe des Glaubens nicht mehr überliefert wird? Wenn mit dem Tod Gottes auch das Wissen um die Gottesebenbildlichkeit stirbt und der Mensch, nach der berühmten Metapher Michel Foucaults, verschwindet wie am Meeresufer ein Gesicht im Sand?

Das Kernthema des Glaubens dreht sich um die Frage, was die Menschwerdung Gottes in der Gestalt Christi *für den Menschen* bedeutet. Die Theologie sieht in der Inkarnation die Selbstmitteilung Gottes als eine freie Liebes- und Erlösungstat um des Menschen willen. Slavoj Žižek hingegen wechselt bei seinen Überlegungen zur Menschwerdung Gottes die Perspektive. Er stellt die hypothetische Frage, was Gottes »Herabsteigen aus der Ewigkeit in das zeitliche Reich unserer Wirklichkeit *für Gott selbst*« bedeutet.

»Was, wenn das, was uns sterblichen Menschen als *Herabsteigen* Gottes zu uns erscheint, vom Standpunkt Gottes aus ein *Aufstieg* wäre? ... Was, wenn Gottes Herabsteigen zu den Menschen, weit davon entfernt, ein Akt der Gnade gegenüber den Menschen zu sein, für Gott die einzige Möglichkeit wäre, ... sich von den beklemmenden Zwängen der Ewigkeit zu *befreien*? Was, wenn sich Gott nur dadurch aktualisierte, dass er von den Menschen anerkannt wird? ... Es wird gerne behauptet, Zeit sei das eigentliche Gefängnis, und alle Philosophie und Religion kreisten nur um ein einziges Thema, nämlich den Ausbruch aus diesem Gefängnis in die Ewigkeit. Was aber, wenn die Ewigkeit das eigentliche Gefängnis ist ...?«

Im unbefangenen Sprachgebrauch ist das Attribut des Ewigen *das* Attribut Gottes schlechthin. Wobei Gott alltagssprachlich noch unzählige andere Facetten zugerechnet

werden. Einen pauschalen Überblick verschafft das Gottesbild der ultratraditionalistischen Priesterbruderschaft Pius
X. Demnach zeichnen Gott zwölf Eigenschaften aus. Er ist,
in der von den Piusbrüdern favorisierten Reihenfolge: ewig,
unveränderlich, allgegenwärtig, allwissend, allmächtig, all-
weise, heilig, gerecht, wahrhaft, treu, gütig und barmherzig.
Was jedoch wäre, wenn die Kombination dieser Eigenschaften für Gott kein Ausweis seiner Macht wäre, sondern seiner
Ohnmacht?

Ein Gott, der in alle Ewigkeit in und über der Zeit residiert,
lässt sich gewiss in einem Tempel anbeten. Man kann in Kirchen Weihrauch für ihn verbrennen, ihn anrufen, ihn anfle-
hen und ihm danken. Entmachten als Prototypen patriarcha-
lischer Dominanz kann man / frau ihn auch. Aber hört man,
wenn er denn antworten sollte, nicht immer bloß das Echo
der eigenen Stimme? Kann man zu einem Wesen, das immer
schon da ist, überhaupt unterwegs sein? Wie soll man sich
diesem Gott glaubend annähern? Wie sich von ihm ungläu-
big abwenden, wo doch der Mensch, ob er will oder nicht,
schon vor seiner Geburt und nach seinem Tod umgriffen ist
von seiner Allgegenwart, die neben Raum und Zeit auch jede
Freiheit aufhebt? Wie kann dieser Gott gütig und barmherzig sein, wo Güte und Barmherzigkeit doch voraussetzen,
sich berühren und bewegen zu lassen? Die Eigenschaft der
Unveränderlichkeit und die der Barmherzigkeit scheinen sich
auszuschließen. Es sei denn, man fasst alle Attribute in einem
Meta-Attribut zusammen, das sämtliche Widersprüche ein-
ebnet: Gott als *actus purus*, als reiner Akt, als die ewige, pure
Vollkommenheit. (Karl Rahner weist in einer schlüssigen,
aber auch komplexen Argumentation nach: »Der an sich
selbst Unveränderliche kann *selber am anderen* veränderlich

werden.« Wer sich als Leser durch diesen Satz eingeladen fühlt, tief in die Schatztruhe hochreflektierten Denkens zu greifen, dem sei der Rahnersche *Grundkurs des Glaubens* nahegelegt, verbunden mit dem Warnhinweis, dass der schlichte Titel seinen Anspruch ziemlich verschleiert.)

Der muslimische Religionspädagoge Mouhanad Khorchide machte in einem Interview in der *Frankfurter Allgemeinen Zeitung* eine beiläufige Bemerkung, hinter der sich eine metaphysische Falltür auftut. In seiner Abgrenzung gegen einen gesetzesgehorsamen Islam sagte er, wenn er den Koran lese, entdecke er »keinen Gott, der nur verherrlicht werden möchte – warum auch, er ist ja vollkommen«. Die angehängte Begründung transportiert unbeabsichtigt einen paradoxen Subtext. Khorchide sagt: Ein vollkommener Gott braucht zu seiner Verherrlichung den Menschen nicht. Aber wozu braucht er ihn dann? Braucht Gott den Menschen überhaupt? Wenn ja, dann wäre er bedürftig, ihm würde etwas fehlen, und er wäre nicht mehr vollkommen. Ob ein vollkommener Gott der Gott des Islam ist, ist nicht mein Thema. Aber ist er der Gott der Christen?

In der Vollkommenheit seiner zwölf Eigenschaften *steckt* Gott nicht in einem Gefängnis. Er selbst *ist* sein Gefängnis. Und um die Metapher auszukosten: Er kann in seiner Zelle nicht einmal Besuch empfangen. Wer omnipräsent ist, leidet nicht unter Ferne, ersehnt keine Nähe und erinnert an den verdoppelten Igel aus der Märcheninterpretation des Theologen Johann Baptist Metz. Dabei ist der Bibel das Motiv des Heraustretens, besser, des Herausgeworfenwerdens aus dem Käfig der Ewigkeit durchaus bekannt. Die Genesis erzählt davon. Nur wird nicht Gott aus den Fangstricken ewiger Fortdauer befreit, sondern der Mensch. Damit Adam und Eva in die Welt der Sterblichen eintreten können, müssen sie aus dem Paradies vertrieben werden. Daher schickt ihnen Gott, dem Mythos zufolge, eine sprechende Schlange. Draußen vor den Toren des Paradieses stehen die Nachkommen der ersten Menschen fortan vor ihrem unbegreiflichen Jahwe, voll Furcht, Zittern und Hingabe. Der Allmächtige indes bleibt in seinem Garten Eden zurück. Allein. In wem sollte er sich selbst noch erkennen können? In seiner Allmacht bleibt er nicht nur dem Menschen ein Mysterium, auch sich selbst gegenüber. Der »für uns ergründliche Gott«, sagt Slavoj Žižek, ist »ebenso unergründlich für sich selbst.«

Vergessen wir nicht, dass die Glorifizierung von Vollkommenheit ihrer Natur nach heidnisch ist. Die Vergötterung von Makellosigkeit und Perfektion ist Blasphemie. Ein Gott, der solchermaßen verehrt wird, ist ein Götze, ein umtanztes goldenes Kalb, von denen die Menschheitsgeschichte, von Baal bis Kapital, genug gesehen hat. Doch auch der Monotheismus steckt in einem Dilemma. Die Rede vom vollkommenen Gott schafft einen Widerspruch, der von außen unauflösbar scheint. In seiner Vollkommenheit haftet Gott ein Makel an. In der Liste seiner Attribute klafft eine Lücke. Eine Leerstelle. Ihm fehlt die Erfahrung der Endlichkeit. Das hat der konservative Gilbert Keith Chesterton erkannt: »Weltweit ist das Christentum die einzige Religion, die begriffen hat, dass einem allmächtigen Gott etwas fehlt. Nur das Christentum hat begriffen, dass Gott, um ganz und gar Gott zu sein, nicht nur König, sondern auch Rebell sein muss.« Gottes Rebellion muss, um es mit schlichten Worten zu umschreiben, ein Aufstand gegen sich selbst sein. Wenn, wie Slavoj Žižek sagt, »nur ein mangelhaftes, verwundbares Wesen zur Liebe fähig ist«, muss Gott um seiner selbst willen die Qualen des Zweifels an sich selbst durchleiden. Der Kulturjournalist Rolf Spinnler bringt den Makel des vollkommenen Gottes auf den Punkt: »Was Gott fehlt, ist die Erfahrung des Todes. Aber wenn Gott den Tod nicht kennt, kennt er dann die Liebe? Was, wenn gerade die menschliche Sterblichkeit und Unvollkommenheit die Bedingung dafür ist, dass wir zur Liebe fähig sind? Aus dieser Paradoxie gibt es nur einen Ausweg: dass Gott seine Ewigkeit und Vollkommenheit preisgibt und Mensch wird und stirbt.«

Wenn Jesus am Kreuz ausruft: »Mein Gott, mein Gott, warum hast du mich verlassen«, dann stirbt nicht bloß der Menschensohn Jesus. Um als Gott Mensch zu werden und als Mensch zu sterben (und nicht stellvertretend seinen Sohn zu opfern), kann der Allmächtige nicht jenseits der Erfahrung von Endlichkeit unbewegt er selbst bleiben. Gott muss *von sich selbst verlassen* werden. Dieser Gedanke verbindet den orthodoxen Katholiken Chesterton mit dem materialistischen Theoretiker Žižek. Bei seiner Menschwerdung auf dem Berg Golgatha durchlitt Gott »das menschliche Grauen des Pessimismus«, befindet Chesterton. »Als die Erde erbebte und die Sonne am Himmel erlosch, geschah es nicht wegen der Kreuzigung, sondern wegen des Schreis, der vom Kreuz kam und bekannte, dass Gott von Gott verlassen war.«

Dem Schrei voraus ging eine Finsternis. Sie brach über das Land herein und dauerte von der sechsten bis zur neunten Stunde. Dann reichte man dem Dürstenden am Kreuz als letzte Geste der Verhöhnung einen Essigschwamm, bevor Jesus mit einem allerletzten Aufschrei seinen Geist aushauchte. Lukas berichtet von der Verdunkelung der Sonne. Er wusste, dass sich beim Sterben Gottes der Himmel auch für die Menschen verfinstert. Aber in dieser Stunde des Dunkels passiert noch etwas. Etwas, das die Evangelisten Markus, Matthäus und Lukas erwähnen und das dem Verlöschen der Sonne an symbolischer Macht nicht nachsteht. Der Vorhang im Tempel von Jerusalem zerreißt.

Gemeint ist der Vorhang zum Innersten des Tempels vor dem Allerheiligsten. Hier wurde die Bundeslade verwahrt. Nur einmal im Jahr war dem Hohepriester der Zutritt gestattet, zum großen Versöhnungstag Jom Kippur, dem höchsten Feiertag der Israeliten. An diesem Tag fand eine kollektive Entsühnung statt, wobei der Hohepriester stellvertretend für das Volk Israel die Vergebung von allen Sünden empfing. Dazu waren Tieropfer erforderlich, mit deren Blut die Lade vom Hohepriester besprenkelt wurde. Die Zeremonie wird detailliert im Kapitel 16 des mosaischen Buches Levitikus beschrieben. Darauf zurück geht auch die Opferung zweier Ziegenböcke. Per Los wurde entschieden, welcher von beiden zur rituellen Reinigung des Tempels und welcher zur Entsühnung des Volkes bestimmt war. Über dem Kopf des letzteren bekannte der Hohepriester sämtliche Freveltaten Israels, wobei die Schuld durch Handauflegen auf den »Sündenbock« übertragen wurde. Anschließend wurde das Tier als Opfer für den Dämon Asasel in die Wüste gejagt.

Mit dem Neuen Testament verschwindet der Sündenbock. An seine Stelle tritt das Lamm Gottes, von dem die Heilige Liturgie bekennt, es trage die Schuld und nehme hinweg die Sünde der Welt. Mit Jesu Tod zerreißt der Vorhang, der die Einsicht in den Ort verwehrte, an dem das Herz des alten Opferkultes schlug. Das unerhörte Ereignis wird oft als das Niederreißen der Grenze zwischen dem Heiligen und dem Profanen verstanden. Als sei nun der Blick auf das Allerheiligste frei, als sei fortan, ohne priesterliche Zwischeninstanz, der unmittelbare Zugang zu Gott und zur Vergebung eröffnet. Derlei Deutungen verkennen: Was auch immer sich hinter dem Vorhang befand, sei es die Bundeslade mit den Zehn Geboten, ein Opferaltar oder auch nur ein nackter Raum, spielt letztlich keine Rolle. Martin Mosebach hat in seinem Essayband *Häresie der Formlosigkeit* verstanden, dass für die Frommen der Tempelvorhang nicht etwa eine Botschaft *verbarg*, sondern »dass der Vorhang selbst die Botschaft enthielt«, dessen Zweck in der »Verhüllung der Wahrheit« bestand.

Nur welche Wahrheit wurde verhüllt? Als mit Jesu Schrei am Kreuz der Vorhang in zwei Stücke riss, war dies ein Akt der Enthüllung. Er offenbarte, dass die Wahrheit des Allerheiligsten weltlich war. Jesus hatte den Tempel längst als Räuberhöhle demaskiert. Er diente dem Geschäft, aber nicht der Ehre Gottes. Das Haus seines Vaters war degeneriert zu einem gefräßigen Zentrum des Tausches, wo einem Götzen gehuldigt wurde, von dem man annahm, bei ihm lasse sich durch blutige Tieropfer die Befreiung von Schuld erkaufen. Nun entlarvte der Tempel sich selbst. Seine Macht verdankte sich dem geschlossenen Vorhang. Wurde er hochgezogen, blieb nur die leere Kommandozentrale eines pseudosakralen Imperiums zurück.

Zurück blieb indessen auch eine Frage. Generationen frommer Christen hatten und haben darauf eine Antwort parat. Obwohl die Frage mangels Interesse heute kaum mehr gestellt wird: Für was hat sich Jesus eigentlich geopfert? Als Buße für uns? Zur Vergebung unserer Sünden? Nur warum, fragt Žižek mit gespielter Naivität, »vergibt uns Gott nicht *direkt?*«

In seinem Essay »Ist ein opferloses Christentum möglich?« richtet Robert Spaemann die Aufmerksamkeit auf den

Umstand, dass sich Jesus Christus widerstandslos in die Rolle des Sündenbocks ergab. »Erst hier offenbart sich der wahre Gott, der mit dem Fürsten dieser Welt, der Opfer fordert, nichts zu tun hat. Erst mit dem Zerreißen des Tempelvorhangs beginnt das Sakrale, sein düsteres Geheimnis preiszugeben und der Offenbarung des wahren Gottes zu weichen. Der Tod Christi ist so das Ende aller Opfer, aber nicht dadurch, dass er deren geheimen Sinn zur Erfüllung bringt, sondern dadurch, dass er deren Unsinn enthüllt.« Spaemann hat recht, doch das Geheimnis, welches das Sakrale preisgab, ist wohl weniger ein düsteres denn ein banales. Der Vorhang im Tempel von Jerusalem verbarg nichts, außer eben, dass es nichts zu verbergen gab. Er tarnte die Leere. Er verschleierte, dass ein allmächtiger Gott nur ein Abwesender sein kann. Wird solch ein Opfergott seiner Kleider beraubt, steht er nicht nackt da. Er verschwindet. Alles Opfern wird unsinnig, ein groteskes Ritual, das lediglich den Zweck hat, die Präsenz und die Wirkmacht Gottes vorzutäuschen. Ich will nicht ausschließen, dass der Hohepriester darum wusste. Vielleicht durfte deshalb nur er allein das Allerheiligste betreten. Und auch das nicht öfter als ein Mal im Jahr.

Der Glaube, Jesus habe mit seinem Blut eine offene Rechnung der Menschheit beglichen und unsere Sünden gesühnt, führt in die Irre. Das Erdulden eines grausamen Todes war keine Währung, mit der Jesus eine Schuld »bezahlt« hat, um uns zu erlösen. Mit seinem Tod hat er die Logik des Opfertausches nicht perpetuiert, sondern durchbrochen. Deshalb musste die »Entleerung« des längst leer gewordenen Allerheiligsten stattfinden, um Platz zu seiner »Erfüllung« durch Jesus Christus zu schaffen. Das Zerreißen des Tempelvorhangs schafft die Voraussetzung, vor der erst die Überwindung des

Todes und die österliche Auferstehung verstanden werden können. Deren Botschaft kleidet der erste Johannesbrief in die Kurzformel: »Wer nicht liebt, bleibt im Tod.« Um dieser Wahrheit willen wurde Jesus zum Opferlamm. Im doppelten Sinn, aktiv wie passiv. Jesus brachte nicht nur das höchste Opfer, er wurde auch geopfert. Das Erleiden von Foltertod und Gottverlassenheit war nicht der Preis für unsere Sünden, sondern der Preis, den Gott entrichten musste, um unter den Menschen die Liebe zu inkarnieren.

Als Jesus vor seiner Verurteilung zum Tod vom Hohen Rat vernommen wird, treten zwei Zeugen auf. Sie sagen aus, Jesus habe behauptet, er könne den Tempel Gottes niederreißen und in drei Tagen wieder aufbauen. Der Vorwurf gilt als todeswürdige Gotteslästerung. Vom Hohepriester aufgefordert, etwas zu seiner Verteidigung vorzubringen, schweigt Jesus. Die Episode wird durchweg so ausgelegt, dass Jesus seine Auferstehung angekündigt habe, um den realen Tempel aus Stein, der bekanntermaßen im Jahr 70 von Titus zerstört werden wird, zu ersetzen. Mit dem Tempel seines Leibes, wie der Evangelist Johannes sagt. Dieser Tempel nimmt Gestalt an in der Ekklesia, wenn zwei oder drei im Namen Jesu versammelt sind. Die Kirche wird zum Leib Christi. So weit, so bekannt.

Doch was geschieht mit dem Vorhang? Entscheidend ist, dass der Vorhang in dem neuen Tempel nicht zerrissen bleibt oder verschwindet. Jesus stellt ihn wieder her, indem er selbst an dessen Stelle tritt. Er selber besetzt den symbolischen Ort des Vorhangs. Während der alte Vorhang Gott und Mensch trennte, wird Jesus Christus zum verbindenden Vermittler. In einer zentralen Passage im Johannesevangelium Kapitel 14 gesteht der Apostel Thomas gegenüber Jesus seine

Hilflosigkeit ein: »Herr, wir wissen nicht, wohin du gehst. Wie sollen wir dann den Weg kennen? Jesus antwortet: Ich bin der Weg, die Wahrheit und das Leben; niemand kommt zum Vater außer durch mich. Wenn ihr mich erkannt habt, werdet ihr auch meinen Vater erkennen.« Der Weg zu Gott führt nur über Christus. Er musste erscheinen, sagt Žižek, »nicht nur, um Gott der Menschheit zu offenbaren, sondern auch, um als Gott für sich selbst erscheinen zu können – nur durch Christus kann sich Gott als Gott überhaupt erkennen«.

Wenn nun Christus zur Mitte *wird* und die Brücke *ist* zwischen Gott und Mensch, dann verschwindet keineswegs die Spaltung zwischen Himmel und Erde. Die Trennung von Gott und Mensch wird nicht überwunden. Gott bleibt auch nach seiner Menschwerdung das unergründliche Geheimnis der Transzendenz, aber er ist herausgetreten aus dem Gefängnis seiner Ewigkeit. Aus dem vollkommenen Gott wurde ein Gott, der sich lieben lässt, weil er in seiner Ohnmacht der Liebe bedarf. Das unterscheidet den Gott vor seiner Menschwerdung von dem Gott danach. Bei Karl Rahner ist zu lesen: »Vom Schöpfer konnte man mit der Schrift des Alten Testaments noch sagen, er sei im Himmel und wir auf der Erde. Aber vom Gott, den wir in Christus bekennen, muss man sagen, dass er genau da ist, wo wir sind, und dass er genau da zu finden ist. Wenn er dabei der Unendliche bleibt, dann ist damit nicht gesagt, dass er dieses *auch* noch sei, sondern dass das Endliche selbst eine unendliche Tiefe erhalten hat.«

Wie immer geht Rahner auch hier an die Grenze der Sprache und des Sagbaren. An dieser Grenze trifft er sich mit Žižek. Wenn der Jesuit von der unendlichen Tiefe spricht, die das Endliche erhält, spricht der Marxist von einer Zeit, »wenn die Ewigkeit in die Zeit hineinreicht«.

Die Idee des Ewigen ist mit der Kategorie linearer Zeit nicht zu verstehen. Wir sind geneigt, uns die Ewigkeit als einen kontinuierlichen Zeitstrahl vorzustellen, und es fällt nicht leicht, sich von dieser Vorstellung zu lösen. Sie prägt die Ansicht, mit dem Tod sei alles aus. Aber sie prägt auch den Glauben, nach dem Tod lebe die Seele weiter. Das eine Mal fällt man aus dem Zeitstrahl heraus, das andere Mal bleibt man in ihm aufgehoben. In beiden Fällen dauert die Zeit an ad ultimo, nur, salopp gesagt, mal ohne und mal mit persönlicher Beteiligung.

Vordergründig bestätigt das Apostolische Credo, das den Glauben an die Auferstehung der Toten und das ewige Leben bekräftigt, die Idee von einem linearen Zeitfluss. Zumal das Neue Testament und das kirchliche Lehramt das Zeitverständnis endloser Dauer befördert und mit der Vorstellung von Erlösung und himmlischem Lohn verknüpft haben. Wer im Namen Jesu sein Haus, Brüder und Schwestern, Vater, Mutter und Kinder verlässt, der wird nach Matthäus »das ewige Leben gewinnen«. Im ersten Johannesbrief 5,20 f. ist zu lesen: »Der Sohn Gottes ist gekommen, und er hat uns Einsicht geschenkt, damit wir Gott den Wahren erkennen. Und wir sind in diesem Wahren, in seinem Sohn Jesus Christus. Er ist der wahre Gott und das ewige Leben.«

Ein ganz anderes Verständnis von Ewigkeit deutet der Sprachlogiker Ludwig Wittgenstein in seinem *Tractatus* an. »Wenn man unter Ewigkeit nicht unendliche Zeitdauer, sondern Unzeitlichkeit versteht, dann lebt der ewig, der in der Gegenwart lebt.« Diesen Gedanken präzisiert Gómez Dávila in unnachahmlicher Prägnanz. »Jeder Augenblick kann eine Ewigkeit sein, denn die Ewigkeit gehört nicht zur Zeitordnung, sondern zur Ordnung der Intensität.« So versteht auch Benedikt XVI. das »irritierende und ungenügende Wort« vom ewigen Leben. In der 2007 veröffentlichten Enzyklika *Spe salvi* über die christliche Hoffnung schreibt Joseph Ratzinger: »Wir können nur versuchen, aus der Zeitlichkeit, in der wir gefangen sind, herauszudenken und zu ahnen, dass Ewigkeit nicht eine immer weitergehende Abfolge von Kalendertagen ist, sondern etwas wie der erfüllte Augenblick, in dem uns das Ganze umfängt und wir das Ganze umfangen. Es wäre der Augenblick des Eintauchens in den Ozean der unendlichen Liebe, in dem es keine Zeit, kein Vor- und Nachher mehr gibt.«

In einer Sprache, deren frommer Ton uns fremd geworden ist, nannte Karl Rahner das Leben »die abenteuerliche Reise der königlichen Herzen nach Gott«. So redet heute niemand mehr. Doch verschwindet mit dem Untergang antiquiert anmutender Begriffe auch der Sinn für das, was sie meinen. Wo begegnet man noch Menschen, die eine Vorstellung von einem königlichen Herzen haben oder in denen selbst ein solches Herz schlägt? Wer wähnt sich heute noch auf einer abenteuerlichen Reise mit Gott als dem Ziel? Lebensentwürfe, die aktuell geschrieben werden, verzeichnen gewiss noch aufregende Episoden und Exkursionen in die Dschungelcamps inszenierten Wagemuts, aber ist das abenteuerlich? Beschreiten Biographien heute Königswege oder enden sie in jener Sackgasse, in der Nietzsches *letzte Menschen* den Tag pflücken, mit Lüstchen für morgens, mittags und nachts, mit ein wenig Gift für angenehme Träume und viel Gift zum sanften Entschlafen? Selbstredend nicht ohne Billigung einer Ethikkommission.

Iesus Nazarenus Rex Iudaeorum! Der römische Präfekt Pontius Pilatus hatte an Jesu Kreuzesbalken eine Schrifttafel mit den Initialen INRI anbringen lassen. Jesus von Nazareth, König der Juden; ein Titel, den Jesu nie für sich beanspruchte. Johannes 18,33–38 beschreibt die Szene, bevor Jesus sein Todesurteil vernimmt. »Pilatus ging wieder in das Prätorium hinein, ließ Jesus rufen und fragte ihn: Bist du der König der Juden? Jesus antwortete: Sagst du das von dir aus, oder haben es dir andere über mich gesagt? Pilatus entgegnete: Bin ich denn ein Jude? Dein eigenes Volk und die Hohenpriester haben dich an mich ausgeliefert. Was hast du getan? Jesus antwortete: Mein Königtum ist nicht von dieser Welt. Wenn es von dieser Welt wäre, würden meine Leute kämpfen, damit ich den Juden nicht ausgeliefert würde. Aber mein Königtum ist nicht von hier. Pilatus sagte zu ihm: Also bist du doch ein König? Jesus antwortete: Du sagst es, ich bin ein König. Ich bin dazu geboren und dazu in die Welt gekommen, dass ich für die Wahrheit Zeugnis ablege. Jeder, der aus der Wahrheit ist, hört auf meine Stimme. Pilatus sagte zu ihm: Was ist Wahrheit?«

Ohne eine Antwort abzuwarten und ohne eine Antwort zu erhalten, tritt Pilatus wieder vor das Volk. Es fordert Jesu Kreuzigung. Wenngleich der Präfekt nicht um *die* Wahrheit weiß, so weiß er doch um *eine* Unwahrheit. Der Mensch, dessen Hinrichtung er befehlen soll, ist unschuldig, nach Pilatus' eigenem Dafürhalten und nach den Gesetzen des römischen Rechts. Aber Pilatus stellt sich nicht auf die Seite der Wahrheit. Die Furcht beherrscht und hindert ihn. Aus Angst, den aufgehetzten Mob gegen sich selbst aufzubringen, verleugnet er sein Wissen um die Unwahrheit und übereignet Jesus an die Tempelpriester. Pilatus regiert und reagiert wie ein schwacher Potentat, wie ein Getriebener des Volkszorns, unfähig die Verantwortung für das Urteil zu übernehmen, das er über den Nazarener verhängt. Pilatus besitzt zwar die Macht zu entscheiden: Freispruch oder Tod, aber er besitzt nicht die Würde, seine Entscheidung wie ein königlicher Souverän zu treffen. Doch er realisiert, dass der Gegeißelte mit dem Purpurmantel und der Dornenkrone, den er dem Volk vorführt, genau diese Würde verströmt.

Bei weltlichen Regenten sind Krone, Zepter und Mantel Insignien der Macht, bisweilen auch von absolutistischer Willkür. Seltener von salomonischer Weisheit. Bei Jesus werden die Zeichen der Herrschaft durch Symbole der Erniedrigung ausgetauscht: ein schäbiger Soldatenumhang dient als Gewand, ein Rohrstock als Zepter, und statt mit Gold wird sein Haupt mit Dornen gekrönt. Doch die Utensilien der Verhöhnung verfehlen ihren Zweck. Ihre Absicht verkehrt sich ins Gegenteil. Der Gedemütigte wandelt seine Erniedrigung um in ein Zeugnis menschlicher Größe. Unheroisch, klaglos und still. »Ecce homo«, wird Pontius Pilatus bezeugen. »Seht, welch ein Mensch!« Pilatus spürt: Jesus ist ein wahrer König, ein Souverän, ein freier Mensch, der sein eigenes Leben loslassen kann, ohne sich gegen jene behaupten zu müssen, die seine Identität bedrohen. Um seiner Selbsterhaltung willen muss er keine Feinde vernichten. Nicht einmal in Gedanken. »Vater, vergib ihnen«, sagt er nach Lukas, »denn sie wissen nicht, was sie tun.«

Zwei Jahrtausende später ist uns die Idee königlicher Souveränität suspekt, ganz gleich, ob sie nun geistlicher oder weltlicher Natur ist. Dem Demokraten gilt das Majestätische als Anachronismus. Bisweilen blendet es als staatstragendes Spektakel, dessen Repräsentanten nichts anderes repräsentieren als sich selbst. Der Tratsch der Boulevardjournaille produziert zwar pausenlos Bilderstaffeln aus dem monarchistischen Milieu, aber nicht, wie man annehmen könnte, um dessen Protagonisten zu hofieren. Umgekehrt. Es geht der Klatschpresse darum, mit gezielter, oft gespielter Indiskretion und mit geheucheltem Bedauern royales Flair in spießbürgerlichen Mief zu verwandeln. Die Storys über Intrigen, Treulosigkeiten und Eifersüchteleien, aber auch über belanglosen Kinderkram verklären Menschen nicht, sie stutzen sie auf ein gesellschaftliches Durchschnittsmaß herunter. Hinter dem Vorhang sind der Prinz und die Prinzessin ordinär. Sie sind wie du, wie ich, wie wir. Nur, wenn das Königliche mittelmäßig wird, wird das Mittelmäßige nicht königlich.

Auf den Laufstegen der Schönheiten und Celebritys verkommt die erhabene Haltung zu exzentrischem Getue. Ihre gründlichste Entwertung findet statt, wo die Krone als das Signum des Königlichen noch zelebriert wird, sich aber längst vom »königlichen Herzen« entkoppelt hat. Diese Entkoppelung erlaubt dem Modedesigner Harald Glööckler, den Anschein zu wecken, die Krone zu demokratisieren, indem er sie als allgegenwärtiges Logo seiner Produktpalette zum käuflichen Accessoire herunterstilisiert. Den Slogan »Jede Frau ist eine Prinzessin!« ausschlachtend, prangt die Glööcklersche Krone im Zuge einer Totalvermarktung auf Tapeten, Bettwäsche, Sonnenbrillen, Kaffeetassen, Handtaschen, Gürtelschnallen, Nougatpralinen oder Duftkerzen.

Einen Gegenentwurf zu jedweder Form gekünstelter Affektiertheit verkörpert der Denkkosmos von Nicolás Gómez Dávila. Auch er demokratisiert die Krone, auch er nimmt einen Vorgang einer Entkoppelung vor, indem er das Aristokratische von äußeren Merkmalen der Abstammung, des

Erbes oder des Besitzes ablöst und an eine innere Geisteshaltung knüpft. »Ein wahrer Aristokrat ist der, der ein inwendiges Leben hat. Was auch immer seine Herkunft, sein Rang, sein Vermögen sei.« Der »höchste Aristokrat« ist für Dávila nicht der »Feudalherr auf seinem Schloss, sondern der kontemplative Mönch in seiner Zelle«. Die klösterliche Klausur mag der Entwicklung eines inwendigen Lebens dienlich sein, doch ist die Abgeschiedenheit auch der Ort des Menschensohnes, der von sich sagte, ein König zu sein, dessen Reich nicht von dieser Welt ist? Entfaltete sich die Königswürde Jesu Christi tatsächlich auf seinem Weg nach innen oder nicht vielmehr in der Bewegung des Unterwegsseins zwischen innen und außen, zwischen Himmel und Erde?

Auch auf das Risiko hin, in der Schublade der Beuys-Apologetik zu landen, komme ich nicht an einem Kunstwerk vorbei, das dem Archetyp des Königs eine zeitgemäße gestalterische Form gegeben hat. Mit einem königlichen Palast. Der *Palazzo regale* wurde erstmals zu Weihnachten 1985 im Museo di Capodimonte in Neapel gezeigt, vier Wochen bevor Joseph Beuys starb. Mit der Installation hinterließ Beuys ein Vermächtnis, in dem sich sein Schaffen in einem einzigen Werk konzentriert, als das Bekenntnis der Überzeugung: »Jeder Mensch ist ein König.« Beuys hegte nicht die Absicht, ein feudalistisches Weltbild zu reanimieren oder die Figur des Monarchen wieder auf den Thron zu hieven. In seinem letzten Interview sagte er: »Ich wollte zwei in meinem Werk stets gegenwärtige Elemente hervorheben, von denen ich glaube, dass sie in jeder Handlung des Menschen enthalten sein sollten, sowohl das Feierliche der Selbstbestimmung des eigenen Lebens und der eigenen Gesten als auch die Bescheidenheit unserer Handlungen und unserer Arbeit in jedem Augenblick. Das Ganze kommt aber ohne großes Aufheben zum Ausdruck, ja auf eine sehr stille Weise.«

Die erhebende, aber auch verunsichernde Klarheit des *Palazzo regale* verströmt die Sakralität einer Kapelle und die Kühle einer Grabkammer. In dem lichten, goldschimmernden Raum, sechs Meter breit und fünfzehn Meter lang, leuchtet die Idee würdigen Lebens auf als Möglichkeit des Menschen, nicht als ein Recht, das er besitzt oder worauf er Anspruch hätte. Diese Möglichkeit zu realisieren, ist dem Menschen in der Beschränktheit seiner Endlichkeit geboten. Grabbeilagen gleich hat Beuys die Insignien des Königs in zwei Glasvitrinen drapiert. Natürlich fehlen darin nicht die Energiespeicher Filz, Fett und Speck. Aber erst im Ensemble mit mehr oder weniger edlen Utensilien – einem Luchsfellmantel, zwei Konzertbecken, kupfernen Spazierstöcken, einem Rucksack und einem gusseisernen Menschenkopf mit gequälten Gesichtszügen (Beuys hatte den Kopf bereits in seiner Installation *Straßenbahnhaltestelle* verwendet) – erzeugt der *Palazzo regale* eine berückende Aura: majestätisch, geheimnisvoll und dennoch der Erde treu bleibend. Verstärkt wird diese Wahrnehmung von goldmattierten Messingtafeln an den Wänden. Der Betrachter schaut hinein wie in die blinden Spiegel einer leeren Ahnengalerie. Sieben solcher Tafeln hat Beuys aufgehängt. Die Sieben ist eine heilige Zahl im Christentum. Nicht nur wegen der sieben Sakramente, der sieben Tugenden oder der sieben Gaben des Heiligen Geistes. Die Sieben setzt sich zusammen aus der Addition der Symbolzahlen vier und drei. Die Vier symbolisiert den Kosmos, die Elemente Erde, Wasser, Luft und Feuer. Die Drei steht für das Absolute der Heiligen Dreifaltigkeit. Die Summe beider Größen bedeutet, wie Leonardo Boff erklärt, »die Verbindung von Immanenz und Transzendenz, die Synthese aus Bewegung und Ruhe, wie auch die Begegnung zwischen Gott und Mensch«.

Der Kunsthistoriker Armin Zweite, der als ehemaliger Museumsdirektor den *Palazzo regale* für die Kunstsammlung Nordrhein-Westfalen erwarb, nennt die Installation einen »Brückenschlag vom Materiellen zum Spirituellen«. Die Metapher trifft. Die Brücke versinnbildlicht die Heimat des Königs, seinen Palast, den Freiheitsraum zwischen Himmel und Erde. Oder jesuanisch gesprochen, das Reich, das nicht von dieser Welt ist. Im *Palazzo regale* trifft die himmlische Erhabenheit auf die irdische Demut. Beide vereinigen sich, wo der König sich auf den Weg macht. Wo er zum *homo viator* wird, zum Pilger. Oder wie Armin Zweite sagt, zum »Wanderer zwischen Materie und Geist«.

Anders als der postmoderne Flaneur, der beobachtend umherschweift, hier und da ein Weilchen verharrt, bis der Reiz der Attraktion nachlässt und er sich wieder langweilt, wusste der Pilger um seinen Weg und um sein Ziel. Was keinesfalls bedeutete, dort jemals anzukommen. In Friedrich Schillers Gedicht *Der Pilgrim* heißt es:

»Abend ward's und wurde Morgen,
Nimmer, nimmer stand ich still;
Aber immer blieb's verborgen,
Was ich suche, was ich will ...
Ach, kein Steg will dahin führen,
Ach, der Himmel über mir
Will die Erde nie berühren,
Und das Dort ist niemals hier.«

Der Schweizer Theologe Walter Nigg sah in Schillers Pilgrim den »Menschen der brennenden Sehnsucht«. Der alte Typ des Pilgrims war ein Getriebener, ein Gottsucher. Woran auch immer er litt, nie an seiner Ziel*losigkeit*. Ihn quälte, dass sein Ziel sich immer wieder verbarg und sich entzog. Er litt an der Kluft zwischen Himmel und Erde, von der er als Wanderer zwischen den Welten jederzeit ahnte, sie aus eigener Kraft nicht überwinden zu können. Umso stärker die Brücke war, die der *homo viator* baute, desto weniger schien sie zu tragen, desto mächtiger wurde das große Paradoxon des Christentums. Karl Rahner umschrieb es damit, »dass des Menschen Grund der Abgrund ist: dass Gott wesentlich der Unbegreifliche ist, dass seine Unbegreiflichkeit wächst und nicht abnimmt, je richtiger Gott verstanden wird, je näher uns seine ihn selbst mitteilende Liebe kommt«. Das glaubte und lehrte Rahner nicht nur, so lebte er auch. Zu seinem achtzigsten Geburtstag nannte sein früherer Schüler Johann Baptist Metz ihn »einen Vater des Glaubens und selber heimatlos«.

Obwohl ich Karl Rahner nur einmal persönlich begegnet bin, wurde er für mich zu einem Lehrer. Durch seine Schriften. Viele seiner Glaubensreflexionen kleidete er in eine verdichtete Sprache, sperrig und von höchster Komplexität, nicht weil er ein elitärer Denker war, sondern weil er als »Diener des Wortes« um jede Formulierung rang, wissend, dass er »Gott« als das unbegreifliche Ziel seines Weges nie angemessen würde benennen können. Oft ahne ich nur, was er meint, als dass ich ihn verstehe. Zugleich verfasste Rahner aus der Quelle des Wissens um sein Nicht-Wissen Meditationen von schöner und einfacher Klarheit. Man mag diese spirituellen Texte mit Recht als fromm bezeichnen. Für mich klingt aus dieser Frömmigkeit ein zeitloser Ton, der mich anspricht und berührt. Ich erlebe diesen Ton frei von jedweder Belehrung, vielmehr als eine Einladung. Sie öffnet mir einen Raum der Freiheit, den Raum des Glaubens, in dem die Fragen nach dem Leben und dem Sinn nicht ungehört verhallen und auch nicht von fertigen Bekenntnissen erstickt werden. Dieser Raum schafft keine himmlische Geborgenheit, aber doch eben jene irdische Gestimmtheit, die Rahner »das Urvertrauen des Daseins« nennt. Ob dieses, nicht selten fragile Vertrauen meinen Glauben begründet oder der Glaube der Grund des Vertrauens ist, ich weiß es nicht. Und es ist auch egal. Ich glaube. Ich bin Christ. Und ich gedenke, katholisch zu bleiben, im Sinn der konfessionellen Bindung, aber mehr noch im universellen Sinn. Mein Glaube hängt nicht davon ab, ob das Oberhaupt meiner Kirche Pius, Benedikt oder Franziskus heißt, ob das Grab Jesu nun leer oder voll war, oder ob sich mir die Dogmen von der Unbefleckten Empfängnis und der Himmelfahrt Marias noch zu Lebzeiten erschließen.

Der Glaube stirbt, wo das Vertrauen erlischt. Und umgekehrt. Die »Reise der königlichen Herzen nach Gott«, zu der Rahner ermutigt, bedarf dieses Vertrauens. Aber sie schafft dieses Vertrauen auch, wenngleich die Reise dem äußeren Blick bisweilen töricht erscheinen mag. So wie bei den Weisen aus dem Morgenland, die einem Stern folgten, den offenbar nur sie selber sahen. Die Könige an der Krippe von Bethlehem sind der Urtyp des Wanderers zwischen Himmel und Erde. Das wusste neben Rahner auch Johann Wolfgang Goethe. In seinem Gedichtzyklus »Legende von den Heiligen Drei Königen« sagt er: »Denn am Ende sind wir alle, pilgernd Könige zum Ziele.«

»Wir gehen, wir müssen suchen«, heißt es in Karl Rahners Meditation über *Alltägliche Dinge.* »Aber das Letzte und Eigentliche kommt uns entgegen, sucht uns, freilich nur, wenn wir gehen, wenn wir entgegengehen. Und wenn wir gefunden haben werden, weil wir gefunden wurden, werden wir erfahren, dass unser Entgegengehen selbst schon getragen war (Gnade nennt man dieses Getragensein) von der Kraft der Bewegung, die auf uns zukommt, von der Bewegung Gottes zu uns.«

Das Unterwegssein zu dem letzten Ziel und das Festhalten an der Scheidung zwischen Mensch und Gott bewahrt das Christentum davor, zu einer esoterischen Heilslehre zu verkitschen, die das Göttliche in das Menschliche hinein auflöst. Deshalb beharrt auch Chesterton so eindringlich auf der Trennung, wenn er sagt: »Nach orthodoxer christlicher Lehre ist diese Spaltung zwischen Gott und Menschen heilig, weil sie ewig ist. Damit der Mensch Gott lieben kann, muss es nicht bloß einen Gott geben, der geliebt wird, sondern auch einen Menschen, der ihn liebt.« Die theosophische Weltseele, so Chesterton, wolle vom Menschen geliebt werden, damit er sich in sie hineinstürzt und in ihr aufgeht. »Das göttliche Zentrum des Christentums hingegen hat den Menschen aus sich herausgeschleudert, damit er es lieben kann.«

Im Wissen um diese Trennung kann Rahner sagen, erst in der Liebe finde die Erkenntnis ihren Frieden und ihre Vollendung. Wer nach dem Wort des Buches Levitikus seinen Nächsten liebt wie sich selbst, so lesen wir im Jakobus-Brief, der erfüllt »das königliche Gesetz«. Und der Apostel Paulus schreibt an die Römer, die Liebe sei die »Erfüllung des Gesetzes«. In seinem ersten Brief an die Korinther hat Paulus für die Liebe eine Sprache gefunden, die in ihrer Schönheit und poetischen Kraft das Denken und Fühlen übersteigt. Sein

Hohelied entstammt einer vormodernen Zeit, als der Mensch, nietzscheanisch gesprochen, den Pfeil seiner Sehnsucht noch über den Menschen hinauswarf.

»Wenn ich in den Sprachen der Menschen und Engel redete, hätte aber die Liebe nicht, wäre ich dröhnendes Erz oder eine lärmende Pauke. Und wenn ich prophetisch reden könnte und alle Geheimnisse wüsste und alle Erkenntnis hätte; wenn ich alle Glaubenskraft besäße und Berge damit versetzen könnte, hätte aber die Liebe nicht, wäre ich nichts. Und wenn ich meine ganze Habe verschenkte und wenn ich meinen Leib dem Feuer übergäbe, hätte aber die Liebe nicht, nützte es mir nichts. Die Liebe ist langmütig, die Liebe ist gütig. Sie ereifert sich nicht, sie prahlt nicht, sie bläht sich nicht auf. Sie handelt nicht ungehörig, sucht nicht ihren Vorteil, lässt sich nicht zum Zorn reizen, trägt das Böse nicht nach. Sie freut sich nicht über das Unrecht, sondern freut sich an der Wahrheit. Sie erträgt alles, glaubt alles, hofft alles, hält allem stand. Die Liebe hört niemals auf.«

Die Liebe, die Paulus in seinem Hohelied besingt, ist nicht an ein bestimmtes, als liebenswert empfundenes Gegenüber gebunden, sei es der Mann, die Frau, Kinder, Eltern, Freunde oder auch der Gott des Credos. Diese Liebe ist grundlos. So grundlos, wie der, der sie bei seiner Menschwerdung in die Welt gebracht hat. In seinen psychoanalytischen Spekulationen mit dem Titel *Jesu Traum* merkt Christoph Türcke an, die Pointe an dieser Liebe sei, dass Paulus sie gerade nicht »habe« oder besitze. »Er trägt ihr Bild in sich, aber nicht sie selbst. Das macht seinen Liebeshymnus so anrührend.«

Was anrührt, ist das Menschliche. Das Begrenzte, Unfertige und Bedürftige. Gewiss hat der religionskritische Philosoph Türcke damit recht, dass Paulus nicht Träger der Liebe ist, sondern der Träger *ihres Bildes*. Aber er kann nur deshalb zu diesem Träger werden, weil er um die Liebe weiß. Sie ist das, was bleibt. Paulus weiß, sie ist *das* Ziel. Was sonst ist der Glaube, als das Wissen um dieses Ziel? Ein Ziel, das seine volle Wahrheit freilich erst am Ende der Reise der königlichen Herzen offenbaren wird. Oder auch nicht. Aber das wird sich zeigen, wenn die Zeit gekommen ist. Bis dahin hat Gilbert Keith Chesterton für alle Zweifler einen Ratschlag. »Selbst wenn ich an die Unsterblichkeit glaube, muss ich den Gedanken an sie nicht ständig im Herzen tragen. Glaube ich hingegen nicht an die Unsterblichkeit, darf ich keinen Gedanken an sie verschwenden. Im ersten Fall ist der Weg frei, und ich kann gehen, so weit ich eben mag; im zweiten Fall ist der Weg blockiert.«

»Wir brauchen keinen Gott!« Diese Behauptung ist nicht bloß freiheitsfeindlich. Sie ist totalitär. Das wäre sie nicht, würde Michel Onfray die persönliche Verantwortung für sein Bekenntnis zur Gottlosigkeit übernehmen und bekunden: *Ich* brauche keinen Gott!

Für ein erfülltes Leben bedarf es nicht des Gottesglaubens. Wir sind frei. Die Freiheit gestattet uns, zu glauben und zu denken, was auch immer wir selbst für richtig und wahr erachten. Ein Akt der Würde ist es, sich zu seiner Wahrheit zu bekennen, auch wenn diese Wahrheit sich irgendwann als Irrtum erweist. »Es irrt der Mensch, solang er strebt«, sagt Gott zu Mephistopheles im Prolog von Goethes *Faust*, freilich aus der höheren Warte einer himmlischen Perspektive.

Der Mensch kann ohne Gott leben. Aber Gott nicht ohne den Menschen. So jedenfalls sieht das mein Priesterfreund István im fernen Siebenbürgen. Weshalb er seit einiger Zeit zur

Rettung des Gottesglaubens eine, wie soll ich sagen, paradoxe seelsorgerische Intervention ankündigt. István will sich verweigern. Er will keine Frohen Botschaften mehr verkündigen und nicht mehr vom Auferstandenen predigen. István will die Wahrheiten des Glaubens verhüllen. So wie in den Kirchen der Corpus Christi an den Kruzifixen an Karfreitag verhüllt wird. Nach zwei, drei gemeinsamen Bieren plädiert István regelmäßig dafür, den Ostertag aus dem Kalender zu streichen. Er fordert, die Katholiken müssten den Karfreitag auf das ganze Jahr ausdehnen. Und auf Dekaden darüber hinaus. Kein Glockengeläut mehr, keine Eucharistie, keine Worte mehr zum Sonntag. Nichts dergleichen. Nur noch Schweigen. Weil, wie er behauptet, die Wahrheit nur überlebe als verborgene. István meint, man könne gar nicht genug Vorhänge nähen, um das Allerheiligste vor den Augen derer zu verbergen, die nicht mehr nach ihm suchen. Wenn überhaupt, dann wecke allein die Verhüllung im abendländischen Menschen wieder die Sehnsucht, sehen und verstehen zu wollen.

Ich halte Istváns Idee nicht bloß für bedenkenswert. Ich halte sie für die Rettung. Einerseits. Andererseits kann ich einen Text Karl Rahners über die Sehnsucht nach der »Freiheit des inneren Menschen« nicht vergessen. Wenn ich die einfachen, fast kindlichen Worte höre, verfliegen alle Zweifel. Dann weiß ich, dass der Glaube eine absolut schlichte und gleichermaßen unermesslich unbescheidene Angelegenheit ist. Rahner benutzt für diese Sehnsucht nach Freiheit das Bild des Sterns. Er mag klein sein. Er mag fern sein. »Aber er ist da!«, sagt Rahner. »Er ist nur klein, weil du noch weit zu laufen hast. Er ist nur fern, weil deiner Großmut eine unendliche Reise zugetraut wird.«

Ausgewählte Literatur

Bauman, Zygmunt: *Flaneure, Spieler und Touristen. Essays zu postmodernen Lebensformen.* Hamburg 1997

Belo, Fernando: *Das Markus-Evangelium materialistisch gelesen.* Stuttgart 1980

Bernauer, Ursula: *Die schöne Dame von Lourdes.* Freiburg, Basel, Wien 1995

Die Bibel. Einheitsübersetzung der deutschen Bischöfe mit Kommentar. Gesamtausgabe. Stuttgart 2001

Boff, Leonardo: *Kleine Sakramentenlehre.* Düsseldorf 1992

Casalis, Georges: Voraussetzungen und Elemente einer europäischen Befreiungstheologie. In: *Bibel und Befreiung,* hrsg. v. den Tübinger Theologischen Fachschaftsinitiativen. Freiburg (Schweiz), Münster 1985

Chesterton, Gilbert Keith: *Ketzer.* Frankfurt a. M. 1998

ders.: *Orthodoxie. Eine Handreichung für die Ungläubigen.* Frankfurt a. M. 2001

ders.: *Verteidigung des Unsinns, der Demut, des Schundromans und anderer missachteter Dinge.* Hamburg 2012

Dávila, Nicolás Gómez: *Notas. Unzeitgemäße Gedanken.* Berlin 2006

ders.: *Es genügt, dass die Schönheit unseren Überdruss streift. Aphorismen.* Ausgewählt und hrsg. von Michael Klonovsky. Stuttgart 2007

Dawkins, Richard: *Der Gotteswahn.* Berlin 2008

Deschner, Karlheinz: *Abermals krähte der Hahn. Eine Demaskierung des Christentum von den Evangelisten bis zu den Faschisten.* Reinbek bei Hamburg 1976

ders.: *Opus Diaboli: Fünfzehn unversöhnliche Essays über die Arbeit im Weinberg des Herrn.* Reinbek bei Hamburg 1984

ders.: *Nur Lebendiges schwimmt gegen den Strom.* Aphorismen. Basel 1985

Eliade, Mircea: *Das Heilige und das Profane.* Frankfurt a. M. 1990

Füssel, Kuno: Auferstehung – Einstieg in die unendliche Geschichte. In: *Die Bibel als politisches Buch,* hrsg. v. Dietrich Schirmer. Stuttgart 1982

ders.: *Drei Tage mit Jesus im Tempel. Einführung in die materialistische Lektüre der Bibel.* Münster 1987

Haag, Herbert: *Abschied vom Teufel. Über den christlichen Umgang mit dem Bösen.* Düsseldorf / Zürich 1996

Harris, Sam: *Das Ende des Glaubens: Religion, Terror und das Licht der Vernunft.* Winterthur 2007

Hitchens, Christopher: *Der Herr ist kein Hirte.* München 2009

Hemingway, Ernest: *Der alte Mann und das Meer.* Hamburg 1978

Laurentin, René: *Das Leben der Bernadette. Die Heilige von Lourdes.* Düsseldorf 1979

Lucas, Erhard: *Vom Scheitern der deutschen Arbeiterbewegung.* Basel und Frankfurt a. M. 1983

Luther, Martin: *Gesammelte Werke.* Kindle Edition 2015

Lüdemann, Gerd: *Die Auferstehung Jesu. Historie, Erfahrung, Theologie.* Göttingen 1994

ders.: *Der große Betrug. Und was Jesus wirklich sagte und tat.* Lüneburg 1998

ders. u. Wischnath, Rolf: *Der Streit um die Auferstehung. Eine Dokumentation.* Berlin 1998

Khorchide, Mouhanad: *Islam ist Barmherzigkeit. Grundzüge einer modernen Religion.* Freiburg 2015

ders.: *Scharia – der missverstandene Gott.* Freiburg 2016

Kierkegaard, Sören: *Furcht und Zittern.* Hamburg 2004

Matussek, Matthias: *Das katholische Abenteuer. Eine Provokation.* München 2011

Mennekes, Friedhelm: *Beuys zu Christus. Eine Position im Gespräch.* Stuttgart 1989

Mosebach, Martin: *Häresie der Formlosigkeit. Die römische Liturgie und ihr Feind.* München 2007

Moser, Tilmann: *Gottesvergiftung.* Frankfurt a. M. 1980

Metz, Johann Baptist: *Glaube in Geschichte und Gesellschaft.* Mainz 1980

Nigg, Walter: *Des Pilgers Wiederkehr. Drei Variationen über ein Thema.* Zürich 1992

Nola, Alfonso di: *Der Teufel. Wesen, Wirkung, Geschichte.* München 1993

Onfray, Michel: *Wir brauchen keinen Gott. Warum man jetzt Atheist sein muss.* München 2007

Otto, Rudolf: *Das Heilige. Über das Irrationale in der Idee des Göttlichen und sein Verhältnis zum Rationalen.* Nördlingen 1991

Pasolini, Pier Paolo: *Freibeuterschriften. Die Zerstörung der Kultur des Einzelnen durch die Konsumgesellschaft.* Berlin 1983

Polednitschek, Thomas: *Diagnose Politikmüdigkeit – Die Psychologie des nicht-vermissten Gottes.* Berlin 2003

Rahner, Karl: *Alltägliche Dinge.* Einsiedeln 1964

ders.: *Schriften zur Theologie.* Bände I–XII. Zürich/Einsiedeln/Köln 1972 ff.

ders.: *Grundkurs des Glaubens. Einführung in den Begriff des Christentums.* Freiburg/Basel/Wien 1976 ders.: *Kleines Kirchenjahr. Ein Gang durch den Festkreis.* Freiburg 1984

Rifkin, Jeremy: *Der Europäische Traum. Die Vision einer leisen Supermacht.* Frankfurt / New York 2004

Safranski, Rüdiger: *Wieviel Wahrheit braucht der Mensch? Über das Denkbare und das Lebbare.* München 1990

ders.: *Das Böse oder das Drama der Freiheit.* Frankfurt a. M. 1999

Schärtl, Thomas: Neuer Atheismus. Zwischen Argument und Anmaßung. In: *Stimmen der Zeit,* 3 / 2008, S. 147–161

Schlingensief, Christoph: *So schön wie hier kanns im Himmel gar nicht sein! Tagebuch einer Krebserkrankung.* München 2010

Schreiber, Mathias: *Würde. Was wir verlieren, wenn sie verloren geht.* München 2013

Schirmer, Dietrich: *Die Bibel als politisches Buch.* Stuttgart 1982

Sölle, Dorothee: *Atheistisch an Gott glauben.* Freiburg 1968

dies.: *Wählt das Leben.* Stuttgart/Berlin 1980

Striet, Magnus (Hg.): *Wiederkehr des Atheismus: Fluch oder Segen für die Theologie?* Freiburg 2008

Tucholsky, Kurt: *Ein Pyrenäenbuch.* Reinbek bei Hamburg 1994

Türcke, Christoph: *Kassensturz. Zur Lage der Theologie.* Frankfurt a. M. 1992

ders.: *Jesu Traum. Psychoanalyse des Neuen Testaments.* Springe 2009

Vorgrimler, Herbert: *Geschichte der Hölle.* München 1993

Wittgenstein, Ludwig: *Tractatus logico-philosophicus.* Frankfurt a. M. 1980

Žižek, Slavoj: *Die gnadenlose Liebe.* Frankfurt a. M. 2001

ders.: *Die Puppe und der Zwerg. Das Christentum zwischen Perversion und Subversion.* Frankfurt a. M. 2003

Zweite, Armin: *Joseph Beuys. Natur – Materie – Form.* München 1991